U0583634

E-COMMERCE CASE ANALYSIS

电子商务案例分析

王 莹/编

社会科学文献出版社
SOCIAL SCIENCES ACADEMIC PRESS (CHINA)

编委会

本书由

福建省协同创新院电子商务分院

福建省高校特色新型 A 类智库（福建省高校人文社会科学研究基地）互联网创新研究中心

福州市数字医疗健康行业技术创新中心

福建省糖尿病及并发症防治技术创新联合实验室联合资助。

致谢（排名不分先后）：

福建省电子商务促进会

福州跨境电子商务协会

福建纵腾网络有限公司

福州康为网络技术有限公司

福建跨境通电子商务有限公司

福州朴朴电子商务有限公司（朴朴超市）

北京字节跳动科技有限公司（今日头条）

深圳市零壹移动互联系统有限公司（1号社区）

福建微尚生活服务有限公司

福建省华渔教育科技有限公司（网龙华渔教育）

科技谷（厦门）信息技术有限公司

北京小桔科技有限公司（滴滴出行）

李宁（中国）体育用品有限公司

福州梅千寻农业发展有限责任公司

序　言

互联网的兴起带来了信息技术的变革，同时推动了技术创新。互联网使电子商务以其灵活性、高效性改变了传统意义上的一二三产业，实现了纵横交错的共享模式。

电子商务的极速发展对各行业电子商务人才提出了更高的要求，高校作为电子商务人才的主要输出点，任重而道远。电子商务作为新兴专业，实战性更强，如何强化其在应用场景和商业模式的多学科、全产业链融合，让电子商务专业学生有更直观、系统的理解，对高校而言，是探索，也是挑战。闽江学院电子商务专业自设立之日起，秉承面向产业需求办学的传统，深耕电子商务本科教学改革和探索十余年，推进产业需求和专业教学的深度对接，形成"电子商务理论→应用场景→产业链实践"的人才培养创新链，以福建省级一流线下课程"电子商务案例分析"为基础，形成全体教师深度磨课、深入龙头企业开展案例精研、企业导师现场讲座的模式，将电子商务理论与实践相结合，最终完成了产学研融合成果，即近28万字的《电子商务案例分析》。

《电子商务案例分析》创造性地采用了"五力驱动"模式，每个案例都以"服务产业""能力提升""科技创新""政府咨询""人才培养"五维目标为驱动力，与纵腾集团、朴朴超市、网龙华渔教育等福建省内知名龙头企业深度合作，深入学习案例写作模式，一对一对标真实企业案例，将电子商务理论贯穿于企业发展历程中，以"讲故事"的形式启迪学生思考，深度剖析企业发展的痛点，了解企业关键时机的决策点，让学生有身临企业的真实感。《电子商务案例分析》是闽江学院电子商务专业教师们的阶段性成果，其中的电子商务案例方面的教学模式值得其他高校借鉴，具有较高的专业参考价值。本书是一本了解优秀电子商务龙头企业发展史、深刻理解案例写作、掌握电子商务相关理论的难得之作。

教育部高等学校电子商务类专业教学指导委员会副主任委员、

厦门大学管理学院教授、博士生导师

2020 年 12 月 24 日

编 者 按

　　"电子商务案例分析"是为电子商务高年级本科生及研究生开设的一门综合性专业课。通过本课程的学习，学生将掌握案例分析的有效方法，把握电子商务行业最新动态和发展趋势，加深对电子商务模式的理解，为今后策划与创新电子商务项目、实践电子商务企业管理积累必要的知识与方法。

　　"案例"是指把身边的故事提取出来凝练管理议题、科学地研究问题，其作为教学方法，既贴近实践又"有趣"，能把学生带入真实的情境，根据企业面临的问题提出自己的决策思路。学生通过对案例的解读，挖掘案例蕴含的理论，把握案例发展脉络，从案例中发现问题、研究问题，并提出决策思路。通过案例的教学与研究，透过案例表象看到本质，培养学生的解读能力、思辨能力和敏锐的洞察力。

　　本教材以"培养学生发现问题、分析问题和解决问题的能力"为中心，在全面介绍案例背景的基础上，以商业模式为主，结合商业数据分析、网络营销、供应链管理等理论，从每个案例中提取若干个值得深入探讨的问题并进行阐述。教材内容紧紧围绕电子商务发展实际进行设计，除了介绍传统的网络零售、B2B电子商务模式外，还引入跨境电子商务、生鲜电子商务、电子商务与新媒体、社区电子商务、电子商务与互联网技术、电子商务与商业模式、电子商务创新企业等的探讨。本教材是长期运用案例教学法的高校电子商务教师及有实战经验的电子商务从业人员共同打造的理论与实践相结合、可操作性强的电子商务案例分析教程。

本教材具有以下特点：

1. 全面性。在采编过程中访谈并调研了十二个国内龙头及区域代表性新兴电子商务企业，包括网龙华渔教育、纵腾集团、今日头条、李宁公司、滴滴出行、零壹移动互联、福建跨境通、科技谷、康为公司、梅千寻等，几乎覆盖了电子商务实务的热点领域。

2. 完整性。对纳入采编范围的大多数企业进行了详尽考察，案例采编完成后被归类并划分为若干部分。参照清华大学中国工商管理案例中心的写作规范，所有案例均由案例正文和案例教学说明两个部分组成，教学说明部分的材料组织与编排结构严谨，环节详尽，内容完整，多媒体资料可直接用于教学实践。

3. 实践性与理论性。本教材采编的案例在正文部分注重趣味性与可读性，实践氛围较浓，代入感强；在教学说明部分注重理论层面的凝练、升华，围绕教学目标展开讨论，问题讨论与逻辑思辨所占篇幅较大，语言风格较为严谨。

本教材在闽江学院电子商务学科带头人林中燕教授的指导下，由闽江学院王莹副教授拟订写作提纲并负责全书的总撰、统稿及润色，张和荣、李煊、任今方、陈燕予、林锦、包久晖、余诚强、黄蕾、张妍芳、林丽萍、余根平担任副主编。具体分工如下：王莹编写第一章，包久晖编写第二章，余诚强编写第三章，任今方编写第四章，陈燕予编写第五章，林丽萍编写第六章，张和荣编写第七章，李煊编写第八章，林锦编写第九章，黄蕾编写第十章，余根平编写第十一章，张妍芳编写第十二章。另外，闽江学院2017级、2018级电子商务专业学生在资料收集、内容修订和教学试课方面也做了大量工作。

本教材是电子商务专业国家一流专业建设点、省级虚拟仿真教学项目、省级线下一流本科课程电子商务案例分析、福建省本科高校一般教育教学改革研究项目（研究生教育教学改革项目）（FBJG20190244）、福建省本科高校教育教学改革研究项目（FBJG20200231）、面向新文科建设的电子商务专业第三级认证体系构建与实践等的阶段成果。在编写期间得到了学院领导、教研室同仁及社会科学文献出版社的大力支持和帮助，在此表示衷心感谢。案例编写者将电子商务案例分析课程所积累的教学与实践经验汇聚于本教材，希望能够帮助学生培养从电子商务企业案例中发现问题、分析问题、解决问题的能力，能够为教师在讲授电子商务相关知识点时提供使用顺手的案例素材。由于电子商务发展迅速，不断产生新模式和新问题，对电子商务案例内容的分析与总结具有一定的难度和不确定性，本教材不妥之处在所难免，恳请广大读者批评、指正。

2021 年 4 月

目　　录

第一部分

跨境电子商务

| 第一章 |

纵腾集团：因时而进

——跨境电子商务行业变局中的战略选择*

一 引言

随着互联网的普及和信息技术的进步，跨境电子商务在全球范围内日益兴起，在中国蓬勃发展。《2018 年度中国跨境电子商务市场数据监测报告》数据显示，2018 年跨境电子商务交易总额达到 9 万亿元，中国的跨境电子商务网络覆盖了 220 个国家和地区。其中，跨境电子商务出口占比达 78.9%，进口比例为 21.1%，可见跨境电子商务出口依然占据主导地位。2018 年中国跨境电子商务 B2B（平台对企业小额交易）交易占比达 83.2%，B2C（平台对用户）交易占比达 16.8%，可见 B2B 跨境电子商务交易模式仍是当前主流交易模式。与此同时，中国粗放式外贸出海增长乏力，碎片化及多样化的海外需求倒逼国内的传统出口贸易、制造业和服务业顺势而变，更多依靠质量效力、动能转换变革推动外贸往更深处转型升级。中国外贸进入新旧动能转换期，跨境电子商务逐步成为中国对外贸易的新增长点，但机遇与风险共存。

福建纵腾网络有限公司（简称"纵腾集团"），是中国最早的跨境电子商务公司之一，最初是跨境电子商务大卖家，于 2013 年获得 eBay 最

---

* 此案例获 2019 清华大学经济管理学院第二届"卓越开发者"案例大奖赛三等奖，已正式收录于清华大学中国工商管理案例库。本案例部分数据来自企业调研与网络公开数据。

佳GMV（最高销售额）奖，2014年成为天猫国际母婴频道领先大卖家，并在2015年和2017年获得商务部颁发的国家电子商务示范企业奖。纵腾集团后转型发展，成为全国领先的跨境电子商务物流服务商，全球海外仓面积最大的物流服务商。截至2019年初，在过去连续的20个月内，纵腾集团已完成两轮融资，累计融资额超过10亿元人民币。公司的发展，特别是在物流商业创新绩效方面，赢得了合作伙伴和投资者的认可。

跨境电子商务市场迷雾层层，波荡起伏，纵腾集团从传统外贸企业升级为跨境电子商务大卖家，后转型为跨境物流服务商，现又打造跨境电子商务基础设施服务商。每个转型阶段的战略决策依据是什么？商业模式如何创新？核心竞争力又从何而来？

二 公司背景

纵腾集团于2007年在中国福州成立，现总部位于深圳。历经12年的发展（见附录1），在企业创新和转型阶段，纵腾集团不断摸索，在探索中前进，做出了有利于企业发展的决策。2015年，纵腾集团开始向跨境物流服务商转型，旗下拥有"谷仓""云途"等服务品牌，提供海外仓和国际专线物流服务。2019年，纵腾集团以"全球跨境电子商务基础设施服务商"为企业定位，聚焦于电子商务海外仓储配送、小包专线物流、头程运输服务、供应链金融等增值服务，为跨境电子商务企业提供高效便捷、性价比高的综合物流服务。纵腾集团已经建成覆盖美国、欧洲、日本、澳大利亚等国家与地区的跨境电子商务物流服务网络，拥有境外仓储及中转枢纽近20座，总面积超过40万平方米（见附录2），日处理超过60万份订单，拥有员工2000余名，其中海外员工1000多名，在全球7个主要发达国家以及中国福州、武汉、成都等地设有分支机构。纵腾集团成为亚马逊（Amazon）、Wish、Joom、全球速卖通（AliExpress，简称速卖通）等第三方电子商务平台推荐的物流服务商，服务客户涵盖中国顶尖的跨境电子商务企业和品牌商。

三 发展历程

跨境电子商务的衍生过程为传统外贸→外贸电子商务→跨境电子

商务，在 2011 年 9 月前，"跨境电商"这个名词才在媒体上出现。跨境电子商务 1.0 阶段（1999—2003 年），主要商业模式是网上展示、线下交易，为企业信息以及产品提供网络展示平台，逐渐衍生出竞价推广、咨询服务。阿里巴巴国际站、环球资源网为代表。跨境电子商务 2.0 阶段（2004—2013 年），借助电子商务平台，通过服务、资源整合有效打通上下游供应链，包括 B2B 平台模式、B2C 平台模式两种模式。速卖通、兰亭集势为代表。随后，由于国内消费升级，陆续兴起海淘模式与跨境模式。进入跨境电子商务 3.0 阶段（2014 年至今），2014 年成为重要转型年，跨境电子商务全产业链变化，服务全面升级。首先，跨境电子商务正式合法化，跨境电子商务政策法规陆续出台，发展更趋规范化、阳光化；其次，移动互联网以碎片化、场景化、社交化的特点，不仅改变了消费者的购买习惯，还使企业生产模式由大生产线向柔性制造转变，跨境电子商务平台模式也由 C2C、B2C 模式向 B2B、M2B 模式转变［C2C（Customer to Consumer）是个人与个人之间的电子商务。B2C（Business to Customer）是直接面向消费者销售产品和服务的电子商务模式。B2B（Business to Business）是企业与企业之间的交易模式。M2B（Manufacturers to Business）解释为生产商直接面对经销商，是一个以节省厂商销售成本和帮助下游经销商采购链资源整合的运作模式］，批发商买家的中大额交易成为平台主要订单。

（一）快速发展，锐不可当

跨境电子商务 2.0 阶段（2004—2013 年）所处的宏观环境：国际方面，2008 年全球经济危机爆发使得国际采购需求急转直下，全球经济随后震荡复苏并伴随价值链分工的缓步调整，包括欧美工业回归、周边新兴经济体中低端制造业崛起等，一定程度上削弱了中国传统制造业的输出优势。同时期内，伴随"一带一路"等倡议的相继提出，且 B2B 跨境电子商务步入舞台、快速发展，即使市场存在原驱动力减弱的情况，中国外贸进出口总额也依然实现了年均 5.4% 的复合增长（见附录 3）。国内方面，由于消费升级，顾客对品质、品牌要求提高，食品安全问题最受消费者关注，国内大量家庭将目光投向海外原产地，之后淘宝全球购等海淘网站纷纷上线代购业务，品类由奶粉扩展到母婴用品、箱包、服装等。

2007 年，纵腾集团整合原传统外贸的资源，正式在跨境电子商务的路上扬帆起航，在美国成立分公司，而后又建立了第一个海外仓储物流中心（以下简称"海外仓"）。纵腾集团先在跨境电子商务第三平台 eBay 上开店，并扩展到亚马逊、速卖通和 Wish。随后在 2009 年，自建垂直平台 Tmart.com，产品线为数码配件、家居饰品、玩具、服装等 15 个产品系列。纵腾集团进入了快速发展阶段，不断提升在电子商务领域销售的综合实力，并成为 2013 年 eBay 销售额最高的大卖家。纵腾集团通过以上渠道开展跨境电子商务出口业务（见附录 4），客户包括个人（C 端）和中小经销商（B 端）。网上商城可为各国客户提供多种语言的在线咨询和答案查询，并根据他们的需要自动推荐消费偏好的产品。此外，客户还可以对产品发表评论，为其他客户提供参考并共同创造价值。

纵腾集团为客户提供两种可选择的物流交付方式，即直接交付和从海外仓交付。从国内供应商处采购货物，在中国的深圳或义乌集货仓中整合货物。根据订单的要求和货物的特点，决定是将货物直接运送至客户还是存放在海外仓。在前一种情况下，货物将通过两国的港口直接交付给客户；在后一种情况下，货物将首先存放在海外仓，并在订单结算后从海外仓发往外国客户。更多的客户偏好海外仓交付，因为发货速度快，更值得信任。由于海外仓位于消费市场，纵腾集团实现仓库与销售的本土化，以获得竞争优势。仓库本土化，本地投递和配送，转运少、速度快；销售本土化，提供多种外语服务以及当地货币结算服务，强化国内销售团队和当地经销商的沟通。仓库与销售的本土化帮助纵腾集团更接近市场，以捕捉海外市场的消费趋势，从而拉动供应商的产品研发。

（二）危机初露端倪，探索转型方向

1. 国内国外，潜藏危机

2012 年全球 3G 通信网络大范围覆盖，由于移动通信技术升级，人们的消费习惯与购物场景发生变化，人们已经从"刚需型"消费转向"发现性"消费，大量的顾客流量从 PC 端转移到移动端，从线下消费转移到线上消费。国际电子商务市场上，为应对变化，亚马逊加大物流设施设备的建设，推出自营的 FBA 仓储等，送货方式更加多样，较大程度地提升了顾客的体验。2014 年，eBay 平台的销售额下降了 10%，而亚马逊平台的销售额却增长了 10%，亚马逊平台的商家数量增长了一倍，达到 200 多万，与此同时，eBay 平台的商家数量在过去两年都保持在 2500 万左右。亚马逊对电子商务的鼻祖 eBay 构成了巨大威胁，消费者和商家都在从 eBay 转向亚马逊。在 2014 年底，亚马逊移动端在美国的独立访客量与沃尔玛及 eBay 相差无几。而截至 2016 年底，亚马逊移动端的访客量相当于沃尔玛和 eBay 的总和。

这种热点的迁移，使得纵腾集团原先在 eBay 上累积的渠道优势逐渐减弱，其作为大卖家承受着较大的库存压力，所以将目光投向国内市场。2013 年，国务院常务会议研究部署促进信息消费，有效带动互联网、物联网等新兴产业的发展，持续释放居民消费潜力。国内的消费早已从标准化、大众化消费进入个性化、定制化消费的阶段，而国内商品的供给端还停留在低端、仿冒、大众化商品阶段，无法满足居民消费升级的需求，并且从长期来看，这种需求缺口会保持下去，成为推动跨境进口增长的内在动力。

在政策支持下，跨境电子商务在中国蓬勃发展。2014 年海关总署发出的 56 号、57 号公告（见附录 5），明确了跨境电子商务的合法地位，也明确了合法、合规的渠道是规模化进口 B2C 模式的必由之路。越来越多的消费者选择在进口跨境电子商务平台购买海外产品，各类模式的进口跨境电子商务平台出现，如小红书、洋码头等，使得跨境购物走向常态化。2016 年，推出了跨境电子商务新政，跨境电子商务的发展更趋规范化、公平化。

因此，进入跨境电子商务 3.0 阶段（2014 年至今）。纵腾集团于 2014 年开始探索跨境电子商务进口销售业务（见附录 4），依托天猫国际，建立了面对 C 端顾客的 Lomon 海外专营店，自建了面对小 B 经销商的 B2B2C 分销平台 HaiTaoLe。为了保证货源的品质，纵腾集团积极与国内外品牌制造商和一级经销商建立合作关系，仅在中国就有 5000 多家供应商；为了更好地了解客户的需求，成立客户服务团队，提供个性化帮助和自动化建议；

提供两种跨境电子商务进口物流方式，即直邮与保税仓发货。纵腾集团成为天猫国际、京东全球购等跨境电子商务进口零售平台母婴频道的领先大卖家。

但欣欣向荣的表象之下也潜藏着危机，比如：跨境电子商务进口政策、规则还在持续完善中，同时，国内电子商务大平台纷纷上线跨境进口模块（见附录6）。通过对销售数据进行分析，纵腾集团敏锐地察觉到跨境电子商务进口业务风险较高，竞争压力加大。此时，纵腾集团深刻感受到了来自国内外环境的双重危机。

2. 另辟蹊径，寻找转型

跨境电子商务出口企业主要分为大卖家型、垂直卖家型、制造企业型等，其中：一类大卖家型的代表企业环球易购，于2014年通过与百圆裤业并购完成上市，拥抱资本，向跨境出口零售方向深挖；另一类垂直卖家型的代表企业Anker，则选择聚焦于单品类的细分市场深耕细作。纵腾集团是继续在跨境进出口零售方面发展营销体系，还是发展供应链前端研发能力，并打造企业产品品牌？纵腾集团开始审视自身：所拥有的核心资源到底是什么？应该要打造的核心竞争力又是什么？

在发展的初期，纵腾集团将自身定位为大卖家，而大卖家商品产品线多、库存积压严重，对供应链把控能力不足，集中采购的议价力较低，产品开发能力较弱；国内又缺少有实力的品牌设计服务商，与国外品牌商实力差距甚远；跨境出口零售直接面对国外消费者，汇率、文化和法律的差异会是很大的挑战，同时因产品同质化，市场竞争激烈。因此，前两条路都不适合纵腾集团。对比其他企业，纵腾集团初期就自建信息系统，开展海外仓储，在海外拥有自己的法务关务团队，具有较强的数据挖掘实力与国际物流服务能力。因此，纵腾集团选择另辟蹊径，以长期经营的跨境电子商务为着力点，发展跨境物流增值服务，向跨境电子商务物流服务商转型。

物流是跨境电子商务中不可或缺的一个环节，将买卖双方、供需双方联系在一起。在国际运输、仓储配送的过程中充满了变数与意外，部分跨境电子商务公司为使跨境电子商务物流的风险可控化，选择建设自己的海外仓，进行商业模式创新和演变。2015 年起，纵腾集团压缩跨境电子商务进口与出口销售业务，特别是海关总署 58 号公告发出之后，逐步剥离跨境进口零售业务，重点建设海外仓与开展国际专线物流业务，进军跨境电子商务物流领域。

向优质 B 端客户（中型跨境电子商务公司）开放海外仓储业务（见附录 4）。公司的海外仓通过涵盖海外采购、销售、研发、信息处理等功能，帮助客户实现销售本地化。销售本地化缩短了订单周期，降低了运营成本，拓宽了类别，促进了全球家具等重型或大型产品的销售。此外，客户可以通过海外仓获得二次配送能力，这是对逆向物流能力的有益补充。对于在海外仓积累的过时货物，根据从其他市场收集的需求信息，将它们运送到具有需求的新目标市场的海外仓，并通过电子商务渠道进行重新包装、分拣和分销。此外，跨境电子商务公司也可以获得物流可视化，例如跟踪包裹，提供重新发送和重新分配服务。

同时，依托海外仓也促使纵腾集团开展国际专线物流业务（见附录 4），为小型跨境电子商务公司提供定制的跨境物流解决方案。基于与各国邮政公司和快递公司多年的密切合作，提供国际海运、空运快递和"最后 1 公里交付"服务。例如，纵腾集团安排空运将货物从中国内地（大陆）运往中国香港或台湾，或从中国香港或台湾运往英国皇家邮政，以便在通关后运送包裹。2016 年，国际专线物流业务量约为每月 1 亿包。根据客户的订单信息，纵腾集团根据不同的销售平台（亚马逊、eBay 或 Wish 等）、目的地国家和服务内容（跟踪、补偿、重新发送等）提供不同的解决方案，综合考虑货价、数量、特征、天气、运费等指标，能够更好地选择物流运输和分配方法。例如，跨境电子商务公司利用 Wish 以欧洲作为目的地销售商品，他们选择"包裹邮政 + 服务"（运输代码：BPA），并与比利时邮政合作。在填写跟踪号码后，他们可以获得一周的预付贷款资格。如果货物在运输过程中丢失，纵腾集团还会帮助他们索赔。

（三）危中有机，深耕细作

2018 年起，中小外贸出口企业面临经营压力，其中最令人担忧的出口风险就是"中美贸易摩擦"，由此引发汇率波动、知识产权和专利门槛提高、国外市场需求动荡等风险。除此之外，2018 年 10 月美国方面宣布启动退出万国邮联程序，中国邮政也宣布美国路向邮政产品涨价，以上这些都对跨境物流行业有着巨大的影响，跨境电子商务卖家也面临着巨大的物流挑战。但危机之中也蕴藏着生机，从纵腾集团跨境出口物流业务的数据来看，却是另一番景象，2019 年 6—9 月，云途海外仓美国市场同比增长 84% ~ 88%，欧洲市场的增量为 128% ~ 144%。这是因为更多的外贸出口企业通过跨境电子商务对接终端零售客户，依托海外仓提供的增值服务，建立海外市场品牌，全面拥抱跨境电子商务出口市场，提升外贸的产业链水平。

1. 精细运营，提升外贸产业链水平

海外仓物流仓储服务商的核心优势在于其经营的国际物流渠道和靠近境外客户的库存资源，信息、资金和物流相结合使海外仓产生新的服务能力，在境外为跨境电子商务公司提供本土化服务。主要使用海外仓的是大型跨境电子商务公司，为线上零售进行备货，因而以多品类统一存储的"大统仓"为主，"大件仓"为辅。随着跨境电子商务公司、制造商和品牌商的品类运营越来越精细化，如果某些单品类的海外库存量足以支撑起细分市场的规模，就会出现细分品类、专业化的海外仓。纵腾集团副总经理李聪介绍："未来海外仓将实现更多功能，包括：实现工厂展销、调试维修和产品组装等，帮助企业跨境出海。比如：销往美国的油画企业，将油画画纸从中国运送到美国海外仓，在美洲采购木材制作各种规格油画木框存放到海外仓，当客户下单时，只需一名懂组装的工人进行本地组装就可直接发货，大大降低了企业成本（见附录 7）。"

纵腾集团成功转型为物流服务商，在做好仓配这些基础服务的基础上，开始为卖家提供订单管理、供应链管控等增值服务，利用数据分析帮助卖家实现数据驱动；同时将自身的电子商务业务下沉，转型为分销平台，打通线上、线下的渠道商流，帮助卖家实现货品周转，压低物流网络成本，寻求新的利润点。不难发现，不论是扩充现有规模，还是转而寻求利润、升级卖家结构、扩充供应链体系、整合物流服务资源，往供应链纵深发展都是跨境电子商务从业者的共识。

2. 各方协作，营造良好生态系统

为了设计和实施商业模式，企业需要评估内部和外部因素，包括客户、供应商和商业生态系统。纵腾集团在多年的商业模式创新中与利益相关者合作，创建并发展了其商业生态系统。纵腾集团主要聚焦于跨境物流，以信息技术为核心，围绕和发掘卖家的现有需求及潜在需求，创新开发增值服务，形成商流、物流、信息流以及资金流"四流合一"的跨境电子商务物流商业生态系统（见附录8）。

跨境电子商务物流商业生态系统的健康有序，不是单靠个别企业就能实现的，需要依靠各参与者发挥作用。比如：需要口岸监管机构在提高通关便利化的同时，推进跨境电子商务进出口的规范化与阳光化；需要政府在监管模式、信息化建设等方面取得突破，吸引关联企业集聚，引导跨境电子商务规范发展，完善跨境电子商务统计方法；需要学校、教育机构合作，鼓励跨境电子商务人才培养和培训市场化运作等。

四　下一轮驱动，路在何方？

2019年3月，纵腾集团B+轮融资成功之后在业务拓展方面动作频频，拓展多个国家的物流服务网络，优化中国卖家境外采购和境外当地卖家跨境物流体验。纵腾集团实施"升级、开放、跨越"三大战略部署。

"升级"战略部署包括在"扩充服务基础设施""完善延伸服务链条""提升强化运营效率"三大方面加大投入力度，持续推进国内网点建设，提高包裹分拣能力，提高境外清关能力，充实干线运能，大力开展包机业务。云途东莞智慧物流园于2019年4月15日正式启用，新增全自动分拣流水线，日均综合处理量提升至100万票/天。5月初推出了意大利平邮专线（见附录9），5月底发布了普货专线，含平邮和挂号两个渠道，进一步助力卖家降低物流成本，获得更好的收益。深耕欧美市场，增开国家专线，建设大件配送体系，推进仓库自动化建设等重大项目。谷仓于5月初与速卖通达成合作协议，加入速卖通的认证仓计划，帮助客户与平台打通升级通道等多项服务。5

月底，在美国佐治亚州的美南仓正式启动，谷仓全球仓储面积超过40万平方米。而美国市场正式进入三仓（美东、美西、美南）时代，三仓配置比双仓（美东、美西）运费节省6%～8%，平均时效提高1～1.4天。

坚持"开放"战略，将自身运能向行业释放，进行业务价值链嫁接；通过合作，开展"供应链金融"等增值业务，丰富、完善纵腾集团服务体系，提升客户体验，打造纵腾集团服务平台。

未来三年，纵腾集团要努力实现"跨越"战略，提升行业影响力，着力实现纵腾集团物流体系从"China-Global"到"Global To Global"的跨越发展。提供国际电子商务物流解决方案，帮助客户将当地商品销往全球，也向全球采购，实现"全球买，全球卖"。

为了降低成本，规避、分散政治风险，更多中国企业家走上了全球化运营G2G的道路。在海外设立制造基地成了一种非常普遍的现象，也是中国供应链输出的新时代特征。同时，国内更多大型卖家为了拓展更有竞争力的商品以规避关税风险，也在探索境外采购-发货的经营模式。另外，在海外，无论发展中国家还是发达国家都存在大量的跨境电子商务经营者，他们经营的商品有其独特优势，随着未来线上销售比例的提高，海外跨境电子商务卖家群体的增长也是大概率趋势，中国卖家在欧洲亚马逊平台各国的占比也仅为40%左右，而境外跨境电子商务B2C物流的企业（如中国的专线、海外仓企业）并不普遍，一般就是直邮用邮政邮递或快递，仓配靠平台物流或自建。

纵腾集团CEO王钻先生认为，"未来十几年，预计在世界消费市场稳定的情况下，跨境电商出口都将是中国外贸出口的亮点，所以投资界最开始关注电商企业，后来慢慢延伸至物流、支付和其他行业的服务商。与此同时，随着卖家对服务业态需求的更加紧迫、更加集中，当前脆弱的跨境服务生态也非常需要资本的加入以进行长期建设"。①

　　机遇与挑战并存，在接下来的发展过程中，纵腾集团又将面临一个又一个的挑战，如何在全球化运营 G2G 战略下，更加完善跨境电子商务基础设施服务商的功能与服务？在 5G 背景下，供应链创新又将如何促进商业模式的创新？这些都是纵腾集团需要继续思考的。翻过山丘，才发现无人等候。唯有不断探索，因时而进。

五　课后讨论题

　　讨论问题 1：从跨境电子商务 2.0 到 3.0 阶段，外部环境发生了哪些变化？对应各阶段，纵腾集团是如何选择与调整业务的？请运用商业模式帆布模型，分析各阶段的主营业务的九个要素。

　　讨论问题 2：请根据纵腾集团的跨境电子商务生态系统分析其与各参与者的关系。同时，各参与者应如何协作，共同营造良好生态系统？

　　讨论问题 3：如何在全球化运营 G2G 战略下，更加完善跨境电子商务基础设施服务商的功能与服务？在 5G 背景下，供应链创新又将如何促进商业模式的创新？

六　附录

附录 1　2007—2019 年纵腾集团发展历程里程碑
资料来源：作者根据纵腾集团资料整理。

---

① 刘宏 . 新经济出海①｜揭秘资本市场下纵腾集团 CEO 王钻的段位漂移 . （2019 - 04 - 25）［2020 - 04 - 14］. http://m.cifnews.com/article/43606.

美东海外仓　美西海外仓　英国海外仓

法国海外仓　意大利海外仓　英国海外仓

西班牙海外仓　澳大利亚海外仓　捷克海外仓

附录2　纵腾集团美国、欧洲、澳大利亚等地海外仓实景图

资料来源：纵腾集团。

□ 进出口贸易总额（万亿元）　　□ 跨境电子商务交易规模（万亿元）
—— 跨境电子商务占进出口贸易总额比例（%）
---- 跨境电子商务交易规模增长率（%）

附录3　2010—2020年中国对外贸易额和跨境电子商务交易额情况

资料来源：作者根据国家统计局及艾瑞报告整理，2019—2020年为预估数据。

附录4　纵腾集团分阶段四个业务的商业模式帆布模型

商业模式九要素	业务						
	（第三方平台）出口业务	（自营网上商城）出口业务	进口销售业务		国际专线物流业务	海外仓储业务	
客户细分	国外在线购物者	国外在线购物者	国内在线购物者	国内跨境电子商务公司	小型跨境电子商务公司	中等规模的跨境电子商务公司	需要转运的个人
价值主张	价格	价格	易得性	降低成本、降低风险、一揽子服务	定制一揽子服务	易得性	便利
渠道	第三方平台	自营网上商城	第三方平台	自营网上商城	销售队伍网络	销售人员和自营网站	第三方平台
客户关系	个人协助、自动化服务、共同创造	个人协助、自动化服务、共同创造	个人协助、自动化服务、共同创造		个人协助	个人协助	自助服务
利润来源	购买和销售价格差	购买和销售价格差	购买和销售价格差		服务费	报关、仓储、逆向物流服务费等，供应链服务费	
核心资源	海外仓	海外仓	海外仓		关系经验	海外仓、信息系统	
主要活动	从国内供应商采购运营	从国内供应商采购运营	从国内供应商采购运营		解决问题货运代理服务	仓储服务，订单履行，二次分销、销售当地化	
主要合作伙伴	国内供应商物流公司	国内供应商物流公司	国内供应商物流公司		物流公司仓储公司	物流公司	
成本结构	管理费、物流费、建筑费、开发费	管理费、物流费、建筑费、开发费	管理费、物流费、建筑费、开发费		运输团队的建设费和运营费、仓库管理费	管理费	

资料来源：作者整理。

附录5　中国跨境电子商务零售进口政策演变

时间	相关政策	主要作用和分析
2014年2月	海关总署发布12号公告，即《关于增列海关监管方式代码的公告》	增列了海关监管方式代码"9610"，全称为"跨境贸易电子商务"，跨境电子商务第一次被赋予合法身份

续表

时间	相关政策	主要作用和分析
2014 年 7 月	海关总署发布 56 号公告，即《关于跨境贸易电子商务进出境货物、物品有关监管事宜的公告》	电子商务企业或个人通过经海关认可并且与海关联网的电子商务交易平台实现跨境交易进出境货物、物品的，按照本公告接受海关监管
2014 年 8 月	海关总署发布 57 号公告，即《关于增列海关监管方式代码的公告》	增列海关监管方式代码 "1210"，全称为 "保税跨境贸易电子商务"。"1210" 监管方式用于进口时仅限经批准开展跨境贸易电子商务进口试点的海关特殊监管区域和保税物流中心（B 型）
2015 年 9 月	海关总署发布 58 号公告，即《加贸司关于加强跨境电子商务网购保税进口监管工作的函》	网购保税进口应当在经批准开展跨境贸易电子商务服务试点城市的海关特殊监管区域或保税物流中心（B 型）开展
2016 年 4 月	《财政部海关总署国家税务总局关于跨境电子商务零售进口税收政策的通知》（财关税〔2016〕18 号）	对进口跨境电子商务零售产品实行新税制；规定个人购买额单次 2000 元人民币，个人年度交易限值为 20000 元人民币
2016 年 5 月	国务院对跨境零售进口监管过渡期延期批准	跨境电子商务零售进口监管过渡期延长一年，至 2017 年底
2017 年 9 月	国务院对跨境零售进口监管过渡期延期批准	跨境电子商务零售进口监管过渡期延长一年，至 2018 年底
2017 年 9 月	国务院确定深入推进跨境电子商务综合试验区建设的措施	复制推广跨境电子商务线上综合服务和线下产业园 "双平台"；建设海外仓，加强物流网络等配套服务体系；健全交易风险防范和消费权益保障机制
2018 年 8 月	《国务院关于同意在北京等 22 个城市设立跨境电子商务综合试验区的批复》	新增 22 个城市为跨境电子商务综合试验区，以跨境电子商务为突破口，在物流、仓储、通关等方面进一步简化流程、完善通关一体化
2018 年 11 月	《关于完善跨境电子商务零售进口税收政策的通知》	将跨境电子商务零售进口商品的单次交易限值由人民币 2000 元提高至 5000 元，年度交易限值由人民币 20000 元提高至 26000 元

资料来源：作者根据相关政策、智研报告等资料整理。

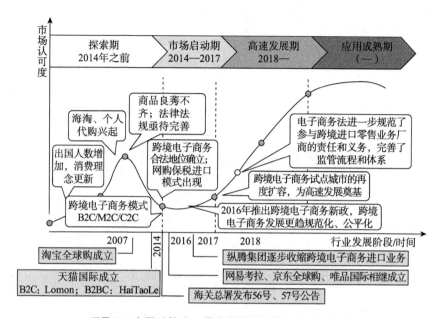

附录 6　中国跨境进口零售电子商务市场的发展轨迹

资料来源：作者根据易观报告等数据资料整理。

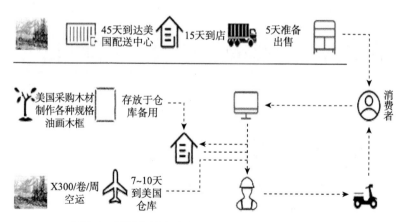

附录 7　纵腾集团海外仓为油画企业创新供应链模式

资料来源：纵腾集团。

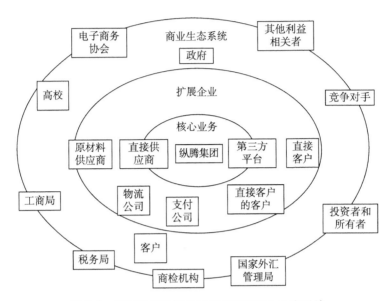

附录8 纵腾集团跨境电子商务物流商业生态系统

资料来源：作者根据纵腾集团资料整理。

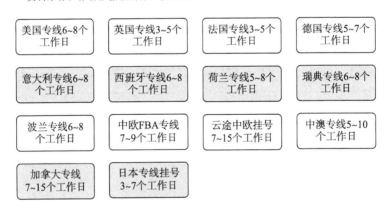

附录9 纵腾集团云途开通各国专线物流示意图

资料来源：纵腾集团。

注释

[1] 毅站．一共就几年！详解跨境电商的发展史［EB/OL］．毅都企业内刊．（2016 –
11 – 04）［2019 – 10 – 31］．https：//yiduyizhan．kuaizhan．com/2/67/p38097115534bc6．

［2］乘风破浪会有时——把握中国跨境电商发展机遇［EB/OL］. （2019 – 06 – 06）
　　　［2019 – 10 – 25］. https：//www. sohu. com/a/319035800_100020617.

［3］腾讯科技. eBay 商家逃往亚马逊：选择赚钱更快的平台［EB/OL］. （2015 –
　　　04 – 07）［2019 – 10 – 23］. https://tech. qq. com/a/20150407/001486. htm.

［4］智研咨询. 2020—2026 年中国跨境电商行业发展现状调研及投资前景趋势报告
　　　［EB/OL］. （2019 – 10 – 29）［2019 – 10 – 30］. http：//www. chyxx. com/industry/
　　　201910/799030. html.

［5］易观. 2018 年中国跨境进口零售电商市场 AMC 模型政策引导规范市场［EB/
　　　OL］. 市场整合高速发展. （2019 – 03 – 06）［2019 – 11 – 01］. https：//www.
　　　analysys. cn/article/detail/20019166.

［6］Ying Wang, Fu Jia, Tobias Schoenherr, et al. Supply Chain-Based Business Model
　　　Innovation：The Case of a Cross-Border E-Commerce Company［J］. Sustainability,
　　　2018, 10 （12）.

【教 学 说 明】

一　案例概要

随着互联网的普及和信息技术的进步，跨境电子商务在全球范围内日益兴起，在中国蓬勃发展。与此同时，面对内外部环境的双重挑战，中国粗放式外贸出海增长乏力，碎片化及多样化的海外需求倒逼国内的传统出口贸易、制造业和服务业顺势而变。中国外贸进入新旧动能转换期，跨境电子商务逐步成为中国对外贸易的新增长点，但机遇与风险共存。

纵腾集团于 2007 年在中国福州成立，现总部位于深圳，是一家提供海外仓和专线物流服务的国际化物流集团，旗下拥有"谷仓""云途"等知名的服务品牌。其将"全球跨境电子商务基础设施服务商"作为自身的企业定位，聚焦于电子商务海外仓储配送、小包专线物流、头程运输服务、供应链金融等增值服务，为跨境电子商务企业提供高效便捷、性价比高的综合物流服务。

伴随着跨境电子商务从 1.0 升级为 3.0，纵腾集团也从传统外贸企业升级为跨境电子商务大卖家，后转型为跨境物流服务商，现又在打造跨境电子商务基础设施服务商。透过各阶段的行业背景，分析纵腾集团的核心竞争力，来理解纵腾集团每次战略转型的决策依据，以及跨境电子商务商业模式转变的缘起及过程。

二　在课程中的定位

本案例是教学性的综合案例，可用于 60 分钟的课堂讨论，适用于全日制工商管理类、电子商务类本科生、研究生的"电子商务概论""物流与供应链管理""商业模式创新与创业"课程，以及"跨境电商商业模式""跨境电商物流"与"商业生态系统"知识点的授课单元中。

本案例主要介绍以纵腾集团为代表的跨境电子商务企业，根据外部宏观环境与市场变化，随着跨境电子商务不同的发展阶段，调整企业定位、核心资源与核心业务过程，分析供应链的能力促进商业模式创新的过程。

三　相关阅读资料

（1）埃弗雷姆·特班、戴维·金、李在奎著，时启亮、陈育君、占丽译，《电子商务——管理与社交网络视角（第八版）》（北京：中国人民大学出版社，2018），第 91 – 187 页，第 511 – 541 页。

（2）〔美〕波特·埃里斯曼著，李文远译，《全球电子商务进化史》（杭州：浙江大学出版社，2018）。

（3）Ying Wang, Fu Jia, Tobias Schoenherr, Yu Gong, *Supply Chain-Based Business Model Innovation: The Case of a Cross-Border E-Commerce Company*, Sustainability, 2018, 10 (12): 4362。

四　教学计划

本案例适用于 60 分钟的课堂。教学计划见表 1 – 1。

表 1 – 1　教学计划

讨论问题	时间/分钟
案例内容概述、案例讨论热身等	5

续表

讨论问题	时间/分钟
讨论问题 1	15
讨论问题 2	15
讨论问题 3	10
分析框架或教授总结	15

五 讨论问题分析

讨论问题 1：从跨境电子商务 2.0 到 3.0 阶段，外部环境发生了哪些变化？对应各阶段，纵腾集团是如何选择与调整业务的？请运用商业模式帆布模型，分析各阶段的主营业务的九个要素。

（1）从跨境电子商务 2.0 到 3.0 阶段，外部环境发生了哪些变化？

引导学生根据案例与附录，运用宏观分析的 PESTEL 模型分析外部环境，思考外部环境的变化所引起的机遇与危机有哪些。

一是，由于移动通信技术升级，人们的消费习惯与购物场景发生变化，人们已经从"刚需型"消费转向"发现性"消费，大量的顾客流量从 PC 端转移到移动端，从线下消费转移到线上消费。国外市场消费者和商家都在从 eBay 转向亚马逊。二是，政府和政策都促进信息消费，引导国内消费升级，跨境电子商务进口在中国蓬勃发展。商务部数据显示，2015—2018 年，中国进口贸易交易规模持续上涨，2018 年进口总值约为 14.1 万亿元，比 2017 年全年增加了 1.6 万亿元，成为拉动 2018 年外贸增长的重要动力。三是，虽然跨境电子商务在中国蓬勃发展，但一些因素仍然妨碍其发展，包括清关、物流、电子支付、退税的效率等。物流由仓储、分拣、包装和分销组成，在跨境电子商务交易中占有重要地位，因为它是卖家和买家之间的联系。由于系统建设不合理，基础设施不完善，中国跨境物流无法跟上跨境电子商务的步伐，这严重制约了跨境电子商务的发展（商务部，2015 年）。

（2）对应各阶段，纵腾集团是如何选择与调整业务的？请运用商业模式帆布模型，分析各阶段的主营业务的九个要素。

引导学生结合生命周期理论，将纵腾集团的发展轨迹放到跨境电子商务的行业背景中，去理解企业的发展很大程度上是受到行业形势的助力。纵腾集团的生命周期经历了以下四个阶段：诞生阶段（2007—2008 年）、扩张阶段（2009—2013 年）、领导阶段（2014—2018 年）和自我更新阶段（2019 年至今）。

商业模型可以阐明组织如何创造、交付和获取价值的逻辑。商业模式帆布模型（business model canvas），确定了商业模型的九个要素，包括客户细分、价值主张、渠道、客户关系、利润来源、核心资源、主要活动、主要合作伙伴、成本结构。组织的目标是解决问题并满足一个或多个客户的需求。通过沟通、分配和销售渠道提供价值主张，从而产生资金流。它需要与每个客户建立和保持关系，并通过进行关键活动来传递关键资源。此外，一个组织通过外包或合作建立关键的伙伴关系。前八个要素决定了成本结构。

①跨境电子商务 2.0 阶段（2004—2013 年）。

处于诞生阶段，公司的目标是通过合作为客户提供价值主张。2007 年，纵腾集团整合原传统外贸的资源，正式在跨境电子商务的路上扬帆起航，在跨境电子商务第三平台 eBay 上开店，并扩展到亚马逊、速卖通和 Wish。随后，自建垂直平台 Tmart.com。开始推行仓库与销售的本土化，在美国成立分公司，并建立了第一个海外仓储物流中心。此时的主要业务是跨境电子商务出口业务，客户包括个人（C 端）和中小经销商（B 端）。出口业务的价值主张，是面向国外市场，以较低的价格提供类似产品，以满足价格敏感的客户群体的需求并为他们创造价值。向外国网购者提供价格低、质量上乘的产品（主要是数码配件），从价格差异中获利。由于纵腾集团没有足够的资源在初期自建网上商城，因此其必须依靠第三方平台来吸引潜在客户。虽然使用合作伙伴的渠道可能会导致收入减少，但公司可以利用合作伙伴的力量扩大其潜在客户和收入的范围。纵腾集团的跨境电子商务出口业务还处于起步阶段，后来多元化经营，如进口销售、国际专线物流、海外仓储等。这些类型商业的增加代表了其商业模式的创新和演变。

处于扩张阶段的公司，将在供应商和合作伙伴的支持下开发新产品并覆盖更广阔的市场。2009 年，纵腾集团不断扩展其跨境电子商务出口业务，包括将其数字和电子配件范围扩大到 15 个类别，与 5000 多家供应商建立关系，并创新商业模式。它推出了自己的 B2C 商城（Tmart. com）来开展出口业务，以减少中间环节，并根据其经验和客户接受度直接面对国外市场。公司需要在合作伙伴渠道和自己的渠道之间找到平衡，充分利用它们来创造令人满意的客户体验，避免渠道冲突。主要的物流发货方式为直接发货与从海外仓库发货（见图 1－1）。主要活动包括从国内供应商和经营门店采购。主要合作伙伴是国内供应商、物流公司以及跨境电子商务第三方平台。主要成本是管理费、物流费、海外仓库建设成本和第三方平台的佣金。纵腾集团的商业模式代表了那些通过第三方跨境电子商务平台工作的公司。

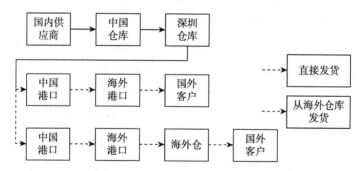

图 1－1 纵腾集团跨境电子商务出口业务的不同物流交付模式
资料来源：作者根据纵腾集团资料整理。

另外，利用海外仓库，纵腾集团于 2014 年开始探索跨境电子商务进口业务。旨在为国内在线购物者和中小进口电子商务公司提供高质量的国外产品和端到端供应链服务，提供诸如易得性（accessibility）、降低成本、降低风险以及一揽子服务，从价格差异中获利。

在跨境电子商务进口业务中，关键资源是海外仓；其主要活动是从外国供应商采购，经营商店和商场；其主要合作伙伴是外国供应商、物流公司和第三方平台。纵腾集团探索新产品并获得新的进口市场，将国内在线购物者添加到客户群，将外国供应商添加到直接供应商。

此外，新的商业模式与新的电子商务平台 Tmall 建立了新的关系。在扩张阶段，随着商业模式的创新，纵腾集团建立了新的合作伙伴关系，并吸引了新的利益相关者进入其商业生态系统。

②跨境电子商务 3.0 阶段（2014 年至今）。

跨境电子商务正式合法化，跨境电子商务进口受政策影响较大。跨境电子商务全产业链变化，服务全面升级。首先，购物行为碎片化、场景化、社交化特点日益突出。在移动互联网普及的背景下，人们已经从"刚需型"消费转向"发现性"消费，购物成为人们的习惯，也就产生了不同的消费场景，使购物行为呈现出碎片化、场景化、社交化的特点。消费场景的移动化提供了碎片化购物发展的土壤，而如何让更多的用户在碎品化的时间里进行购物消费，则与社交化相挂钩。场景化、社交化和碎片化相辅相成，实现低获客成本、精准投放，在传播中快速形成裂变。其次，由于移动用户量爆发、大型服务商加入、大型工厂上线、B 端买家成规模、中大额订单比例提升的趋势愈发明显，越来越多的平台模式由 C2C、B2C 模式向 B2B、M2B 模式转变，也使得 B2B 成为跨境电子商务将来发展的必然方向。

伴随着外部环境发生了以上变化，纵腾集团发展到领导阶段（2014—2018 年）。处在领导阶段，企业需要提供有希望的愿景，以鼓励生态系统改善，获得议价能力，并确保供应商的稳健环境。2015 年，纵腾集团与包括品牌制造商和初始分销商在内的外国供应商建立合作伙伴关系，以获得优惠的购买价格。此外，纵腾集团还从物流公司获得优惠价格，因此可以向消费者提供低于市场的平均价格。虽然在跨境进出口零售业务都有不错的表现，但为了应对外部环境中的危机，为了避免与自己的海外仓、国际专线物流业务客户产生渠道冲突，同时为了降低政策风险，纵腾集团决定收缩这部分业务。特别是在海关总署 58 号公告发布之后，纵腾集团逐步剥离跨境进口零售业务，同时将节省的资金全部投入物流基础设施的建设，发展海外仓和国际专线物流。为了充分利用海外仓库，为整个商业生态系统创造价值，纵腾集团开始将其海外仓储商业向中型跨境电子商务公司和个人开放。由于缺乏足够的资金和资源，中型跨境电子商务公司需要第三方海外仓储公司将其商品存放在国外市场附近。因此，纵腾集团提供进入海外仓库的途径，并提供存储、分拣、包装和发货服务（见图 1-2）。密集的海外仓网络已成为纵腾集团的重要资源。此时，资金流是客户群支付的服务费，而成本结构包括管理海外仓库的费用。

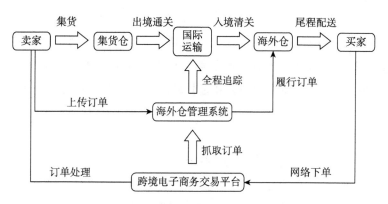

图 1-2　纵腾集团海外仓业务流程图

资料来源：作者根据纵腾集团资料整理。

讨论问题 2：请根据纵腾集团的跨境电子商务生态系统分析其与各参与者的关系。同时，各参与者应如何协作，共同营造良好生态系统？

引导学生熟悉跨境电子商务生态系统相关定义，并理解各参与者共同营造良好生态系统的方式。

Moore 将商业生态系统定义为"为客户创造价值的经济社区，包括涉及供应商、主要生产商、竞争对手和其他利益相关者的互动组织和个人"。在商业生态系统中，公司通过合作和竞争，共同发展与创新相关的能力，以支持新产品，满足客户需求。Iansiti 和 Levien 定义了商业生态系统作为一个松散的网络，由供应商、分销商、外包公司、相关产品或服务的制造商、技术提供商和其他组织组成，相关产品或服务的制造商、技术提供商和其他组织影响并受到公司产品或服务的生产和交付的影响。每个参与商业生态系统的组织和个人都有着共同的命运，因此商业生态系统的健康是非常重要的。

商业生态系统是一种经济社区，包括供应商、主要生产商、竞争对手和其他利益相关者在内的相互作用的组织和个人创造价值，纵腾集团在多年的业务模式创新中与利益相关者合作创建和发展了其业务生态系统。纵腾集团的商业模式自2007年成立以来一直在创新。为了设计和实施商业模式，企业需要评估涉及客户、供应商和业务生态系统的内部因素和外部因素。纵腾集团密切关注企业生态系统的整体发展，确保各种利益，为整个生态系统创造价值，共享价值。这部分旨在陈述纵腾集团的业务生态系统，包括核心业务、扩展企业和其他利益相关者三个部分。扩展企业包括原材料供应商、支付公司、物流公司等间接客户。其他利益相关者包括政府机构和监管机构、行业协会、投资者和所有者、工会、竞争对手等，即使他们没有创造价值也可直接进入供应链。

纵腾集团的利益相关者包括政府、电子商务协会、大学、工商局、税务局、海关、商品检验局、国家外汇管理局、投资者、竞争对手等。电子商务协会向会员企业解读相关的政策法规，并向政府反映会员企业的需求，协助政府起草法规，执行标准，引导人才培养，规范市场行为，组织会员会议，促进相互理解和共同发展。大学培养专门从事跨境电子商务的人才。纵腾集团与福州大学、闽江学院等多所高等教育机构建立了合作关系，提供了提升学生行业经验的途径。

讨论问题3：如何在全球化运营G2G战略下，更加完善跨境电子商务基础设施服务商的功能与服务？在5G背景下，供应链创新又将如何促进商业模式的创新？

这是一个开放性问题，因为当下正在进行，所以没有唯一正确的答案，请鼓励学生广泛讨论。

（1）如何在全球化运营G2G战略下，更加完善跨境电子商务基础设施服务商的功能与服务？

受政策支持、资本加持等诸多因素共同推动，小批量、碎片化的跨境电子商务在中国进口贸易的影响力与日俱增，国际贸易从批发贸易向跨境零售转变，呈现去中间化、订单向线上转移的趋势，将成为未来对外贸易发展的新增长点。伴随跨境电子商务的发展，跨境物流企业持续完善全球物流基础设施布局，构建在干线运输和境外资源配置的核心竞争力。2019年9月24—26日，万国邮联第三次特别大会做出国际小包终端费改革的有关决定，此次大会通过的方案拉高了我国跨境电子商务物流成本，给我国跨境业务带来冲击。随着直发类物流渠道成本的进一步上涨，海外仓发货所占的比重会相对有所提高，对海外仓企业有一定的利好作用。

受上述国际环境影响，纵腾集团围绕"跨境电子商务基础设施服务商"的定位，打造旗下品牌：谷仓、云途等。

供应链创新由商业流程、结构和技术组成。海外仓库是供应链物流节点的创新，也是导致供应链创新的关键资源，从境内揽收、出口通关、干线运输、落地清关到尾程派送，每个环节将传统货代的链条不断拉长。纵腾集团通过跨境电子商务的物流体系，把海外仓作为核心资源，打造物流和电子商务的业务差异化。将上游跨境卖家、下游物流和渠道整合，规模性输出给出口国 C 端顾客或 B 端商家，最大化地突出服务商优势。跨境电子商务卖家根据海外仓的管理系统对目标市场的预测进行备货，然后运送到谷仓国内头程仓库中，待全部的跨境电子商务将商品集中完成后，再通过国际运输将货物运到谷仓海外仓。当顾客在跨境电子商务交易平台下单后，卖家将信息上传到谷仓 OMS 物流管理系统，海外仓立即开始商品的分拣、包装，然后进行最后的尾程配送，将商品送达顾客手中。

（2）在 5G 背景下，供应链创新又将如何促进商业模式的创新？

Mentzeretal 将供应链定义为"从最终供应商到最终客户的所有产品、服务、财务和信息的上下游流动"。因此，与信息流、物流和资金流相关的流程管理可被视为电子商务供应链管理活动的基本组成部分。信息流是物流和资金流的基础。没有信息流，物流和资金流就无法有效运作。这三个流程之间的集成可以通过信息技术（IT）来实现。

供应链创新由商业流程、技术和结构组成。创新的物流节点，海外仓的建设推动了商业模式的创新。供应链创新与商业模式创新有着密切的联系。从案例中可以看出，仓储、销售和研发的本地化是供应链结构的主要创新。这三个要素可以帮助跨境电子商务公司实施新的商业模式。销售和研发本地化可以帮助公司利用及时的市场信息，仓库本地化可以帮助公司更好地为当地客户提供可靠的物流管理。在研发本地化方面，纵腾集团通过信息处理技术优化销售。它可以提前估计客户的行为和习惯，并通过使用大量的消费者数据、累积的信息和分析系统来预测需求。因此，纵腾集团可以根据销售情况下订单，并将其研发本地化。供应链流程整合可以创造与新产品发布或进入新市场相关的销售机会。

此外，值得一提的是，跨境电子商务公司的供应链创新遵循信息流→物流→资金流的模式。引导学生通过淘宝网商业模式创新的历程，理解供应链创新推动电子商务企业商业模式创新的过程。

在 2G 时代，淘宝网发布让买家与卖家进行即时文字、语音及视频沟通的 PC 版通信软件阿里旺旺（2004），为了解决网络交易安全，设了"第三方担保交易模式"的支付宝（2004），电子商务多应用于企业间的 B2B 模式。

2007 年 3G 初露端倪，改变了顾客的消费习惯，流量由电脑端转入移动端，消费电子商务兴起，同时跨境电子商务开始萌芽。服务国内，淘宝网推出专注于服务第三方品牌及零售商的淘宝商城（2008），国内消费升级，顾客对商品的品牌与品质有了更高的要求，淘宝商城正式更名为"天猫"（2012）。为解决物流痛点，组建菜鸟物流（2013）。面向国际市场，推出全球速卖通（2010）与一站式出口服务供应商一达通（2010），让中国出口商直接与全球消费者接触和交易。同期，创立阿里云（2009），发展公司信息技术能力，因为信息技术是供应链创新的基石。Gartner 与 IDC 的资料分别显示，阿里云是全球三大基础设施即服务（IaaS）供应商之一以及中国最大的公共云服务供应商。阿里云向阿里巴巴集团电子商务平台上的商家以及初创公司、企业与政府机构等全球用户，提供一整套云计算服务。

2014 年网络信息技术升级 4G，以大数据、智能化、移动互联网、云计算为核心，信息技术推动资金流的创新，阿里巴巴集团关联蚂蚁金融服务集团（2014）；阿里巴巴集团宣布对旗下阿里云战略（2015）增资 60 亿元，用于国际业务拓展，云计算、大数据领域基础和技术的研发，以及 DT 生态体系的建设。

关于零售渠道创新方面，2017 年 2 月 20 日，新零售在上海落地。百联集团是一家区域零售商，其线下门店绝大部分都分布于上海，超过 3300 家。2017 年 7 月 14 日，"盒马鲜生"在阿里内部低调筹备两年多，是对线下超市完全重构的新零售业态。2017 年 11 月 20 日，与 Auchan Retail S. A.（欧尚零售）、润泰集团宣布达成新零售战略合作。2018 年 8 月 2 日，与星巴克宣布达成新零售全面战略合作，星巴克将依托饿了么配送体系，逐步上线外送服务。

关于商业生态系统，2016 年 4 月 14 日，阿里巴巴集团加入国际反假联盟（IACC），成为该国际组织的首个电子商务成员。2016 年 12 月 2 日，国家发改委与阿里巴巴集团在京签署关于推进商务领域诚信体系建设合作备忘录。双方在数据共享、联合奖惩、试点示范、研究共创等方面展开一系列合作，提升商务领域诚信意识，推进诚信体系建设，发挥信用体系在优化商业环境、促进产业发展中的重要作用。2019 年，全国在 16 个城市设置 5G 网络试点运营，2020—2022 年将会是 5G 网络的建设高峰期。5G 网络以其广覆盖、低时延、高安全性、高行业赋能等特性，在企业的运营过程中具有显著优势。这将会推动物流行业实现基于物联网＋人工智能（IoT＋AI）的智慧物流模式，促使物流全面进入科技化时代，持续向数字化、智能化、绿色化方向发展。随着 5G 在物流产业的应用，促使供应链的创新，必然推动物流企业商业模式的发展。在可以预见的未来，物流企业可能不仅单纯地运输货物，而是转变为"提供相关服务"以期获得高的利润的商业模式。不妨设想一下，5G 时代的物流将是什么样子？未来公路上的汽车将会自动驾驶，进出港口和园区也不需要任何证件，货物自动分拣装卸，无人机负责调控园区车辆，一切视频和数据都通过 5G 实时传到后台分析处理。物流产业进入快速成长、蜕变期。

注释

［1］ Moore J F. The Death of Competition：Leadership and Strategy in the Age of Business Ecosystems. Harper Collins Publishers，1996.

［2］ Iansiti M，Levien R. Strategy a secology. Harv. Bus. Rev. 2004，82：68 – 81.

［3］ Mentzer J T, DeWitt W, Kee bler J S, ed al. Defining supply chain management. Journal of Business logistics, 2001, 22 (2): 1 - 25.

［4］ Kim Y H, Sting F J, Loch C H. Top-down, bottom-up, or both? Toward anintegrative perspective on operations strategy formation. Journal of Operations Management, 2014, 32 (7 - 8): 462 - 474.

［5］ Shaw M J. Information-based manufacturing with the web. International Journal of Flexible Manufacturing Systems, 2000, 12 (2 - 3): 115 - 129.

［6］ Arlbjørn J S, Haas H D, Munksgaard K B. Exploring supply chain innovation. Logist. Res. 2011, 3: 3 - 18.

第二章

福建跨境通：利用独特优势让自己走得更远*

一 引言

信息技术的高速发展和互联网的普及，促使电子商务蓬勃发展，在经济全球化背景下，跨境电子商务迅速发展，出现许多跨境电子商务平台。跨境电子商务已经成为新型贸易模式，是新的对外贸易增长点。近年来，跨境电子商务交易在对外贸易中的比重不断上升。跨境电子商务的发展，也在深刻影响着传统世界贸易格局。

福建跨境通电子商务有限公司（简称"福建跨境通"）是一家结合多家国有企业与一台资公股公司共同创办的合资公司（见附录1），目前落地福建平潭，主要负责跨境贸易电子商务公共服务平台、跨境电子商务监管中心及海峡跨境电子商务产业园的招商运营，提供电子商务企业完整的跨境电子商务清关与仓储服务。

在这个电子商务蓬勃发展的时代，福建跨境通从2015年成立初一步步走到现在，作为一个非营利性的第三方公共服务平台，逐渐向信息服务平台和交易平台"1+1"的体系演进，努力实现供应与需求精准匹配、线上与线下融合，不断朝着新目标前进。那么，在前进的道路中，福建跨境通是如何找准自己的定位进行发展的？公司发展的优势在何处？大胆进行"1+1"转型的基础保障又是什么？

---

* 本案例部分数据来自企业调研与网络公开数据。

二　企业简介

福建跨境通于 2015 年 4 月正式成立，落地于平潭，公司注册资金为 5000 万元人民币（见附录 2）。福建跨境通由福建跨境易电子商务有限公司、福建贸鸿电子商务有限公司、福州达远电子科技开发有限公司、平潭综合实验区交通投资集团有限公司、福建省交通运输集团有限责任公司共同出资创办（见附录 1）。福建跨境通是授权开展平潭跨境电子商务试点的公共服务公司，是福建省首家开展海关总署批准的跨境电子商务试点项目，也是平潭自贸区重点建设 6 万多平方米海峡跨境电子商务产业园区、跨境电子商务监管中心和菜鸟保税仓的运营管理单位。

福建跨境通位于台湾创业园 1 号楼 10 层。公司设有财务部、综合部、发展部、运营部、物流部、市场部、技术部、平台事业部、安全质量部等 9 个部门，现有专职人员近 80 人，其中大专及以上人员 75 人，这是一支搭配合理、专业互补、经验丰富、团结合作的管理和专业技术团队。

福建跨境通通过分析市场，发现物流仓储服务能满足企业交易后的刚性需求，成为产业电子商务布局的重点，各产业电子商务采取自建或整合第三方物流资源的方式建立物流仓储服务平台。因此，福建跨境通通过技术创新打造智能物流体系，并以"数字驱动"与"协同共享"为核心进一步构建一体化的供应链服务平台，为产业提供全流程的供应链服务。2017 年，福建跨境通建成全国首个集国际快件、跨境直购、跨境保税业务于一体的"三合一"监管中心，为货物往来提供了集中服务的平台。目前平潭现有保税监管仓近 2 万平方米，分别为金井自营仓 4781 平方米、金井物流园菜鸟 1 号仓 5000 平方米及利嘉物流园菜鸟 2 号仓 10000 平方米。不足 2 万平方米仓储面积 2018 年累计出票量达 474.5 万票，共缴税款约 5000 万元，同比增长 621%（见附录 3）。

福建跨境通作为一个非营利性的第三方公共服务平台，为电子商务企业提供报关、报检、办公、仓储、物流、结汇、退税、融资等专业服务与解决方案，确保电子商务、物流、支付企业获得便捷、高效、低成本的跨境电子商务综合服务。

福建跨境通以打造福建省跨境电子商务综合服务示范平台为宗旨，达到与实验区功能政策相互对接、优势互补，加倍释放跨境电子商务和特殊监管区域的叠加政策效应，并借力跨境电子商务平台，通过实验区与台湾自由经济示范区的无缝对接，享有政策先行先试的领头地位，强化海峡两岸的经贸往来，但企业跨境电子商务运营并不以海峡两岸为限，而是作为"买世界、卖世界"的跳板。

三　企业发展历程

每年的"双十一"购物节都是物流业的狂欢，截至 2019 年 11 月 11 日 24 时，平潭跨境电子商务菜鸟保税仓今年"双十一"订单量达 59.49 万票，成交金额为 5279 万元，同比去年"双十一"分别增长 37% 和 39%（见附录 4、附录 5），再次刷新纪录，取得订单量全省第一以及清关出库时效菜鸟体系中级仓排名第一的骄人战绩。

福建跨境通物流部经理陈尚辉先生在接受采访时说："实验区管委会对跨境保税行业也相当重视，随着平潭口岸的营商环境优化，软硬件条件日趋完善，相比去年都有较高的提升，有了前两次'双十一'的经验，这次我们应战更得心应手，经验也更丰富。""为确保这次'双十一'活动的顺利开展，平潭海关还给予我们全力支持。"平潭海关提前研究制订"双十一"现场监管服务及技术保障预案，提高审核时效，加快通关时效，工作人员也是 24 小时通关作业，全力对战"双十一"监管高峰。

福建跨境通自 2015 年 4 月成立以来，陆续承接并运营跨境贸易电子商务公共服务平台、跨境电子商务监管中心、海峡跨境电子商务产业园三大板块，积极推动打造跨境电子商务产业基础圈，历经平潭发展跨境电子商务最为艰难的几年。其间，在平潭政府部门的大力协调下，跨境业务从最初的临时监管中心、临时保税仓成功过渡到现如今常态化、规模化运作。福建跨境通经过了近五年的产业培育，逐渐构建了自身核心技术、业务团队，形成了综合竞争力，并在国内跨境电子商务口岸中树立跨境贸易、跨境物流品牌。

（一）发挥窗口优势，企业快速发展

福建跨境通现立足平潭，贸易项下的对台物流有效推动了海空联运黄金通道的建设，凸显平潭作为闽台合作窗口的价值。通过海峡号、丽娜轮及台北快轮，接入桃园国际机场国际物流快速分拨大通道。在原有东立物流、华冈物流、海霆国际物流控制的台北港国际快件仓基础上，由台湾港务和世邦物流合作拥有第二块台湾海运快件牌照资质公司开始运营，多家货代、报关企业积极对接入驻，随着垄断的打破，货量增加，平潭对接台湾地区的通路成本将有望逐步降低，实现"两岸海空联运，买卖全球"。与台湾知名物流企业海霆国际物流公司合作，设立"平潭—台湾跨境电商海外仓"。积极布局福州和台湾形成"一体、两翼、双引擎"的多通道、多贸易方式的格局。

2020年，"平潭—台湾"海运通道运营顺畅，平潭澳前港/金井港去往台湾台中港/台北港，通过高速客滚船只需要4小时便可抵达，货运快轮也只需5.5小时。福建省内的海运、空运通道速度也不容小觑，从平潭跨境电子商务监管中心出发：江阴港（1小时）、马尾港（3小时）、长乐机场（3小时），二桥通车后可缩短为1小时。

政策上，政府出台文件，针对四大业务给予补贴：

使用跨境电子商务公共服务平台的交易额补贴——进出口规模位列区内前十且交易额超过500万元，给予交易额1.5%的奖励。

保税备货业务的电子商务物流补贴——对跨境电子商务保税备货进出口业务，补贴经营跨境电子商务企业2.5元/票的出区物流费用。

直购进出口业务的电子商务物流补贴——对岚台直航的跨境电子商务直购进出口业务，补贴跨境电子商务企业4元/票的物流费用。

进口检验检测费用补贴——首次在平源口岸进行进口商品备案的，按实际发生的检验检测费用的70%予以补贴，年度累计不超过50万元。

在地区和政策的优势下，福建跨境通目前面对的主要竞争还是在供应链上。企业内部的整套制度体系，要做到能够跟市场的节奏和速度相匹配。福建跨境通在发展灵活度上拥有的优势，就是公司原有的在整个供应链第一道口岸的领先优势。负责人在接受采访时说："未来所有的电

商终究是要回到本质，即能够为消费者提供什么商品与服务？因为电商的核心与以往商业相同，仍是为消费者带来更好的商品，或者更好的服务与体验。唯有这样，企业才有可能生存下来。"因此，福建跨境通唯有夯实技术基础，优化服务平台，才能为消费者提供优质服务。

（二）夯实技术基础，优化服务平台

2017 年，福建跨境通自主研发的综合服务平台，在关务上有效对接台湾关贸网路，商务上对接台湾海外仓业务数据，并同福建省跨境电子商务单一窗口对接，确定了跨境通综合服务平台作为海峡两岸贸易项下的数据枢纽作用。

福建跨境通根据平潭管委会相关专题会议纪要文件指示，协助推进跨境电子商务公共服务平台建设并负责平台运营工作。从平台搭建开始，福建跨境通积极配备专业技术人员指导各类型企业完成从跨境电子商务地方版、跨境电子商务统一版和跨境电子商务一单两报的三个版本不同的技术对接和公共服务平台正常业务使用，并根据业务需求和发展，自主开发了订单管理系统、云仓储系统、综合服务系统等辅助跨境电子商务公共服务平台的业务配套系统。

跨境电子商务公共服务平台实现跨境电子商务业务和监管线上化，为"一次申报、一次查验、一次放行"的"三个一"创新通关模式奠定良好的技术基础。截至 2020 年 6 月，公共服务平台备案电子商务企业 96 家，备案物流企业 11 家，备案支付企业 16 家，备案报关企业 9 家。包括菜鸟网络、网易考拉、供销集团、利嘉物流、顺丰海淘、支付宝等一批跨境电子商务产业链各环节企业，海关审批通过 21351 个 SKU（库存保有单位），这些企业构成了平潭跨境电子商务的主体，是平潭跨境电子商务发展的基石。

（三）稳扎稳打前进，加速业务增长

福建跨境通开展业务以来，在福建省率先开展跨境电子商务保税进口、保税出口、直购进出口三种业务模式，实现跨境电子商务多模式突破。国内热销的奶粉、保健品、化妆品、红酒等福建首票业务均在平潭先行突破。截至 2019 年 3 月 8 日，"天猫 3 · 8"单天出单量达

到 23 万多票，创历届新高。

福建跨境通之前主要是整个供应链链条的上游，商品从海关港口出发，进入平潭自贸区，再运输到保税仓，最后到仓储，该公司做的是仓位的基础包发服务。经过一定时间的运营，达到一定程度的业务水平，有限的仓库容积以及有限的服务能力自然而然地要求福建跨境通从供应链上游做到供应链下游。福建跨境通积极寻找一种适合自己企业的电子商务模式，使得企业在供应链上游多元层面的特征和优势可以落地，这是福建跨境通目前的任务。

（四）供应链金融服务，平台发展要点

现在，供应链金融解决企业核心难题，越来越受到电子商务行业的重视。在供应链金融模式下，资金提供方弱化对融资主体的信用以及抵押物要求，转为对供应链上的交易状态进行综合评价，针对单笔或者多笔交易提供融资服务。电子商务平台基于数字化供应链开展供应链金融服务，能够有效解决上下游企业在各业务环节中的融资难题，盘活平台资金，拉动平台交易额。

围绕解决跨境电子商务平台回款慢、应收账款多、物流费压力大、在途资金较多、旺季备货缺资金、融资难融资贵等痛点问题，在政府部门的大力支持下，联合金融机构，福建跨境通为园区入驻的跨境电子商务企业提供跨境贸易集采、代采及关税保函等供应链金融服务，这也成为平台发展的要点。

四　企业"1+1"转型

电子商务平台做大做强之后，有两条主要增长路径，要么深耕产业发展垂直电子商务，要么扩张领域增加产品线。因为扩张领域的成本与风险都过大，所以电子商务企业通常向垂直产业链延伸，打通供应链上下游，实现新价值创造和市场渗透，以取得更高的利润。同时，电子商务企业也在积极整合产业，通过自建或并购的方式拓展更多的垂直领域，实现产业服务能力的复制与扩张，以争取更广阔的市场。当发展为具有对台特色的跨境物流平台服务商之后，福建跨境通也在思考下一步的发展策略，是选择稳定战略，坚持自己作为第三方公共服务平台的定位，

还是大胆地跨领域，打通多领域的垂直电子商务渠道？

针对这个问题，福建跨境通在 2019 年下半年交出了答卷。2019 年福建跨境通成立了平台事业部，在收购的基础上自建电子商务平台——"简选商城"（见附录 6）。企业相关负责人介绍说，"简选商城"是以一个项目作为落地的平台，是公司新业务、新目标的发展方向。福建跨境通利用平台本身运营优势，低价签约进口好货，积极运营简选商城，增加销售新渠道，扩大销售收入。

负责人介绍说，搭建这个平台，提供这个平台的综合服务，就如盖一栋大楼一样，福建跨境通就像一家物业公司，提供管理运营，提供各种价格和服务上的支持，但是并不直接对消费者服务。这个项目平台依旧是把企业原来在传统上游的供应链、仓储方面的沉淀优势经验，以及企业作为国企所自带的公信力，整合为一种可赋能的工具，然后把这个工具提供给所有需要它的卖家（见附录 7）。简单来讲，简选商城作为福建跨境通的一个电子商务平台，并不以盈利为目的，而是通过深耕产业链深度赋能中小创业者，为其创造更多价值。

简选商城主要销售母婴产品、化妆品、保健品等，商品种类达2000 多类，目前已入驻电子商务企业 200 多家。2020 年，简选商城电子商务平台积极推进直播经济的发展需求，设立了跨境通商品线下体验中心，参与直播带货新零售。同时，可为基地"网红"平台提供海量优质跨境商品供应链支撑。依托这些优势，为消费者提供线上线下一体化的购物体验。体验中心内摆放网站商品样品，方便顾客（"网红"）售前体验。所有商品接到订单后从跨境通保税仓发货，商品完成后直接出仓发货，3～15 天即可送到顾客手中。

这一电子商务平台的上线也是福建跨境通由原来"店小二"向"大管家"转型的关键一步。从服务跨境电子商务企业的"店小二"逐渐向"大管家"转型，是福建跨境通近期业务发展的关键一招。为商家搭建平台，让商家有更多销售渠道，做大做强平潭口岸物流贸易。立足国企，依托平潭自贸区，布局全国六大保税仓（平潭、马尾、郑州、宁波、重庆和深圳），利用自贸区内供应链优势，打造以跨境保税海关监管为主的社交跨境电子商务平台，成为广大用户实现"买世界、卖世界"的绝佳跳板。

福建跨境通物流部经理陈尚辉先生在接受采访时表示："简选"平台的上线，主要是为了让所有落地平潭口岸的跨境电子商务企业能够增加一些线上的销售量，这样才会有越来越多的跨境保税电子商务企业落地平潭口岸。通过自建平台吸引电子商务企业落地平潭的这种"以商引商"方式，让企业之间相互形成产业链。陈尚辉先生还表示，为了帮助电子商务企业快速清关，福建跨境通还自主研发了一套综合服务平台，专门用于对接海关端口，让平潭口岸的物流清关速度达到最快，节约消费者的等货时间。落地平潭口岸的跨境电子商务企业，只要他们把货物放在平潭口岸，就能够保证，当天17：30之前下的订单，当天可以发货。通过简选商城下单购买国外商品，平潭的消费者可以在当天或第二天收到商品。目前平潭仓库共有商品460万件左右，足以满足市场的需求。

五　转型后福建跨境通未来的步伐

（一）行业竞争力优势

福建跨境通在平潭综合实验区政府的大力支持下，经过近五年的产业培育，构建了自身核心技术、仓储运营、通关等业务团队，已成熟运营跨境电子商务报税备货、直购进出口等业务，在跨境电子商务领域形成了一定的行业竞争力，在企业"1＋1"转型后也为企业的发展提供了一定的保障。

一是团队优势。经过近五年的发展，福建跨境通已具备成熟仓储运营能力及仓储容量，日均出货量约2.5万单，活动期间出货量可达4万~5万单。福建跨境通仓储运营能力得到了菜鸟网络和电子商务企业的认可，并获全国菜鸟仓出货时效与通关效率"双料"第一。

二是仓储优势。2020年平潭海关监管中心周边仓储面积已达13.5万平方米，其中6—7月可用仓储面积有12000平方米，到2020年底可新增3万余平方米仓储面积，到2020年底13.5万平方米仓储可全部投入使用。此外，现配备有四台同屏对比X光机查验设备，每小时可处理2000件，完全可承载天猫出海的业务需求。

三是精简流程，高效通关。通过一年多的摸索和实践，福建跨境通联合报关团队已能够熟练处理各类业务操作模式，从前端理货、订单申报到后端关务已实现常态化运营。依托与海关等有关部门建立良好的企业信用背书，实行阳光化监管，完成三单发送及清单申报后，根据布控指令进行"比例上机"查验，查验比率控制在 1%～3%，通关时效均超同类口岸。

（二）打破瓶颈自己走出来

福建跨境通目前遇到的最大瓶颈跟大多数企业类似：酒香还怕巷子深，如何把酒搬到巷子外面去，更能直接把香味传递出去。希望通过更多的方式将更多的香味传到需要的人面前。未来电子商务的需求再如何变化，也就两个需求，一个是省钱，另一个是赚钱。花更少的钱买更好的东西，然后不用投资，没有风险，能够多赚点钱，这似乎是最完美的状态，福建跨境通也在朝着这个目标前进。目前所有的电子商务平台都在抓碎片化流量，做有资源的赋能爆发，做的其实都是同一件事情。

福建跨境通拟定 2019—2021 年三年发展规划，跨境贸易保持高速增长，即 2019 年 8 亿元、2020 年 10 亿元、2021 年 13 亿元；营业收入保持年增长 30%，即 2019 年 1.2 亿元、2020 年 1.56 亿元、2021 年 2.03 亿元；净利润保持年增长 20%，即 2019 年 480 万元、2020 年 576 万元、2021 年 691 万元。[①]

福建跨境通在确立"以人为本、重视人才"价值观的基础上，也把壮大产业、提升业务能力，不断为社会解决就业、培育人才作为企业的宗旨，找准企业坐标，稳扎稳打发展，决心把"空前挑战"变成"难得机遇"。

借着"一带一路"的政策，也为了充分利用自身平台运营优势，积极拓展出口产品业务线，福建跨境通成立了莆田跨境通电子商务有限公司，充分利用港口运营优势，为国内商品的海外电子商务业务保驾护航。

未来，福建跨境通将借助现有平台资源和自身优势，打造成东南沿海重要的跨境电子商务综合服务商，同时继续深化和菜鸟、网易考拉的

---

① 来自公司三年发展规划（内部文件）。

合作，扩大合作范围。未来将继续借助台湾地区的地理区域优势，为天猫国际及其他跨境电子商务提供更具竞争力的通关渠道、保税仓储等服务，进一步提升平潭跨境的综合实力以及平潭跨境口岸的影响力。同时，打造全优流程，创新技术标准、业务流程、金融服务、物流服务，使跨境电子商务在平潭享受最高的通关效应、最低的通关成本。

六 课后讨论题

讨论问题 1：福建跨境通具备哪些政策与区位上的优势？

讨论问题 2："简选商城"的上线，使福建跨境通从"店小二"向"大管家"转型，请运用商业模式相关理论，对前后两种业务进行分析。

讨论问题 3：请分析在转型之后，福建跨境通具备了哪些新优势，以及将面临哪些新挑战。

七 附录

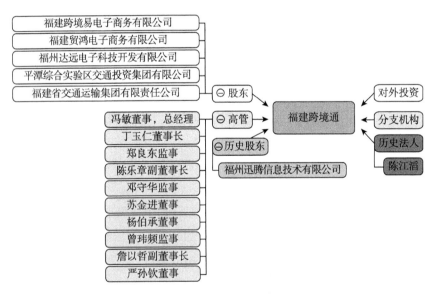

附录 1　企业工商信息

资料来源：天眼查。

附录2　福建跨境通企业架构图

注册成本	5000 万元人民币	实缴资本	200 万元人民币
成立日期	2015 年 4 月 9 日	经营状态	存续
统一社会信用代码	913501283375387464	工商注册号	3501281000088598
纳税人识别号	913501283375387464	组织机构代码	337538746
公司类型	其他有限责任公司	行业	零售业
核准日期	2017 年 9 月 15 日	登记机关	平潭综合实验区市场监督管理局
营业期限	2015 年 4 月 9 日至2035 年 4 月 8 日	纳税人资质	—
人员规模	50 ~ 99 人	参保人数	53
曾用名	—	英文名称	—
注册地址	平潭综合实验区金井湾片区台湾创业园 1#10		
经营范围	网上经营计算机软硬件、日用品、电子产品、通信设备及周边产品、办公用品、皮革制品、服装鞋帽、体育用品、装潢材料、卫生洁具、化妆品、箱包、保健食品、预包装食品；网上提供商务信息咨询（不含金融、证券、期货等需审批的项目）、企业管理咨询、物流信息咨询服务；信息系统集成服务；软件开发；信息技术咨询服务（以上均不含增值电信、金融服务）；计算机及配件、电子产品、通信设备、办公设备的批发、维护；票据代理；货物运输代理、货物运输、仓储、搬运、装卸、配送服务（不含民用爆炸物品）；自营或代理各类商品和技术的进出口业务，但国家限定公司经营或禁止进出口的商品及技术除外；代办报关报检手续；法律法规和国务院决定未规定许可的，均可自主选择经营项目开展经营活动；乳制品（含婴幼儿配方乳粉）、钟表、眼镜、纺织品、工艺品、散装食品、农林牧产品、家用电器、医药、医疗器材批发兼零售。（依法须经批准的项目，经项目部门批准后可开展经营活动）		

资料来源：天眼查。

附录3　历年出票数据对比表

年份	2015 年	2016 年	2017 年	2018 年
出区单量	3.9 万票	17.1 万票	76.2 万票	474.5 万票
出区货值	1653 万元	4934 万元	2.16 亿元	5.8 亿元

资料来源：福建跨境通。

附录4　福建跨境通历年大事件表

时间	大事件
2014 年 1 月 6 日	海关总署批复同意平潭开展跨境电子商务试点工作

时间	大事件
2015 年 4 月 9 日	福建跨境通正式成立
2015 年 7 月 30 日	台湾首批跨境电子商务直购商品经查验放行，平潭自贸区跨境电子商务直购进口开始试运行
2015 年全年保税出区票数超 3.9 万票，出区包裹货值约 1653 万元	
2016 年 1 月 27 日	平潭综合实验区电子商务协会正式成立，福建跨境通当选为副会长单位
2016 年 3 月 28 日	组织平潭电子商务企业参与省电子商务大会，并签订了供应链金融等 18 个项目的合作协议
2016 年 6 月 1 日	海峡跨境产业园区电子商务服务及孵化中心项目启动
2016 年 8 月	获评"2015—2016 年度平潭片区示范企业"
2016 年 11 月 3 日	平潭跨境贸易服务平台通过省专家联合评审，完成项目最终验收，为平潭口岸正式切换海关跨境贸易进口统一版系统奠定基础
2016 年全年保税出区票数约 17.1 万票，同比增长 346%；出区包裹货值近 4934 万元，同比增长 198%	
2017 年 5 月 15 日	经经济发展局认定为平潭综合实验区重点产业企业
2017 年 6 月 6 日	完成平潭跨境电子商务保税进口商品首票包裹出区申报，正式开展平潭保税进口业务
2017 年 7 月 7 日	菜鸟平潭跨境保税首单测试成功，菜鸟平潭跨境保税仓正式运行
2017 年 8 月 25 日	首批出口商品在平潭跨境电子商务监管中心以跨境电子商务直购模式顺利通过查验放行，正式开展跨境电子商务直购出口业务
2017 年 11 月 11 日	首次参与"天猫双十一"活动，实现当天出区票数 8 万多票，出区金额 678.85 万元，占福州关区跨境电子商务通关总量的 70% 以上。平潭在全国口岸通关效率排名第三
2017 年全年保税出区票数超 76.2 万票，同比增长 346%；出区包裹货值近 2.16 亿元，同比增长 338%	
2018 年 3 月 12 日	应邀参加"2018 福建跨境电商峰会暨第 123 届广交会预备会"，向全国跨境电子商务企业推介本区保税仓、综合服务商、菜鸟仓的优势
2018 年 8 月 8 日	"天猫国际 8·8 全球狂欢节"平潭菜鸟保税仓实际出单量达到 7 万单左右，出区金额 600 多万元

续表

时间	大事件
2018 年 9 月 26 日	新增 1 万平方米保税仓库使用，开启菜鸟仓新一轮招商
2018 年 10 月 11 日	在"第九届中国电子商务物流大会"上被授予"2018 年中国电子商务物流优秀服务商"称号
2018 年 11 月 11 日	"双十一"全球狂欢节，平潭保税仓出区票数超 43 万票，同比 2017 年增长 421.68%。获得"双料第一"：出货票数全福建省第一，出货时效和通关效率在全国近 40 个菜鸟仓中排名第一
2018 年全年保税出区票数超 474.5 万票，同比增长 523%；出区包裹货值近 5.8 亿元，同比增长 169%	
2019 年 1 月 4 日	福建跨境通工会成立
2019 年 2 月 15 日	福建跨境通总经理冯敏获"平潭综合实验区开放开发贡献奖先进个人奖"
2019 年 3 月 8 日	"天猫 3·8"单天出单量达到 23 万多票，创历届新高
2019 年 3 月 20 日	福建跨境通被评定为 2018 年平潭综合实验区综治平安企业
2019 年 11 月 11 日	"双十一"全球狂欢节，平潭跨境电子商务菜鸟保税仓订单量达 59.49 万票，成交金额为 5279 万元，同比 2018 年分别增长 37% 和 39%，取得订单量全省第一以及清关出库时效菜鸟体系中级仓排名第一的骄人战绩

资料来源：作者根据福建跨境通资料整理。

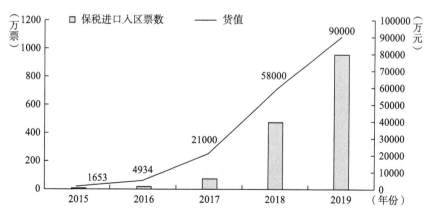

附录 5 2015—2019 年保税进口入区票数及货值数据

资料来源：福建跨境通。

附录6 简选商城官网图片

资料来源：福建跨境通。

附录7 简选商城优势宣传页

资料来源：福建跨境通。

注释

[1] 周梦珊. 中小企业跨境电商平台选择研究 [D]. 厦门：厦门大学，2018.

[2] 易观. 产业互联网发展路径分析 [EB/OL]. (2019 - 11 - 07) [2019 - 12 - 05]. https://www. analysys. cn/article/detail/20019538.

[3] 艾瑞咨询. 2018 年中国跨境进口零售电商行业发展研究报告 [EB/OL]. (2018 - 05 - 04) [2019 - 11 - 30]. https://www. iresearch. com. cn/Detail/report? id = 3203&isfree = 0.

[4] 电子商务研究中心. 2018 年度中国跨境电商市场数据监测报告 [EB/OL]. (2019 - 06 - 05) [2019 - 12 - 05]. http://www. 100ec. cn/zt/2018kjsj/.

【教学说明】

一　案例概要

在这个电子商务蓬勃发展的时代，福建跨境通从 2015 年成立初一步步走到现在，作为一个非营利性的第三方公共服务平台，逐渐向信息服务平台和交易平台"1 + 1"的体系演进，努力实现供应与需求精准匹配、线上与线下融合，不断朝着新目标前进。通过行业及企业的发展，分析福建跨境通的核心竞争力，来理解福建跨境通是如何找准自己的定位并进行发展的，理解其发展的优势和大胆进行"1 + 1"转型的基础保障。

二　在课程中的定位

本案例是教学性的综合案例，可用于 60 分钟的课堂讨论，适用于全日制工商管理类、电子商务类本科生、研究生的"电子商务概论""物流与供应链管理""商业模式创新与创业"课程，以及"跨境电商商业模式""跨境电商物流"与"商业生态系统"知识点的授课单元中。

本案例主要介绍以福建跨境通为代表的跨境电子商务企业，根据外部宏观环境与市场变化，找准企业定位、核心资源、核心优势，发展核心业务的过程，并分析大胆进行"1+1"转型的基础保障，借助现有平台资源和自身优势，打造成东南沿海重要的跨境电子商务综合服务商。

三 相关阅读资料

羊英、陈建、吴翠红主编《跨境电商物流实用教程》（北京：中国海关出版社有限公司，2019），第四章跨境进口物流管理。

四 教学计划

本案例适用于60分钟的课堂，教学计划见表2-1。

表2-1 教学计划

讨论问题	时间/分钟
案例内容概述、案例讨论热身等	5
讨论问题1	15
讨论问题2	15
讨论问题3	15
分析框架或教授总结	10

五 讨论问题分析

讨论问题1：福建跨境通具备哪些政策与区位上的优势？

（1）福建跨境通以打造福建省跨境电子商务综合服务示范平台为宗旨，达到与实验区功能政策相互对接、优势互补，加倍释放跨境电子商务和特殊监管区域的叠加政策效应，并借力跨境电子商务平台，通过实验区与台湾自由经济示范区的无缝对接，享有政策先行先试的领头地位。

（2）福建跨境通是一家国有控股公司，享有排他性的口岸运营权限，更由于其是菜鸟仓（跨境电子商务）的运营签约商，所以有稳定的业务增长和可观的销售收入。

（3）政府出台文件，声明了四大业务的补贴情况。

使用跨境电子商务公共服务平台的交易额补贴——进出口规模位

列区内前十且交易额超过 500 万元，给予交易额 1.5% 的奖励。

保税备货业务的电子商务物流补贴——对跨境电子商务保税备货进出口业务，补贴经营跨境电子商务企业 2.5 元/票的出区物流费用。

直购进出口业务的电子商务物流补贴——对岚台直航的跨境电子商务直购进出口业务，补贴跨境电子商务企业 4 元/票的物流费用。

进口检验检测费用补贴——首次在平源口岸进行进口商品备案的，按实际发生的检验检测费用的 70% 予以补贴，年度累计不超过 50 万元。

（4）跨境进口通关便利化。

进口通关的问题远比出口复杂，每个国家都对进口贸易管得更严。传统国际邮件方式的进口，通常限于居民互寄个人物品，缺乏电子化手段进行监管，如果全部跨境进口 B2C 都按传统邮件方式通关，没有电子凭证，海量邮件将难以全面监管，容易造成走私漏税情形。同时，各地海关进出口监管方式及力度不统一，存在监控盲点，如查验方式、查验力度与查验效率之间的匹配。而按一般贸易方式通关，现有的通关申报、查验流程只适用于 B2B 大宗货物，不适用于"量小、品杂、单多"的 B2C 模式。因此，针对跨境电子商务的海关监管模式应运而生，即直购和保税。

在详解两种模式之前，先介绍一下我国海关正在全力实施"海关全面深化改革总体方案"，全国通关一体化改革主要由"两中心、三制度"构成。"两中心"是风险防控中心、税收征管中心；"三制度"分别是创新报关审核、税收征管的管理模式及创新协同监管制度。改革明确的方向正是"一次申报、分步处置"，从"先审后放"向"先放后审"转变，加快通关便利化。"一地注册、多地申报、全国报关"实现报关企业在一个直属海关注册登记后，无须再设立跨关区分支机构，就可以到全国所有海关、所有口岸和海关监管集中的地点报关，形成"全国 42 个海关如同一关"的格局。根据贸易及物流特性分类，通关一体化有 4 种：口岸清关、属地申报口岸验放、在海关特殊监管区和保税监管场所申报属地放行、转关和区域通关一体化。能适用区域通关一体化，目前很多外贸企业已经用得很熟练，而跨境电子商务本就和保税、特殊监管区密切相关，了解一下区域一体化通关很有必要。目前，国内已实施京津冀、长江经济带、东北地区、丝绸之路经济带、泛珠江三角洲区域五大区域通关一体化。

福建跨境通作为一个非营利性的第三方公共服务平台，主要负责跨境贸易电子商务公共服务平台、跨境电子商务监管中心及海峡跨境电子商务产业园的招商运营，提供电子商务企业完整的跨境电子商务清关与仓储服务，为电子商务企业提供报关、报检、办公、仓储、物流、结汇、退税、融资等专业服务与解决方案，确保电子商务、物流、支付企业获得便捷、高效、低成本的跨境电子商务综合服务。

（5）福建跨境通立足平潭，贸易项下的对台物流有效推动了海空联运黄金通道的建设，凸显平潭作为闽台合作窗口的价值。通过海峡号、丽娜轮及台北快轮，接入桃园国际机场国际物流快速分拨大通道。在原有东立物流、华冈物流、海霆国际物流控制的台北港国际快件仓基础上，由台湾港务和世邦物流合作拥有第二块台湾海运快件牌照资质公司开始运营，多家货代、报关企业积极对接入驻，随着垄断的打破，货量增加，平潭对接台湾地区的通路成本将有望逐步降低，实现"两岸海空联运，买卖全球"。与台湾知名物流企业海霆国际物流公司合作，设立"平潭—台湾跨境电商海外仓"。积极布局福州和台湾，形成"一体、两翼、双引擎"的多通道、多贸易方式的格局。

讨论问题2："简选商城"的上线，使福建跨境通从"店小二"向"大管家"转型，请运用商业模式相关理论，对前后两种业务进行分析。

关于商业模式（又称商务模式）的真正含义，归纳起来大致可分为两类。

（1）盈利模式论。此种理论认为商业模式就是企业的运营模式、盈利模式。埃森哲公司的王波、彭亚利（2002）认为，对商业模式可以有两种理解：一是经营性商业模式，即企业的运营机制。二是战略性商业模式，指一个企业在动态的环境中怎样改变自身以达到持续盈利的目的。迈克尔、拉帕（2004）认为，商业模式就其最基本的意义而言，是指做生意的方法，是一个公司赖以生存的模式，一种能够为企业带来收益的模式。商业模式规定了公司在价值链中的位置，并指导其如何赚钱。

福建跨境通自成立以来，立足国企，依托海峡跨境电子商务产业园区、跨境电子商务监管中心、菜鸟保税仓，通过技术创新打造智能物流体系，采取整合第三方物流资源的方式建立物流仓储服务平台，并进一步构建一体化的供应链服务平台，为产业提供全流程的供应链服务。此时的福建跨境通扮演的是"店小二"的角色，其主营业务是做整个供应链链条的上游，商品货物从境外进入，福建跨境通依托其政策及区位优势为货物往来提供完善、便捷的通关服务，货物通关后进入平潭自贸区，再到其自建的保税仓，福建跨境通提供了商品查验、分类、分拣、包装、仓储、物流等一系列综合配套服务。此时福建跨境通的盈利模式是通过国企优势、政策、自身核心技术、业务团队等综合的核心资源做供应链上游服务，逐步发展成具有对台特色的跨境物流平台服务商及第三方服务平台，通过提供跨境电子商务清关及仓储服务赚取费用。

（2）价值创造模式论。此类理论认为商业模式就是企业创造价值的模式。阿米特和左特（2000）认为，商业模式是企业创新的焦点和企业为自己、供应商、合作伙伴及客户创造价值的决定性来源。Petrovic 等（2001）认为商业模式是一个通过一系列业务过程创造价值的商务系统。马格利、杜波森等人（2002）认为，商业模式是企业为了进行价值创造、价值营销和价值提供所形成的企业结构及其合作伙伴网络，以产生有利可图且得以维持收益流的客户关系资本。阿福亚赫和图西（2000）提出，应当把商业模式看成公司运作的秩序以及公司为自己、供应商、合作伙伴及客户创造价值的决定性来源，公司依据它使用其资源超越竞争者并向客户提供更大的价值。

经过一定时间的营运，对于福建跨境通自己的业务水平、现有保税仓的仓储能力、提供的服务能力，以及来自跨境电子商务平台市场的外部环境压力，福建跨境通要考虑整合资源，重新创造价值，积极寻找一种在现有环境下更适合自己的电子商务模式，不仅仅是作为一个第三方公共服务平台，要考虑是否深耕产业发展垂直电子商务，使得企业在供应链上游的多元层面的特征和优势可以落地。

2019 年，福建跨境通在收购的基础上自建电子商务平台——"简选商城"，使其定位由原来的"店小二"向"大管家"转型。福建跨境通不再与之前一样直接对消费者服务，而是将之前在传统供应链上游、仓储、服务这些方面沉淀的优势、经验，以及企业作为国企所自带的公信力，通过整合成为一种可赋能的工具，再提供给需要的卖家，福建跨境通提供管理运营服务，提供各种价格和服务上的支持，从供应链上游做到供应链下游，真正成为"大管家"。"简选商城"主打跨境保税自营的全品类社群电子商务，是一家国企自营的跨境社群电子商务平台，依托平潭自贸区供应链优势，通过深耕产业链深度赋能中小创业者，以为其创造更多价值进而获取企业增长作为平台服务宗旨，为消费者和创业者提供超高性价比的跨境商品和服务，为有意愿创业的个人和团队助力赋能，帮助别人做流量变现，共创未来。

此时福建跨境通的盈利模式就是通过企业创造新价值，搭建新平台，确定新定位来获取。通过为商家搭建平台，让商家有更多销售渠道，做大做强平潭口岸物流贸易。立足国企，依托平潭自贸区，布局全国六大保税仓（平潭、马尾、郑州、宁波、重庆和深圳），利用自贸区内供应链优势，打造以跨境保税海关监管为主的社交跨境电子商务平台，成为广大用户实现"买世界、卖世界"的绝佳跳板，实现双赢甚至多赢。

作为一个自营的跨境社群电子商务平台，福建跨境通的关键资源能力，具体到出口和进口其实也不太一样，出口可能更加注重引流方面，进口的能力也就是互联网方面，其更注重的是推广，还有在线下供应链的能力，涉及仓储物流、周转管理以及规模和利润的平衡，通过简化一些传统的外贸流程，可以提高整体的效率等，福建跨境通通过整合定位都已达到要求。在未来，福建跨境通也会依托核心能力及优势资源等扮演好"大管家"的角色。

讨论问题 3：请分析在转型之后，福建跨境通具备了哪些新优势，以及将面临哪些新挑战。

福建跨境通大胆进行"1 + 1"转型，上线"简选商城"，让所有落地平潭口岸的跨境电子商务企业增加一些线上的销售量，从而吸引越来越多的跨境保税电子商务企业落地平潭口岸。同时福建跨境通立足国企，依托平潭自贸区，布局全国六大保税仓（平潭、马尾、郑州、宁波、重庆和深圳），利用自贸区内供应链优势，打造以跨境保税海关监管为主的社交跨境电子商务平台，成为广大用户实现"买世界、卖世界"的绝佳跳板。

福建跨境通在平潭综合实验区政府的大力支持下，经过近五年的产业培育，构建了自身核心技术、仓储运营、通关等业务团队，已成熟运营跨境电子商务报税备货、直购进出口等业务，在跨境电子商务领域形成了一定的行业竞争力，在企业"1＋1"转型后也为企业的发展提供了一定的保障。目前所有的电子商务平台都在抓碎片化流量，做有资源的赋能爆发，做的其实都是同一件事情。福建跨境通作为国企自营的电子商务平台，又是保税以及供应链的上游、服务公司，它存在这方面的风险，但有一些优势。

（1）供应链金融的风险。

诸多国内商家的电子商务产品出口需要金融服务，因为企业资金周转的需要，所以福建跨境通就直接面对该业务产生坏、呆账风险。这就需要有一个专业的金融团队进行双向操作以合法规避风险。

（2）加强与传统品牌商家合作。

以往中国生产制造商在销售方面的弱势，导致国内一些次品、假货的出口比比皆是。目前，由于"一带一路"的发展，国内强势品牌的崛起，国内生产供应链的强大，福建跨境通要加强与国内品牌生产商的合作，尽可能成为它们出口电子商务的战略合作伙伴，而不是简单的仓储的运营。

（3）积极建设海外仓。

随着跨境商品的本土化，海外仓的建设就成为必然，以便更好地进行发货和退换货，增强当地消费者的消费体验。同时，为了本地化的售后和线下销售渠道的搭建，以线上促进线下，以线下带动线上，形成良性循环。

随着各个业务线的成长，福建跨境通成为平台服务的头部企业是可预见的。但是福建跨境通的企业基因也很有可能成为自身发展的束缚。所以，福建跨境通面临的最大挑战就是团队成员的稳定以及如何提高快速反应能力。

　　未来，福建跨境通将借助现有平台资源和自身优势，打造成东南沿海重要的跨境电子商务综合服务商，同时继续深化和菜鸟、网易考拉的合作，扩大合作范围。未来将继续借助台湾地区的地理区域优势，为天猫国际及其他跨境电子商务提供更具竞争力的通关渠道、保税仓储等服务，进一步提升平潭跨境的综合实力以及平潭跨境口岸的影响力。同时，打造全优流程，创新技术标准、业务流程、金融服务、物流服务，使跨境电子商务在平潭享受最高的通关效应、最低的通关成本。

注释

[1] 羊英，陈建，吴翠红. 跨境电商物流实用教程. 北京：中国海关出版社有限公司，2019.

[2] 杨凡，刘海兵. 基于价值链主导的流通企业商业模式创新 [J]. 商业经济研究，2019（13）：94 – 97.

[3] 张其翔，吕廷杰. 商业模式研究理论综述 [J]. 商业时代，2006（30）：8，14 – 15.

[4] 贾舒琦. 海关税收新政对跨境电商企业的影响分析 [D]. 上海：上海海关学院，2017.

[5] 吴轶群. 浅析跨境电商在传统外贸转型过程中存在的问题及对策 [J]. 经济期刊，2016（1）：305 – 306.

第二部分

生鲜电子商务

第三章

生鲜零售界的黑马：朴朴超市[*]

一 引言

在 2016 年 10 月的阿里云栖大会上，马云谈道："未来的十年、二十年，没有电子商务这一说，只有新零售。"第一次提出了"新零售"的概念，引起业界一阵轰动，而基于新零售模式下的生鲜市场更是风起云涌，竞争愈演愈烈。

放眼国内生鲜零售市场，每日优鲜依托"优质产品＋闪电上门"的模式，成为国内率先实现盈利的生鲜电子商务企业，确立了其在生鲜零售江湖的一席之地。其后，以阿里为依托的盒马鲜生，运用大数据、移动互联、智能物联网、自动化等技术及先进设备，实现人、货、场三者之间的最优化匹配，构建了完整的物流体系。同时，福建省老牌零售巨头永辉集团则推动了"云超""云创""云商""云金"四大板块融合发展，从大卖场到社区小店，永辉通过购物场景的不断前移，不断实现最后一公里的服务配置，以实体店为载体把社区流量拦截，交错纵横。

虽然生鲜零售市场，比拼激烈，但因难以抵挡巨大发展机遇和潜力，各路人马纷纷踏足其中。众多商业巨头和各路新秀的涌入，注定生鲜零售江湖不平静，注定会有新势力的崛起和旧力量的陨落。

---

[*] 本案例数据来自企业调研与网络公开数据。

新时代下生鲜零售巨轮将驶向何方？如何登上这艘巨轮并占有一席之地？这些问题是在商场摸爬滚打多年的陈木旺不断思索的问题，他已经敏锐地察觉到这里有巨大的商机，他心中规划许久的一幅生鲜新零售蓝图——朴朴超市，正日益清晰地展现。

二　发展历史

（一）厚积薄发、初露锋芒

陈木旺可以说是经历了生鲜新零售从萌芽到发展全过程的较早的一批人之一。随着互联网的快速发展，生鲜电子商务行业应运而生。2005年，中国出现第一家生鲜电子商务企业——易果生鲜，接着多利农庄、天天果园等一批生鲜电子商务企业相继出现，国内开始步入生鲜新零售探索期（2005—2012年）。2012年底，随着"褚橙进京"营销故事的走红，生鲜电子商务引起了民众和商家的密切关注，同时，互联网技术高速发展、移动智能手机的普及、各资本的注入，为生鲜电子商务带来更多、更快的发展，生鲜电子商务进入高速发展期（2012—2016年）。在2013年，从事互联网广告咨询行业的陈木旺，便投资入股若干生鲜消费品公司，在实践中，不断学习，积累经验。而当时的永辉组建庞大采购事业部，农场下单，设专项资金，给小户种植垫付肥料、种子、新型农具。生产出的农产品，以不低于市场价的保底价收购。这些举措给予了供应商很大的自主权，稳定了货源供应链，并且在消费者需求和产品供应之间提供了一个新的平衡点。这给了陈木旺很大的启发，为日后搭建朴朴超市的货源供应链提供了新的思路。

2013年，我国大力支持农业发展，在政策、税收等多个方面给予农业较多的倾斜，有力促进了农业的发展。2016年国务院办公厅印发《关于推动实体零售创新转型的意见》，提出推动实体零售创新转型，促进线上、线下融合，加速互联网与农业的密切结合，促进多领域的协同发展。在国际方面，"一带一路"倡议和自贸区的建设有力地促进了跨境生鲜电子商务业务。生鲜电子商务成为一个大趋势、大潮流。

2016—2017年，生鲜新零售行业进入了洗牌期。那些拥有产业链和渠道资源的企业，受到资本的青睐，获得如阿里巴巴、京东、联想等资本投入，使物流和生鲜供应链得到优化提升，整体竞争优势愈发明显；此外，一大批中小型生鲜电子商务企业由于运营能力和资金链压力，不得不面临倒闭或被并购的命运。

正是在 2016 年，陈木旺在福建福州创立了朴朴超市（见附录 1）。创业之路并非一蹴而就。陈木旺在初期第一轮融资时就四处碰壁，当时的业内人士认为在日新月异的互联网时代下，无任何资本支撑、人才欠缺的朴朴超市面对激烈的生鲜市场竞争肯定存活不了多久，谁也不愿意冒这个风险，所以纷纷拒绝朴朴超市融资的请求。面对一系列挫折，陈木旺利用自己多年在商场积累的人脉和资源，发动身边的亲朋好友，最终完成了第一轮天使融资，迈出了朴朴超市生鲜电子商务的第一步，使朴朴超市得以在福州遍地开花。

此时，福州生鲜江湖也已暗流涌动，朴朴超市的对手永辉超市，气势正旺，这一年的永辉超市净利暴增 105.18%，新开门店 105 家，营业额接近 500 亿元，推动"云超""云创""云商""云金"四大板块融合发展。资本热捧的是同为前置仓模式的食得鲜，月交易额则突破 1000 万元，风头正盛。在经过激烈的价格战之后，陈木旺明白，既要和同行赛跑，又要突破包围网。此时的他正等待着一个突破的时机。

陈木旺为了能突出重重包围的生鲜市场，赢得一定的市场份额，本着"经营自己，分享他人"的朴素生活哲学经营理念，即公司内部力求简单、高效的管理模式，对外则把顾客的需求作为不懈追求的目标。他知道想要对抗对手，只能孤注一掷地往线上走。为了在满足高频刚需的同时又保障服务质量，他决定采用覆盖范围 1.5 公里的前置仓模式，可以概括为"线上下单 + 物流配送"，这些前置仓类似于兼具仓储功能的配送中心。这种"以仓代店"的模式可以使前置仓无须选在繁华地段或者拥有精致的店面装修，从而减少了开设线下门店的运营成本，而且相比超市 20% 的产品损耗率，前置仓模式下仅需 80 秒的拣货时间，损耗率只有 0.03%，极大程度地缩短了配送时间，短时间以大水漫灌形式完成区域覆盖。在产品服务方面，朴朴超市以生鲜产品为主打，同时兼顾全品类运营，约 30 分钟配送一单，每个前置仓的

SKU 数为 4000~5000 个，并且不同于每日优鲜、食得鲜覆盖 3 公里的前置仓模式，朴朴超市将范围缩小到 1.5 公里，实现了"上车买菜，到家收菜"的生活愿景。

福建某商业人士分析，"陈木旺是一个具有企业愿景的创始人，他为朴朴超市规划的发展空间，不会仅限于通过商品流水盈利。包括目前常见的供应链金融、搭建分众传媒、孵化开放性平台等盈利模式，都属于基础水平。可以说，消费者需求极具多样化，朴朴超市的衍生空间同比增大。"朴朴超市慢慢获得业界的认可，这使得陈木旺往前迈进的步伐更加坚定。

2017 年，在融资成功以后，陈木旺以福州为阵营，买下了福州三年的户外广告位，进行大规模的广告投入。一时间，"朴朴一下，又好又快"的广告语（见附录 2）席卷了福州的大街小巷，在福州的公交站点、居民区、商场总能看到朴朴超市那一抹绿色的身影。这一简单、粗暴的战略让永辉超市的张氏兄弟大吃一惊，并开始审时度势准备下一步的反击。

（二）火力全开、高歌猛进

2017 年 12 月，朴朴超市员工人数达到 656 人，企业规模进一步壮大，但在朴朴超市强势推进的同时，竞争对手也在大力发展，永辉超市在 2018 年推出了永辉到家，为了多快好省地抢滩登陆，它们以生活卫星仓履单配送到家，门店即前置仓并且依托腾讯线上用户导流，实现线上快速成长。面对永辉超市的竞争，朴朴超市首先遵循稳扎稳打的原则，严选供应商，严格把控产品的质量，稳住货源的供应。其次，朴朴超市与银行合作，银行不仅为朴朴超市提供大额贷款的服务，而且供应商的货款可以直接以朴朴超市的名义与银行结算，解决了供应商的后顾之忧。

随着福州市场的做深、做透，朴朴超市进一步开拓市场版图，于 2018 年 7 月成立厦门子公司，开启第一家厦门前置仓。朴朴超市在对厦门市场调研的基础上，结合市场运作的经验模式，重视提升客户购买频次和区域的订单密度。高密集的前置仓数量使履单成本大大降低。因为方便快捷，价格适中，再加上本着商品与服务是零售的本质的经营理念，朴朴超市在送货上门的服务中新增"帮忙带垃圾下楼"的服务，送货员顺手帮客户带走要丢的垃圾，这让市民有了更好的购物体验，进一步提高了客户满意度。

这一阶段民众收入的提升使得消费进入品质消费时代，消费者越来越注重食品安全、健康、便捷等，对生鲜的需求持续提升，也带动生鲜电子商务市场的快速发展。因此，快速成长的朴朴超市也越来越获得资本的青睐，2019 年 3 月 27 日，朴朴超市宣布完成 5500 万美元 B1 轮融资后，以 30 分钟即时配送、一站式购物平台模式、主打生鲜 + 日货和以 1.5 公里为半径设立前置仓的模式，一路高歌猛进，登陆深圳，目前在深圳设置前置仓数量已达 20 多个。虽然相比每日优鲜 2018 年 8 月拿下的 4.5 亿美元的融资，朴朴超市的融资总额并不高，但根据福州生鲜电子商务市场的情况来看，朴朴超市利用较低的融资达到了较高的市场占有率，并且资金流运作健康。

2019 年 4 月中旬，永辉到家的单量约 3.4 万 ~ 4 万单/天，朴朴超市的订单量约 6 万 ~ 8 万单/天，差不多是永辉到家 2 倍的体量。一年后，运作好的前置仓销售额接近 1 亿元，预计 2021 年突破 2 亿元。2020 年朴朴超市月均营业收入突破 4 亿元，营业收入总额 50 亿元上下，达成预期。

2019 年 10 月，朴朴超市获得 B2 轮融资，融资金额为 1 亿美元。并且朴朴超市计划于 2020 年 3 月进军广州，该轮资金将重点用于华南区域的网点建设、供应链搭建等相关事项。2020 年，朴朴超市重点布局珠三角区域，如广州、佛山、珠海等。而 2021 年，朴朴超市将向合肥、南京、长沙、武汉、成都、重庆等地扩张。

三　PEST 分析

(一) 政策因素

1. 国家政策扶持，宏观环境利好

近年来，随着信息技术和互联网的不断发展，国家在鼓励发展实体经济的同时，高度重视互联网在农业方面的应用。2015 年，国家发改委出台了《关于组织开展移动电子商务金融科技服务创新试点工作的通知》《推进农业电子商务发展行动计划》等文件。2016 年，中共中央、国务院出台了《中共中央　国务院关于深入推进农业供给侧结构性改革加快培育农业农村发展新动能的若干意见》。2017 年，农业部出台了《关于加快推进"互联网＋农业政务服务"工作方案》。这些都充分体现了国家深入推动农业的结构性改革，加强互联网技术与农业、农产品营销相结合的决心和努力。因此，从政策环境和法律环境层面看，朴朴超市的 O2O 的新零售模式快速发展，很重要的原因是顺应了政策的引导方向，是对国家农业电子商务改革的回应，顺应市场发展，充分利用了国家对农业发展、技术创新、实体经济转型和物流业发展的政策优惠和指导支持，并顺应了市场和政策环境的趋势。

2. 政府积极接洽，冷链遍地开花

众所周知，冷链物流问题一直是新电子商务面临的最大问题。自 2010 年《农产品冷链物流发展规划》出台以来，中国的冷链物流建设进入了前所未有的快速发展时期。进入 2013 年，冷链物流行业的发展正处于井喷状态。相关政策陆续出台，为冷链物流的快速发展提供了政策支持，相关标准的制定为冷链物流的标准化发展奠定了坚实的基础。对生鲜电子商务的迫切需求是冷链物流快速发展的强大引擎。在优惠政策的推动下，冷链物流的基础设施在全国范围内也得以蓬勃发展。

2013 年 2 月 6 日，交通运输部、商务部、国家邮政局等七部委为加强和改进城市配送管理工作联合发布了《关于加强和改进城市配送管理工作的意见》。2013 年 2 月 7 日，国务院办公厅发布了《国务院办公厅关于落实〈中共中央　国务院关于加快发展现代农业进一步增强农村发展活力的若干意见〉有关政策措施分工的通知》（国办函〔2013〕34 号），其中 7 项内容涉及冷链物流。2013 年 10 月 28 日，《餐饮冷链物流服务规范（征求意见稿）》也开始向大众公开征求意见。2013 年 10 月底，《物流企业冷链服务能力与评估》也开始向社会征求意见。尽管冷链物流业取得了长足的进步，但因没有统一的行业标准，难以实施冷链物流，导致无法及时解决运营问题，使得连锁物流运作受到很大影响。政府积极联系相应的农场，并允许电子商务平台建立自己的生鲜农场基地为生鲜电子商务平台提供特殊产品。显然，某些物流成本可以在高质量的影响下被有效抵消，这可能是政府对生鲜电子商务的最大推动。

（二）经济因素

1. 经济发展势头良好

从经济环境的角度来看，在线零售市场正在蓬勃发展，也为新的电子商务发展提供了机会。朴朴超市等生鲜电子商务企业的快速发展与经济和政治环境有关。2018 年，全国网上零售交易量达到 5535 亿笔，比上年增长 34%。除了深化传统业务之外，电子商务还在探索新的发展。其中，生鲜类和母婴类等跨境电子商务逐步成为发展的热点。

2. 生鲜市场空间巨大

2017 年，中国生鲜市场实现大幅度增长，交易额达 1393.1 亿元，比上年增长 59.7%。生鲜电子商务的发展需要良好的经济发展环境，有关生鲜电子商务产业发展的分析表明，中国生鲜电子商务市场正进入洗牌发展的新阶段。在资本力量的较量中，冷链物流不断完善，生鲜供应链建设不断优化；在采购、冷链和仓储的比拼中，生鲜电子商务的市场占有率也逐年上升。

3. 相较于传统超市的优势

由于互联网的快速发展，传统超市面临严峻的转型挑战，快送到家的业务成为传统超市的新兴手段。近年来，沃尔玛、永辉、大润发、新华都、家乐福等传统超市都在尝试新的零售方式，阿里、腾讯、京东等互联网巨头也取得了长足的进步，涌现出盒马、超级物种、淘鲜达、京东到家等众多新型超市。其中，朴朴超市打破了原有的配送方式，发展成"纯线上 + 前置仓"。用户通过 App 购买商品，朴朴超市在居民区附近建立一个仓库，实现 1.5 公里内交货，30 分钟内必达。

4. 相较于同行业的优势

与其他生鲜电子商务企业相比较，朴朴超市还具有业务闭环，自建的配送中心和配送团队的特色。如果说纯在线降低了离线成本，是一项轻资产运营，那么自建的配送中心和配送团队就会偏向资本。当前参与该领域的其他竞争对手正在采用合纵连横模式的组合，例如，京东到家将永辉、沃尔玛和大量便利店、药房和其他资源整合在一起；

腾讯与永辉和家乐福合作。朴朴超市创始人陈木旺先生认为，尽管共享资源和物流可以降低成本，但朴朴超市采用的闭环模式也有其自身原因：自建的配送中心保证了货物的质量，自建的配送团队保证了送到家的及时性，以及优质的服务，客户的反馈证实了这一说法。价格实惠、交货快捷、服务良好、客户高满意度已成为一个有力的助推器。

（三）社会因素

1. 互联网的发展带来消费方式的转变

网民数量持续增长，在线购物已成为一种趋势。互联网规模不断扩大，信息服务逐步完善。习近平总书记在十九大报告中多次提到"互联网"。互联网已经成为实施新的发展理念和建设现代化的新经济体系的重要载体，也成为未来发展的新趋势。这为生鲜电子商务O2O的发展铺平了文化道路，也打下了坚实的消费群体基础。

消费是人们生产和生活中的普遍活动。从改革开放到21世纪，我国居民的消费习惯和消费方式发生了翻天覆地的变化。从分散的商店购物到大型商场购物再到在线购物，根据第41次互联网统计报告，中国的移动支付用户数量也有所增加，在线支付和移动支付的支付习惯得到了进一步发展。2017年，网民使用手机支付的比例为65.5%，较2016年增长15.2%，农村地区手机支付的比例也提高到47.1%。根据易观国际的统计，2017年O2O市场规模达到9992亿元，比2016年增长71.5%。这表明中国新鲜的电子商务O2O模式具有强大的消费者支撑力，人们对此消费模式表示关注，接受程度很高，这种生鲜消费的概念逐渐被认可。

2. 市场潜力大，消费群体大

由于我国人口众多，生鲜作为居民日常饮食必需品，消费零售总额十分庞大。2016年我国生鲜产品零售总量为3.24亿吨，零售总额45.7亿元，比2015年增长9.30%，其中蔬菜类与水果类销量占比均超过30%。根据国家统计局的数据，2016年我国社会消费品零售总额为33.23亿元，按此计算，生鲜零售总额在社会消费品零售总额中的占比高达138%。我国作为生鲜农产品生产大国，通过电子商务途径开展销售对生鲜农产品更好地销售有着重要作用。

3. 人们对便利性的追求

为适应快节奏的生活方式,便利性现已成为年轻人的共同追求。"半小时达"配送进一步抢夺了电子商务和实体连锁店的份额,并成为商超的新增长点。在接受媒体采访时,朴朴超市负责人认为,一线和二线市场的到家业务将在未来10年内占生鲜市场的30%~50%。在三线及以下市场,预计未来15年将占30%。

对于生鲜电子商务而言,其产品和服务是面向大众消费者的。而生鲜食品的特殊性要求其所提供的物流服务必须具备便利性。这里的便利性是指能够为消费者接收货物或者退换货物提供尽可能的便利。由于生鲜产品保质时间的特殊性,它要求各个物流环节要尽可能地做到无缝衔接。在企业端,各个流程都是可控的才能保证做到无缝衔接。而对于终端的消费者,可能会有送货时间矛盾等问题,这就会造成末端的配送无法无缝转交给消费者的问题。因此,生鲜电子商务的物流服务要尽可能地为消费者提供更多的便利,例如灵活的送货时间、跟线下便利店合作提供取货服务等服务形式。便利性能够确保消费者与生鲜电子商务企业的良好沟通,也能够提高各自的满意度。

4. 选址科学,贴近顾客

据了解,朴朴超市在前置仓位置上有两个主要逻辑,为增加订单量打下了良好基础。首先,根据经纬线格式将福州地区划分为网格。每个网格长约3公里,并且大多位于网格交叉点。其次,根据要点覆盖社区,然后根据社区中注册用户的数量来确定开放时间。也就是说,社区中注册的用户越多,职位就越早开放。这使得朴朴超市能够提高选址的科学性并减少用户培训时间,这相当于根据"以销定采"的思想选址。对于初创企业来说,它可以有效地降低孵化空白区域的成本压力。同时,社区排名有助于引导消费者掌握竞争心理。一些忠实的客户将帮助朴朴超市拉来新客户,以便其所在社区能够提早开仓。

(四) 技术因素

进入21世纪,信息技术的发展日新月异。信息技术已经从单一的数据处理转变为影响各行各业发展的基本技术。人们已经实现了信息的实时和快速通信。大数据技术已经成熟,第三方物流和第四方物流的发展将拉近世界各国的距离。生鲜电子商务的技术要求反映在供应链建设和强大的信息通信技术中。

在供应链建设方面，政府对农业的支持力度逐年加大。随着基础设施建设的加速，物流业得到发展，也带动了供应链的完善。所有行业都依靠强大的沟通来及时、快速地联系。现代公司理论已逐渐渗透企业，生鲜产业逐渐增加了公司制度和公司管理的接受度，供应链的管理也更加顺畅。

在信息通信技术方面，随着大数据、云计算和传输技术的发展，生鲜电子商务的网络交易、实物交易和物流交易已融合在一起。国家对网络安全的管理以及电子商务市场的合法化，使该行业的竞争环境变得更加稳定，生鲜电子商务的技术沟通也更加便捷。

总的来说，不论是在政策方面、经济方面、社会方面，还是技术方面，整个社会的宏观环境目前看来都是非常有利于生鲜电子商务企业发展的。政策方面，国家大力扶持农村电子商务的发展，重视实体经济，朴朴超市搭上了国家政策的顺风车；经济方面，市场发展态势良好；社会方面，互联网的发展带来了消费观念的转变，人们越来越追求更高的便利性，这使得生鲜电子商务的消费模式被普遍接受和认可；技术方面，互联网和信息技术发展迅速，为朴朴超市"纯线上＋前置仓"的运营模式提供了技术支撑。

但是，不可否认，朴朴超市现在面临市场环境变化、消费者偏好等诸多不确定因素，以及冷链物流的技术不够成熟、同类竞争者层出不穷等威胁，朴朴超市要想在生鲜电子商务行业走得更好、更远，还需投入更多的技术成本，不断提升自己的冷链技术，以获得竞争优势，付出更多的沉没成本，吸引并扩大消费群体，培养消费者的依赖性。要想在行业中取得领先地位，朴朴超市要做的还有很多。

四　SWOT 分析

（一）S：优势

1. 模式优势

朴朴超市靠近社区所设立的是自营自用的前置仓，是"线上下单＋

物流配送"，这些前置仓类似于配送中心，兼具仓储功能。这种"以仓代店"的模式能使前置仓不必选址在繁华地段、拥有精致的店面装修，从而有效降低了线下的运营成本。朴朴超市前置仓覆盖1.5公里半径，高效的物流配送系统使前置仓的辐射能力不亚于门店的销售覆盖范围。传统零售的产品受到多人的挑选，损耗率较高；而朴朴超市的生鲜产品仅为挑拣员接触，损耗率为0.03%。新零售能通过大数据平台进行更精准的营销和库存控制。用户的消费行为特点被数据化记录并形成需求预测，有助于配送中心对采购、库存和配送环节进行更智能化的管理，提高仓库的货物周转率，在物流配送高峰期时优化配送路线就近运输，形成高效、智能的物流配送网络，提升消费者的体验感。

2. 供应链优势

生鲜产品的特点是易腐烂、难保存，其运输、库存的标准高，对供应链中的各个环节要求苛刻。朴朴超市在当地建立蔬菜、水果、肉类产品的原产地管理，产品在原产地包装后直接运输到朴朴超市。与附近水产品产地签约，并且在前置仓设置专业的养殖池，保证水产品的新鲜，从而降低了产品的价格，为网络营销工作提供了极具性价比和品质的宣传优势，使朴朴超市在同行业的竞争中更容易满足消费者的价格心理需求，为网络营销工作的各项促销活动开展奠定了基础。

3. 宣传优势

2017年，放眼整个福州，朴朴超市广告铺天盖地，大规模广告投入，覆盖公交车、公交站、出租车、电动车、电梯口、小区门口，随处可见的宣传标语，让"朴朴一下，又好又快"广为流传。而且朴朴超市购买了在福州三年的广告位，势头不减。朴朴超市针对不同年龄段也有不同的广告语，如"尽情去跳广场舞，买菜可以用朴朴""上车买菜，到家收菜"等，吸引了人们的注意力。

4. 人才培养优势

人员逐步增多，从公司成立到2017年底的600多人，到2018年9月突破3000人，再到2020年的30000多人，公司规模也不断扩大。2019年9月26日，朴朴大学揭牌。开启校企合作模式，培养人才梯队，如管培生、门店店长、技术员等，为进军广州、武汉等地储备优秀人才。

5. 服务优势

朴朴超市的前置仓覆盖半径仅 1.5 公里，30 分钟内便可配送到家，蔬果新鲜度高。配送员在完成配送任务后还会询问客户"是否需要帮忙带垃圾下楼"，配送员顺手帮客户带走要丢的垃圾，让客户感受人与人之间的温情，有更好的购物体验，从而提高客户满意度，增加客户黏度。

（二） W：劣势

1. 生鲜产品自身的不足

生鲜产品有易变质腐烂、标准化难统一、品牌难塑造的特点。在这种特点的影响下，朴朴超市的网络营销工作既要保证吸引到消费群体的关注，满足消费群体对生鲜产品价低质优、新鲜可口、方便快捷的消费期待，又要保证营销宣传的实事求是，过分夸张的宣传即便能吸引到一时的市场关注，也难以持续形成正面的市场评价。其产品特殊的季节特点也为网络营销工作的开展制造了障碍。不同的季节有不同的产品，不同的节日也有不同的节日食品，而短暂的"上市时间"对网络营销的效果提出了要求，既要营造生鲜消费氛围，增加消费者的心理期待，又要关注不同季节、节日的产品信息，做好营销的铺垫与收尾，及时关注和处理互联网环境中的反馈信息，对网络营销的时效性有较高要求。

2. 目标消费人群狭窄

朴朴超市的主要消费群体在一、二线城市，目前以福州、厦门、深圳为主要市场。单一的线上买菜模式，主要针对较为年轻的人群，没有实体购物点，忽视了广大的老年群体。这导致较多线下客单量的流失，这种消费细分忽视了我国生鲜电子商务中的大多数市场，只关注目前对生鲜有一定需求的年轻消费者，而忽视了生鲜食品的潜在消费人群。

3. 产品品质与物流效率的矛盾

对于电子商务平台来说，物流不仅影响着用户的消费体验，还会影响到食品的保鲜和品质。生鲜食品的质量是衡量电子商务平台的一个最为重要的因素，如果食品的质量比较好，则会造成好的影响，然后消费者的数量会不断地增加。然而提高物流的效率和质量会造成电子商务平台的成本急剧增加，并造成生鲜食品的价格上升，进而引起消费者的流失。

4. 资金投资较少

2019 年 3 月 27 日，"朴朴超市"宣布完成 B1 轮融资，融资金额为 5500 万美元，本轮融资由国内一线美元基金投资。每日优鲜与叮咚买菜深耕华东市场，前者曾在 2018 年 8 月拿下腾讯领投的 4.5 亿美元融资，用户规模占比突破 50%，是难以攻克的第一梯队；而后者于 2017 年 5 月上线，迄今已在上海开出 200 多个前置仓，覆盖了崇明以外的上海全部区县，日单量约 15 万单，月销售额超 1 亿元。从已知数据对比来看，朴朴超市并未占据明显优势。

（三）O：机会

1. 政策利好

我国对农业的扶持力度逐年加大。从宏观环境的分析中可以得知，国家通过政策扶持、税收优惠等多个方面给予农业帮扶，支持农业发展。此外，习近平总书记在多次会议中强调发展实体经济的价值，2016 年 11 月国务院办公厅印发《关于推动实体零售创新转型的意见》，提出推动实体零售创新转型，促进线上线下融合，促进多领域协同发展。朴朴超市集农业、现代化物流、科技产业和网络为一体的新零售模式，是"大众创业，万众创新"的响应者。国家政策方针的东风，为朴朴超市的发展铺就了道路。

2. 信息技术的发展

随着互联网的发展和电子商务平台的成熟，人们对移动信息的需求度越来越高。在互联网迅猛发展的势头下，人们工作、生活的方方面面都渗透着互联网元素。生鲜的经营相对于其他形式的电子商务而言，既有互联网经济带来的丰富信息和低廉价格，更加贴近生鲜这类特殊产品的销售，也满足了消费者对于生鲜产品的消费需求。

3. 零售市场火爆

2019 年上半年，我国社会商品零售总额达到 17.4 万亿元，同比实际增长 8.3％；实物商品网上零售额达到 3.8 万亿元，同比实际增长 21.6％，另外，2018 年我国最终消费支出对国内生产总值增长贡献率已经连续 5 年在三大需求当中排名第一，2018 年的贡献率更是高达 76.2％，远远高于资本形成以及货物和服务净出口的贡献率。可以说，消费已经成为我国经济增长最重要的推动力，是朴朴超市快速发展的又一重大推力。

4. 生鲜市场格局尚未稳定

目前，生鲜业务还未形成寡头市场，各个新零售玩家均有冲刺的机会，现在不同的消费者存在的不同需求差异特别明显。作为一个新兴的全品类的生鲜电子商务平台，朴朴超市通过优质的配送服务和产品自身的优势，拥有较大的用户数量，有机会在生鲜市场上占据一席之地。

（四）T：威胁

1. 末端配送及退换货环节成本高

朴朴超市是纯 B2C 生鲜电子商务平台，也是"纯线上＋配送"的平台，虽然朴朴超市会在产品方面做好选择，但是因为无法对消费者的感官进行把控，所以退换货的现象也不可避免。另外，我国在冷链物流方面才刚刚起步，冷链物流的技术还不够成熟，我国缺乏相应的专业人才，并且行业内制度不够完善，冷链物流行业比较分散，还有很多其他急需解决的问题，这些都是生鲜电子商务平台需要解决的问题。

2. 同类竞争者众多

"互联网买菜"，这股潮流从 2019 年上半年开始迅速涌来：1 月中旬，美团上线"美团买菜"App，先后在上海、北京市场启动测试；3 月 30 日，饿了么与叮咚买菜达成战略合作，准备将后者的卖菜业务推至全国；4 月 7 日，盒马 App 上线了"平价菜场"频道，并在上海开了一家名为"盒马菜市"的菜市场；4 月下旬，苏宁小店 App 宣布将上线苏宁菜市场功能板块。

3. 传统生鲜市场的威胁

朴朴超市仅仅以线上商城的形式开展生鲜经营，对于生鲜类产品而言，线下门店更具竞争力，当地的生鲜类实体店商家对朴朴超市来说是极大的威胁。生鲜对于感官类的体验比较重要，而且当地的生鲜类商家在价格、知名度方面更有优势，当地市民已经习惯了走入生鲜市场挑选菜品的传统模式，这可能造成朴朴超市经营方面的压力，也会对网络营销工作的开展造成威胁。

4. 消费习惯冲突导致的排外心理

朴朴超市知名度不够。在开拓新市场时难免遇到困难，因为一个城市的居民已经习惯原有的消费模式，对于新进入的企业、销售模式等有排斥心理，接受新事物的周期长、成本高。中国电子商务研究中心的数据显示，目前中国生鲜电子商务4000多家入局者中，只有4%的商户收支平衡，88%亏损，7%巨额亏损，1%盈利，很明显，在当前和短时间的未来，以生鲜电子商务为代表的新零售革命还没有找到一条盈利的道路，需要更多的投入。

五　商业模式

资本创始人徐新在2015年参加网易未来科技峰会时曾说："生鲜是电商的最后一个堡垒。拿下了生鲜就能拿下天下。"

徐新这话还有一层意思，如同阿里依靠服装和C2C模式成为第一代电子商务平台，京东依靠3C电器和B2C自营成为电子商务平台第二极的故事，受众广、频次高的生鲜，有可能造就新一代电子商务平台。

O2O模式是线下商务与互联网线上相结合的模式，是一种创新的电子商务运营模式。生鲜电子商务的O2O模式使得生鲜电子商务迸发新的经营高潮。生鲜电子商务O2O模式可以把线上的巨大用户流量导流至线下实体商店，同时对线下收集的用户数据进行分析研究，从而更有针对性地引流线上用户，实现线上流量的变现。朴朴超市的O2O模式则是线下前置仓模式＋物流配送与线上互联网平台的结合体。

（一）O2O下的前置仓

1. 前置仓的定义

前置仓是基于精准货类货量预测，建立的离消费者更近的仓库，目的在于为消费者提供更为快捷的配送服务，提升客户体验。同时，该模式缩短了运输时间和距离，减少了中间的配送分拣换手率，降低了货品损耗率。

2. 运作形式

前置仓的运作形式可以是自建仓库或者采用第三方末端仓库。自建模式下，电子商务企业一般是以自建的超市、便利店或者体验店的形式运作，这些商店具备线下售卖和体验的功能，同时具备末端配送仓库的功能，当有该店附近的网上订单时，可实现快速配送货。采用第三方末端仓库作为前置仓的模式，则是电子商务企业与第三方物流公司或者第三方的线下实体店合作，以第三方实体店作为自己的合作前置仓，即判定前置仓附近的网上订单的商品是否与该前置仓内的商品相匹配，如果有相匹配商品，则配送员可直接到第三方合作商的仓库提货，并配送至消费者。

朴朴超市前置仓采用前置仓运营，且该前置仓不开展线下零售业务（见附录3），省去了开设线下实体门店所需的高额运营成本，提升了商品的价格优势，提高了企业的扩张速度。朴朴超市自建配送中心及配送团队，虽然会加重企业的资金投入压力，但是自建团队保障了朴朴超市的服务效率和客户满意度，提高了企业的核心竞争力，且自建配送团队更便于配送队伍的统一管理与培训。

自建运营平台和充分利用数字化运营是朴朴超市提升运营效率和核心竞争力的重要保障。自建运营平台和数字化运营可以单独调取某指定前置仓特定时间内的需针对性处理的商品数据，并运用灵活的运营策略，实现不同区域的消费者打开朴朴超市 App 后获取的活动信息及主推商品，会根据朴朴超市的运营促销策略的不同而有所差异。强大的系统计算能力能自动识别商品生产日期，遵循"提供客户最优质的服务"的理念，临近最佳食用日期的商品将会被退回，而不是打折促销。

在仓型标准、仓内操作流程和硬件配置上向最优解靠拢，意味着前置仓的前台模式基本成熟，行业也将进入比拼中后台和精细化运营（即数据驱动运营）的阶段，比如流量获取价格的高低、用户运营能力的优劣和全国到地方的供应链资源的支持，以及通过大数据的预测能力提高每个仓的智能选品、智能补货能力，同时把缺货率和损耗率控制在最小范围。

3. 货类选择

朴朴超市是最早把仓做大、把货做全从而提高客单价、成功解决单仓盈利问题的代表。朴朴超市以生鲜为主打，兼顾消费者全品类购物需求，其中供应链稳定性是朴朴超市的特色之一，它以第三方农业公司供货和产地直采为主，加上运营前期意图提升市场占有率，因而在消费者看来，其商品零售价及产品丰富度同比较高。朴朴超市纯自营，凭借自身对福州市场的考察，将目标区域划分为网格状，选择交叉点开仓。其单个前置仓辐射周边 1.5 公里范围，针对区域内的用户人群特点进行选品，单个前置仓有 4000～5000 个 SKU，保障了基本商品品类的齐全。

（二）O2O 的物流配送

1. 生鲜冷链物流

生鲜冷链物流是整个物流行业难度较大的服务领域之一。2016 年，国家食品药品管理监督总局颁布的《超市生鲜食品包装和标签标注管理规范》中，将生鲜食品定义为：需要在一定温控条件下保存的，未经烹煮、深加工过的食用农产品，包括畜禽肉类、果蔬、水产品等。因此，生鲜产品需要比较高的运输条件和温控要求，具有鲜活、易损的特性，较一般商品而言，其储存和运输难度更大，物流中遇到的问题也较多。因此，生鲜冷链物流服务成为我国当前物流行业服务能力较为薄弱的部分。

朴朴超市以生鲜为主打，兼顾消费者全品类购物的需求，其中为了构建优良、稳定的生鲜物流供应链，朴朴超市付出了很大的心血。严格的温度控制、合理的分类和专门的养殖池，保证了朴朴超市生鲜的高品质。

2. 城市快速配送

城市配送服务是将产品送达终端客户，是整个物流服务过程的最后一个环节。在复杂的城市交通状况下，在客户要求的时间内，将物品快速地送达客户手中，是城市物流配送的首要目标。为了适应城市复杂交通，朴朴超市采用电动车进行配送服务，通过朴朴超市 App 上配送信息平台对配送过程进行实时控制，并进行反馈协调。利用平台进行整合信息、调节资源，统筹安排，实时控制，保障各环节有效进行，保证配送系统的高效和畅通。

朴朴超市的主阵地福州，城市交通复杂。根据福州市人民政府发布的《关于加强电动自行车规范管理工作的通告》，在 2024 年以后，福州市公共交通在基本满足市民出行需求的基础上，将适时在福州城区三环（含）以内道路和马尾区罗星街道、马尾镇全面禁止电动自行车通行。对于禁止电动自行车通行的政策，朴朴超市需考虑相关应对策略，以确保其快速配送服务。

3. 立足现在，规划未来

2020 年，意想不到的新冠肺炎疫情让许多居民在家隔离，足不出户的日子，让消费者对生鲜电子商务有了更深的了解，也给生鲜新零售带来了春天。数据显示，朴朴超市、盒马、叮咚买菜、每日优鲜等到家业务明显提升，订单激增，货架搬空，消费者在各大生鲜平台"抢菜"。但随着消费者需求的激增，生鲜电子商务平台配送效率、产品质量保证、后端供应等压力增大。对于生鲜电子商务企业来说，疫情期间既是机遇也是挑战，疫情过后生鲜电子商务行业会加速洗牌，最终只剩下头部企业，而供应链的管控能力是制胜的关键。

因此朴朴超市也将面临一个挑战——供应链的竞争。如何在供应链中运用大数据分析、人工智能、物联网等先进技术，追踪用户行为，掌握用户购买心理，精准预测市场需求，严格把控产品质量？如何向生产端延伸，以缩短供应链条，降低运营成本，提高供应链管理能力？如何做到在配送速度、新鲜程度和价格优惠度这三方面提供更好的用户体验，从众多的生鲜电子商务企业中脱颖而出？这些都是朴朴超市需要继续思考和探索的问题。

六　课后讨论题

讨论问题 1：请运用相关理论对生鲜电子商务所处的外部环境进行分析。

讨论问题 2：请运用相关理论对朴朴超市所面临的机遇与挑战，以及企业策略矩阵进行分析。

讨论问题 3：从生鲜电子商务发展模式和朴朴超市目前发展状况来看，以朴朴超市为代表的线上运营＋前置仓模式如何实现长期发展？

七　附录

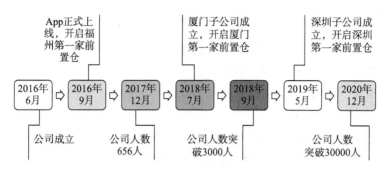

附录1　朴朴超市发展历程

资料整理：朴朴超市。

附录2　朴朴超市广告牌

资料整理：朴朴超市。

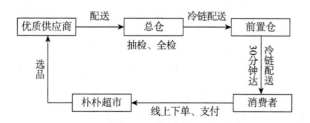

附录3　朴朴超市前置仓业务流程图

资料整理：作者根据朴朴超市资料整理。

注释

［1］邢昊．生鲜电商 O2O 模式网络营销研究——以"盒马鲜生"为例［D］．北京：首都经济贸易大学，2018.

［2］谢芳，李茂斌，陈佳娟．电商企业前置仓货类选择研究［J］．中国储运，2017（12）：110－113.

［3］喜崇彬．我国生鲜冷链物流的发展历程及趋势——访上海原可滋供应链管理公司总经理陈锐［J］．物流技术与应用，2017，22（S2）：39－41.

［4］吴镜．基于顾客视角的生鲜电商物流服务评估指标体系研究［D］．杭州：浙江理工大学，2016.

［5］郝振，马坤．福建省生鲜农产品电商存在的问题及对策研究［D］．大连：辽宁对外经贸学院，2019.

［6］中国零售领域消费金融发展专题分析 2019，易观数据 https：//www.analysys.cn/article/detail/20019445.

［7］唐昕，刘勤明．"新零售"模式下生鲜电商发展研究——以"易果生鲜"为例［J］．电子商务，2019（2）：2－3.

［8］【融资事件】朴朴超市完成 B1 轮 5500 万美金融资，网经社 http：//www.looec.cn/detail—6502256.html.

【教学说明】

一　案例概要

随着人民生活水平的不断提高，人们也更加追求绿色健康的生活方式。蔬菜水果等生鲜产品在食品消费结构中占的比重越来越大，生鲜产品的销售也成为零售行业中新的经济增长点。在这股热潮下，越来越多的商家瞄准趋势，进入生鲜市场。零售边界变得模糊，线上巨头积极布局线下，传统门店加速延伸至线上。想要在生鲜电子商务的领域站稳脚跟，需要抓住机遇，紧控风险。

陈木旺于 2016 年在福建福州创立了朴朴超市。在模式上采用纯线上运营＋前置仓配送，是一家 30 分钟快送超市，主要深耕福州、厦门、深圳三地市场，2020 年向广州、武汉等地扩张。朴朴超市本着

"经营自己，分享他人"的朴素生活哲学经营理念，即公司内部力求简单、高效的管理模式，而对外则把顾客的需求作为不懈追求的目标。把前置仓范围缩小到 1.5 公里，以期实现顾客"上车买菜，到家收菜"的生活愿景。而激烈的生鲜市场竞争，也让朴朴超市在这一过程中不断打磨自身，改善企业模式。希望通过对朴朴超市这一企业的行业、政策的分析，找出并理解生鲜电子商务的创新点及不足。

二 在课程中的定位

本案例是教学性的综合案例，可用于 60 分钟的课堂讨论，适用于全日制工商管理类、电子商务类本科生、研究生的"电子商务概论""物流与供应链管理""商业模式创新与创业"课程，以及"电商商业模式""电商物流"与"商业生态系统"知识点的授课单元中。本案例主要介绍以朴朴超市为代表的生鲜电子商务企业，根据外部宏观环境与市场变化，自身模式创新，如分级标准、线上增流、以仓代店、提前决策、社交圈层、场景功能等，了解企业的商业模式，寻找创新点。

三 相关阅读资料

（1）宋欣，《万亿生鲜零售尚待颠覆，聚焦社区创新模式频出》，《现代商业银行》2019 年第 9 期，第 52 - 59 页。

（2）任芳，《前置仓实践探索及发展思考》，《物流技术与应用》2019年第 24 卷第 6 期，第 80 - 82 页。

（3）翁清清，《新零售运营模式选择的影响因素分析》，《三明学院学报》2019 年第 36 卷第 3 期，第 21 - 26 页。

四 教学计划

本案例适用于 60 分钟的课堂，教学计划见表 3 - 1。

表 3 - 1 教学计划

讨论问题	时间/分钟
案例内容概述、案例讨论热身等	5

讨论问题	时间/分钟
讨论问题 1	15
讨论问题 2	15
讨论问题 3	15
分析框架或教授总结	10

五　讨论问题分析

讨论问题 1：请运用相关理论对生鲜电子商务所处的外部环境进行分析。

引导学生熟悉 PEST 分析法的定义，并根据案例运用宏观分析的 PEST 模型分析朴朴超市的外部环境。

PEST 分析是指宏观环境的分析，P 是政治（politics），E 是经济（economy），S 是社会（society），T 是技术（technology）。在分析一个企业集团所处的背景时，通常是通过这四个因素来分析企业集团所面临的状况。朴朴超市所面临的外部环境因素主要包括政策因素、经济因素、社会因素和技术因素。

总的来说，不论是在政策方面、经济方面、社会方面，还是技术方面，整个社会的宏观环境目前看来都是非常有利于生鲜电子商务企业发展的。政策方面，国家大力扶持农村电子商务的发展，重视实体经济，朴朴超市搭上了国家政策的顺风车；经济方面，市场发展势态良好；社会方面，互联网的发展带来了消费观念的转变，人们越来越追求更高的便利性，这使得生鲜电子商务的消费模式被普遍接受和认可；技术方面，互联网和信息技术发展迅速，为朴朴超市"纯线上＋前置仓"的运营模式提供了技术支撑。

但不可否认的是，朴朴超市想要在竞争激烈的市场中继续前进，还需要更加充实自己的技术力量，不断提升自己的冷链技术，以获得竞争优势，吸引并扩大消费群体，培养消费者的依赖性。要想在行业中取得领先地位，朴朴超市要做的还有很多。

讨论问题2：请运用相关理论对朴朴超市所面临的机遇与挑战，以及企业策略矩阵进行分析。

引导学生运用SWOT策略矩阵，分析朴朴超市所面临的机遇与挑战。通过分析（见表3-2），可以发现朴朴超市在商品品质、物流配送和服务过程中拥有其他企业难以企及的优势，也存在一些"新零售"带来的问题。由于起步资金优势不足，可以走深入发展，以把一个城市的业务做穿做透的模式，稳扎稳打，一步一个脚印地发展。朴朴超市应当运用优势，避免不足，紧抓政策、市场和消费趋势的机遇，应对竞争威胁，不断提升网络营销工作的力度和新颖度，增强网络营销的有效性，抓住机遇，迎接挑战，以获得可持续性的竞争优势。

表3-2 SWOT策略矩阵

		内部	
		优势（S）	劣势（W）
外部		1. 模式优势； 2. 供应链优势； 3. 宣传优势； 4. 人才培养优势； 5. 服务质量佳	1. 生鲜产品自身的不足； 2. 目标消费人群狭窄； 3. 产品品质与物流效率的矛盾； 4. 资金投资较少
机会（O）	1. 政策利好； 2. 信息技术的发展； 3. 零售市场火爆； 4. 生鲜市场格局尚未稳定	SO战略——发展型战略 $S_3O_1O_2$：与消费者之间形成高频互动，提高消费者参与度；建立自身正面形象。 S_4O_1：结合政府的人才引入政策，展开相关的合作，为朴朴超市招纳人才。 $S_1O_3O_4$：抓住机会，填补市场空缺，通过模式优势在市场站稳脚跟	WO战略——转型战略 W_2O_2：注重挖掘潜在消费人群，培养消费者生鲜O2O消费习惯。 W_3O_2：发展完善信息技术，提高物流配送效率，增强用户体验。 $W_4O_1O_3$：利用政府政策红利，找到新市场突破口，成为新零售市场的黑马

续表

		ST 战略——多样化战略	WT 战略——防御型战略
威胁（T）	1. 末端配送及退换货环节成本高； 2. 同类竞争者众多； 3. 传统生鲜市场的威胁； 4. 消费习惯冲突导致的排外心理	S_5T_3：建立完善的服务系统。 S_2T_2：打造与其他平台不同的供应链模式，形成自己的特色和核心竞争力。 S_3T_4：在进入新市场时，采用优惠手段吸引消费群体	$W_4T_1T_2$：合理控制运营成本，提高资金利用效率，降低获客成本。 $W_1T_1T_2T_3$：加大把控生鲜产品质量力度，降低损耗率，形成竞争优势

资料来源：作者根据朴朴超市资料整理。

讨论问题 3：从生鲜电子商务发展模式和朴朴超市目前发展状况来看，以朴朴超市为代表的线上运营 + 前置仓模式如何实现长期发展？

（1）引导学生对具有代表性的生鲜电子商务企业进行归类，总结这些企业不同的发展模式，并比较不同模式之间的异同点。

从生鲜电子商务发展模式来看，目前我国生鲜电子商务主要分为以下三大模式：以每日优鲜、叮咚买菜、美团买菜、朴朴超市为代表的线上运营 + 前置仓模式（见附录3），以永辉生活、盒马、淘鲜达为代表的店仓一体化模式，以兴盛优选为代表的社区拼团。"线上运营 + 前置仓配货 + 即时配送 + 消费者"的模式，顾名思义，即在线上通过 App、小程序等形式为消费者提供购买渠道，线下就像深入末端的毛细血管一样，在距离消费者最近的小区附近密集设前置仓，为消费者提供即时配送。"29 分钟送达""半小时达""1 小时达"的即时性决定了"推式"的供应链条，即通过大数据精准预测，提前判断各地区需求情况，货物在大仓进行标准化的加工，基于预测结果，统一配送到各地前置仓，消费者下单后，便从前置仓即时配送到消费者，而不是等消费者下单后供应链才开始反应。该模式下，前置仓更多是发挥流通作用，蔬菜、肉类等生鲜产品不会在前置仓存储。线上运营 + 前置仓模式相较于其他模式，节省了店面租金、员工等前端成本，但是对后端的供应链能力、数据算法能力等有很高的要求。

店仓一体化模式即店是仓（前置仓），店既发挥着零售功能（盒马是零售 + 餐饮），也发挥着前置仓的作用。与线上运营 + 前置仓模式不同，店仓一体化模式"卖货端"更重，一般要在靠近中高端消费人群的地方设店，店的面积一般较大，SKU 数较多，对人员、系统的要求较高，这在一定程度上限制了此类模式企业的扩张。社区拼团是基于微信和轻社交关系（小区邻居）的新型电子商务渠道。"团长"在微信群里面分享购买链接，消费者通过点击购买链接，选择微信支付下单，社区拼团平台再通过物流配送，将订购的商品配送到社区门店，下单的消费者到社区门店提货或者送货上门。

（2）引导学生结合朴朴超市的案例分析线上运营 + 前置仓模式存在的优缺点。

①消费相关理论。

生鲜电子商务 O2O 网络营销的起步较晚，对于其研究，国内外仍处于探索阶段，在国外的研究中，对于网络营销研究，主要集中在生鲜电子商务 O2O 模式下消费群体的细分和消费者的购买意愿等方面。

首先是消费群体细分方面的研究。Jeffrey L. Funk （2007）在对日本生鲜电子商务市场的研究中发现，Cybird 公司的 O2O 生鲜电子商务模式对接了生鲜产品农户和生鲜消费者，实现资源利用的最大化，而且指出居家型妇女是日本东京的生鲜电子商务主要消费群体。其次是消费者的购买意愿方面的研究。L. M. Peirce，T. Tang （2012）在其研究中指出，生鲜电子商务在 O2O 模式的网络营销过程中，网络环境中的广告投放和品牌效应对消费者购买意愿有显著性的影响。Peirce L. M. 和 T. Tang 研究表明，在网络营销环境中，某一产品品牌的推广力度能够影响到民众对品牌的关注程度，而广告的投放力度可以影响消费者的购买兴趣和购买意愿。P. Sinthamrong 和 N. Rompho （2015）在其研究中指出，在生鲜电子商务的 O2O 模式下，商家虚假、夸大的网络营销宣传会导致消费者对产品和商家的满意度和忠诚度下降，不利于生鲜电子商务的发展。P. Sinthamrong （2015）研究表明，网络营销中品牌信誉度的建立非常重要，特别是农产品，在网络环境中宣传产品的品质和新鲜度可以较好地获得消费者的关注。此外，提高生鲜电子商务的品牌影响力，能够显著提升消费者对该品牌生鲜电子商务的购买行为，以此增加企业的经营效益。

②朴朴超市线上运营＋前置仓模式的优缺点分析。

朴朴超市本身的发展模式有利也有弊。好处在于，30分钟配送到家，短时间以大水漫灌形式完成区域覆盖，再加上人们消费观念和生活方式的转变，越来越多的人选择线上模式来满足自己的消费需求。而弊端则体现在没达到一定区域密集度时，履单配送、仓储物流等费用，犹如黑洞般不断吞噬着利润，如何让商品毛利率足够覆盖履单成本，是朴朴超市发展最难解决的问题。

从朴朴超市的发展进而分析线上运营＋前置仓模式的利弊。线上运营＋前置仓模式相较于其他模式，节省了店面租金、员工等前端成本，其方便、快捷的特点也迎合了越来越多人的消费习惯，加上大数据应用以及信息技术的发展，线上运营＋前置仓模式拥有巨大的市场潜力。但成本高是线上运营＋前置仓模式的一个缺点，为了保证配送效率，需要在离消费者最近的地方密集设仓，成本会不断攀升，如果将成本转化到单价上，则又会影响规模的扩张，再加上传统的到超市、菜市场购买生鲜食材的消费习惯仍占据着庞大的市场。这对线上运营＋前置仓模式规模扩张造成了不小的阻碍。另外，自营配送团队成本较高，且管理难度大，线上运营＋前置仓模式对后端的供应链能力、数据算法能力等也有很高的要求。

从外部环境来看，线上运营＋前置仓模式所主打的生鲜市场，后端供应链主要在农村，有国家"三农"政策、精准扶贫的支持，是很好的发展机遇。前端主要把握人才的引进，例如朴朴超市对员工实行的期权政策。对于同一模式的竞争者而言，线上运营＋前置仓模式要根据当地环境，因地制宜、因时制宜地进行创新，形成自己独具特色的模式。

从内部环境来看，线上运营＋前置仓模式能否盈利，主要取决于订单密度和客单价。没有足够的单量则无法实现高坪效，还会影响配送员的收入。为提高每日的订单量，线上运营板块首先要与消费者之间形成高频互动，提高消费者参与度；建立自身正面形象。其次要加大有效宣传的力度，例如朴朴超市刚成立就买下福州三年的户外广告位，增强了消费者对其品牌的熟悉程度以及好感。大多数生鲜电子商务的后端供应链还有很大的提升空间，需加大对供应链的建设力度。例如，朴朴超市与当地农民合作，给予其稳定的保障，使其成为长期的货源供应方，并根据市场需求变动来要求农民调整农产品的种植生产，从源头把握供应链。

第三部分

电子商务与新媒体

第四章

今日头条崛起之谜*

一 引言

今日头条是北京字节跳动科技有限公司开发的一款新闻聚合类App，是一款基于数据挖掘技术的个性化推荐引擎产品，为用户推荐有价值、个性化的信息，提供连接人与信息的新型服务。北京字节跳动科技有限公司于2012年3月9日在北京成立，创办者是张一鸣。今日头条于2012年8月上线第一个版本，历经8年时间的发展，诚如其官网上的表述，已成为"国内移动互联网领域成长最快的产品之一"。

2019年6月，今日头条以近1.2亿的日活跃用户数量（简称日活）居综合资讯行业榜首。七年间，今日头条从一个默默无闻的小公司成为内容领域的王者，究竟是何魔力让它在短时间内快速崛起？同属于聚合类新闻客户端，却又和依托传统媒体或门户网站所建立的新闻客户端不同，今日头条有着一套独特的自我发展逻辑与商业模式。

二 今日头条的发展历程

根据今日头条的关键事件及时间节点，本案例将从初创期、成长

---

* 本案例部分数据来自企业调研与网络公开数据。

期、转型期三个阶段来梳理其发展历程（见附录 1）。

（一）初创期（2012—2014 年）

今日头条发展历程的第一个阶段——初创期，始于 2012 年 8 月今日头条产品第一个版本上线。今日头条上线后的短短 90 天，注册用户数量突破 1000 万，在其初创期就取得了前所未有的成功。带有推荐功能的今日头条在这一时期，下载量不断提高，日活逐月逐年攀升。2013 年，在各大手机应用市场中位居新闻类 App 榜首的多是网易、新浪、腾讯、搜狐等门户网站所推出的新闻客户端，这些产品基本上是网站新闻的手机版，更新频率是白天数小时一次，夜晚几乎不更新，这与移动端用户碎片化、不间断的信息需求是背离的。于是，外在完全相似但带有推荐功能且资讯"随刷随有"的今日头条在新闻客户端阵营里脱颖而出，给用户提供了极佳的体验，受众市场不断拓展。

推荐引擎是今日头条的核心，一直贯穿在今日头条发展的进程中。"随刷随有"的认知在这一阶段是战略级的。在这一阶段，今日头条依靠建立在数据挖掘基础上的个性化、智能化推荐，表现突出。这一时期的今日头条强调技术性，实现了从信息搜集到信息分发的颠覆性创新。

（二）成长期（2014—2018 年）

从 2014 年今日头条开发头条号，到 2018 年今日头条整改事件是今日头条发展的第二个阶段——成长期。这一时期，在保证其技术进步的前提下，今日头条的发展战略逐渐从之前信息分发平台转向繁荣内容生态。2014 年初，今日头条推出头条号，为各类媒体、企业、国家机构及个体内容创作者提供平台及生产工具。头条号以大力度的扶持与补贴政策吸引了众多优秀的内容作者，逐步扩张为最大创作平台。在数量上，出自头条号的文章内容超过今日头条文章总数的 30%。

在成长期内，今日头条调整战略，技术与内容双驱发力，企业版图大幅扩张，产业链得以升级和完善，逐步确立了其在市场中的领先地位，头部效应明显。2014 年，今日头条用户规模达 1.2 亿，日活用户 4000 多万，较两年前增长了十几倍。2015 年 4 月，今日头条用户数高达 2.4 亿，单日文章阅读量达到 5.1 亿。2016 年 5 月，用户数已达 4.8 亿。2018 年 3 月，今日头条成为用户平均使用时间最长、日均启动次数最多、用户好评度最高、社交分享量最大的独立移动资讯客户端，以 24.2% 的渗透率位列国内新闻资讯类 App 中的第一名。

然而，强敌环绕，这一时期的今日头条在快速成长的同时也面临恶意竞争、侵权、内容低俗等种种争议。2017 年，来自腾讯、搜狐、南方日报、长沙晚报等门户网站及传统新闻媒体的侵权诉讼不断。

（三）转型期（2018 年至今）

2018 年今日头条整改事件至今，是今日头条的转型期。今日头条迅速发展过程中存在的种种问题逐渐暴露出来，格调低俗、导向不正等争议声越来越大。在这个时期，外部的质疑与监督，内部的自查与整改，迫使今日头条探寻未来可持续良性发展的道路。

今日头条已经成为国内最大的综合资讯平台，如果 1% 的推荐内容出现问题，就会产生较大的社会影响。针对侵权转载、传播色情低俗信息等违法违规问题，今日头条响应迅速，暂停更新或删除违规频道和内容，开启整改的第一步。在技术层面，今日头条推出中国首款人工智能反低俗小程序"灵犬"，检测文字及链接，判断健康程度，根据返回的结果，为用户鉴别、提供优质合规的信息。在人工审核层面，今日头条建立了庞大的专业团队，并邀请各界专业人士成立专家团，对平台发布的内容和提供的服务进行监督干预，由算法为王向人机结合转变。与此同时，今日头条也调整、修改和升级了信息分发算法的控制变量。

三　今日头条的商业模式

技术和产品的结合，可以形成一个良好的商业模式。某种程度上，今日头条改写、重塑了资讯传播的商业规则，利用智能推荐引擎技术分发信息，通过用户查阅的内容，洞察到用户的兴趣、爱好、位置等多个维度，根据每个人不同的兴趣、爱好进行个性化的推荐，形成

"千人千面""每时每刻在更新""越看越喜欢看"的飞轮效应。

今日头条商业模式的大齿轮可以划分为四个：用户、机器（计算机）、商家、创作者（见附录2）。其有机推动的方式是，机器通过引擎推给用户免费看内容，用户看得越多，机器就越了解用户，推送契合用户喜好的内容，商家就能精准地针对用户打广告，广告的内容本身就是在用户的兴趣、爱好范围内，自然接受度就相对较高。广告的丰厚收益再分配给资讯内容的创作者，刺激他们聚焦做更好的内容，如此循环运转，四方受益并形成飞轮效应。

（一）洞察用户

这个技术背后的产品理念是"你关心的，才是头条"。通过计算机算法与大数据，洞察每个用户的兴趣、位置、浏览偏好等多个维度，根据每个人不同的画像推荐资讯，实现"千人千面"的阅读效果。

然而，是不是拥有计算机算法与数据，就可以洞察到用户的真实需求？确实有不少专家人士认为数据就是洞察，今日头条只是靠海量数据来做洞察与分析。但其实算法与数据洞察只是工具，无法精准识别用户需求，今日头条的秘密武器是同理心。如果没有同理心，做出的产品就没有灵魂，是无法捕获且满足用户需求的。因此洞察用户应包括两个方面，一是理性的数据洞察，二是同理心洞察，即隐性洞察。

1. 理性的数据洞察

（1）用户画像，清晰地刻画出用户年龄、性格爱好、工作生活规律；

（2）典型场景，用户在什么样的时间、地点、环境下工作或生活，你的产品适合切入他的哪个具体环节；

（3）原习惯路径，用数据计算用户原来使用产品的习惯、动作、方法，原产品被花费的时间和精力分别是多少；

（4）关联性数据指标，找到跟产品有关联的各项指标，进行数据分析与测算，罗列出产品对用户而言的轻重缓急。

以上四步属于理性的数据洞察，科学且富有逻辑，但实际上还是难以抓取到被用户隐藏起来的内在情感及真实的心理状态，所以隐性的同理心洞察也同样重要。

2. 同理心洞察

（1）联结情感切入点，产品在用户什么时间、地点、环境下最容易被想起；

（2）挖掘潜意识需求，产品是在什么动力下容易引起用户决定使用或尝试使用；

（3）提出满足需求的清晰概念，用简明的词语将这个原动力描述出来，但不要选已经被竞争对手使用且占据用户心智的词语；

（4）确认这概念能激发情感共鸣。最好的检测方式是用户是否愿意重复使用并且转发给朋友使用。

（二）个性化推荐算法

今日头条是一款基于数据挖掘的个性化新闻推荐引擎，运转核心是一系列代码算法，这是今日头条与传统媒体本质的区别。这些代码算法提升了信息使用效率，实现了从人找信息到信息找人的飞跃。

今日头条的算法模型与大数据系统会记录用户浏览信息的过程以及相关互动行为，并以此计算出用户的偏好，精准推送其感兴趣的内容，甚至精确地预测用户的行为。当用户登录后，今日头条运用算法、机器学习及数据挖掘技术深入分析、了解用户喜欢或关注的内容，勾画出用户兴趣图谱，确定受众人群后精准推送。在这一过程中，算法会根据用户的停留时间、点击、搜索等行为持续优化用户画像。若用户不登录，则算法会推荐大众化的内容，再根据用户的点击反馈来逐步细分用户所属群体，进而确定用户画像，为今日头条智能推荐提供参考。

在内容的获取和选择方面，今日头条利用技术聚合全网内容资讯，对海量的数据进行关键词标引和特征分析，经过审核和匹配，分批推荐给用户。针对效果不好的推荐会及时分析、调整，以此来反复改进算法。今日头条的推荐系统能有效、快速发现用户感兴趣和高质量的信息，提升用户体验，增加用户使用与停留的时间，留住用户。今日头条个性化推荐流程见附录3。

（三）智能分发技术

今日头条的智能分发技术，在每条资讯与每一个用户间都建立了相关的属性链接。系统根据客户端信息反馈与数据挖掘结果，持续推送、处理与反馈，形成智能分发闭环，整个在线训练与模型更新的过程几乎是实时的。在信息大爆炸的移动互联时代，资讯能否契合用户需求十分重要。对用户而言，他们能够通过浏览资讯持续反馈自己的兴趣、喜好来获得更精准的推荐。今日头条秉承"你关心的，才是头条"的口号，把内容和用户的个性化需求高度、精确匹配，实现人与内容的高效分发和精准传播。

与基于内容相关性的传统推荐引擎相比，今日头条可以做到协同推荐，即利用用户自身及用户之间产生关联的一切信息线索，如社交行为、时空特征、应用场景、职业属性等，对用户彼此之间构造相似性矩阵，深层次识别用户未表达的需求，并进行关联推荐。这是今日头条的终极目标，也是其核心优势所在。

四 今日头条的盈利模式

如何实现商业利益的转化是企业发展的重要课题。广告、电子商务以及游戏是互联网产品变现的三种主要方式。今日头条选择了广告变现和电子商务变现。在信息接触渠道越来越多的今天，有效的信息传达并不是一件容易的事情。而今日头条手握海量用户数据，可以根据用户画像实现广告的精准投放。

（一）广告精准投放

广告是传媒产品的核心业务，也是新闻类 App 最主要的盈利来源。今日头条依赖海量用户基础、对广告盈利模式的颠覆性思考以及精准化营销策略，受到众多广告主青睐。今日头条借由广告取得流量变现的核心举措有以下三个方面。

第一，信息化广告。以往的互联网广告为达到效果都是以干扰用户阅读为手段，如飘浮在页面上的旗帜广告。今日头条则彻底颠覆了这个模式，将广告变成信息，通过设置匹配机制，将广告与用户的需求、兴趣、爱好结合，让广告本身具有较强的可读性和信息价值，寻求用户体验与商业变现两者间的平衡。今日头条努力让每一条广告都是用户主动获取的有效内容，而非强制用户观看。

第二，自动化广告分发。如同资讯的个性化推荐，今日头条认为广告也势必走向个性化，不同的人因其需求不同会看到不同的广告。今日头条利用大数据技术给同一个广告做出不同的版本，根据不同的用户需求分发广告。系统还会根据用户浏览记录、业务场景、行为属性等生成标签，继而推送相关的广告资讯。

第三，视频化广告信息。随着5G技术的深入商用，视频广告、直播带货会顺势成为主流，给用户带来多元化的体验。今日头条自2015年9月起，就推出多项计划，如"千人万元计划"、创投基金、孵化器等，用于支持短视频创作，在其平台上，用户观看短视频量远超图文流量，且呈快速增长态势。

今日头条持续探索优化广告运营效果，通过技术优势，革新广告投放的全程，借助智能分发提升广告投放的精准度。然而，以广告为主盈利模式的今日头条，在考虑广告主利益的同时，也面临广告推送与用户体验矛盾的难题，这是多方博弈和平衡的过程。今日头条为了不影响用户体验，将推送广告的数量上限设置为每天4条。

（二）电子商务业务

今日头条从2014年开始就"觊觎"电子商务，曾推出过"今日特卖"和"放心购"测试板块；2018年9月，今日头条又悄悄在其平台推出名为"值点"的电子商务频道，旨在利用今日头条的导流在竞争激烈的零售电子商务领域分一杯羹。"值点"的打造带有明显的头条特色。对比其他网络购物程序，"值点"主打的特色是在平台的显著位置插入"值得看"功能，引入信息流。

或许是受"拼多多"的启示，"值点"主打"低价"策略，以具有诱惑力的价格搅局当下受资本热捧的下沉市场。然而，作为今日头条次要的变现形式的"值点"，因与产品本身所提供的场景吻合度不高，在过去的两年时间里，并未给今日头条带来太多的变现空间。对于今日头条来说，推荐算法是其引以为傲的看家本领，为消费者提供个性化信息。如何将算法和电子商务结合，为产品带来用户并增强用户留存率是今日头条需要考虑的问题。

五　今日头条明日挑战

今日头条通过个性化推荐以及高效的内容分发，从门户垄断的格局中脱颖而出，收获了海量用户。但今日头条倡导的"千人千面"个性化阅读在其飞速崛起的发展道路上，也遭遇了诸多的挑战。因为算法技术是中性的，是不具备价值观的，所以今日头条平台上充斥着大量低俗、色情或负能量的内容，故而迎来了政府部门的强烈监管和整顿。

不过，有危，才有机。

（一）　基于内容分发的横向扩张

今日头条的发展与内容产业是无法分割的。自2014年今日头条就开始致力于打造其内容生态，投入大量资金扶持原创，并与国内近3000家媒体签约，融合传统内容生产商。今日头条先后启动"千人万元计划""百群计划""原创扶持计划""头条号创作空间计划""内容产业投资基金"等多个项目，探索建设互惠互利的原创内容生态圈。今日头条的数据分发技术确保将创作者的内容及时推送到正确的用户面前，这对许多正在投身自媒体的内容创作者而言，是微博、微信所不具备的独特之处。但补贴并不是长久之计，今日头条在流量触顶后，如何给予内容传播更准确、便捷的通道，构筑健康的内容生态圈，保留优质内容创作者以获取更大的价值转换，实现技术架构上的横向扩张是今日头条的一大问题。

（二）　战略升级：从智能推荐到智能社交

今日头条是智能推荐最早、最积极的探索者，通过算法匹配连接内容生产者与消费者。强大的用户量、活跃度、留存度，使今日头条沉淀了大量的用户，每一次的阅读、分享、评论和收藏，智能算法都积累了大量的内容创作者与粉丝的互动数据。超级内容平台的背后隐藏着社交需求，社交巨大的吸引力，使得今日头条频频试水社交领域，

"飞聊""抖信""多闪"都透露出其布局社交的意图。

未来今日头条将深耕粉丝生态，"智能社交"是这个策略的核心理念。智能社交绕开了熟人关系链的内容传播方式，而是通过算法推荐帮助创作者降低粉丝获取成本，提升粉丝活跃度，找到有价值的真实粉丝。今日头条打造的智能社交就是在这样的粉丝基础上，让内容生产者与内容消费者高效匹配，依靠优质内容形成社区。之前，今日头条创作者往往只能在头条创作文章，却在微信运营粉丝，这虽然也能实现粉丝的交流和维系，但给头条创作者的体验并不友好。今日头条借助已经积攒起来的个人兴趣图谱，建立有效的交友匹配体系。在陌生社交和熟人社交的中间地带，"半熟社交"或许是今日头条最方便切入的窗口。未来，今日头条可以通过悟空问答深挖原创内容，增加用户互动，同时依托微头条快速传播，强化用户分发，基于不断更新的头条兴趣图谱，建立陌生交友匹配算法，让拥有同样兴趣、同样标签的人能够在信息流下智能社交。

8 年时间，今日头条在人工智能上的应用早已超越当初单纯的内容分发，正积极持续探索人工智能前沿技术在辅助创作、内容分发、社交互动等流程上的深度应用，以提升海量信息的处理效率，最大化技术的边际效应。

今日头条无疑是长期主义的实践者，2016 年传出腾讯想要收购今日头条，这家公司的创始人张一鸣在头条问答分享了一首歌 *Go Big or Go Home*。现在今日头条已经"Go Big"，能不能"the big become bigger"，时间会给出答案。

六　课后讨论题

讨论问题 1：2013 年今日头条与其他终端类新闻产品有何不同？今日头条的运行逻辑和特色是什么？

讨论问题 2：请运用 SWOT 模型分析今日头条的竞争态势。

讨论问题 3：请分析今日头条的盈利模式及其借鉴意义。你如何看待今日头条智能推荐到智能社交的战略升级？

七 附录

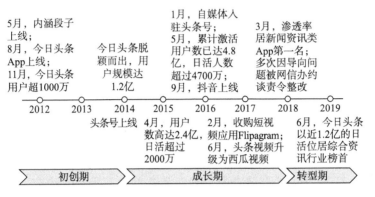

附录1 今日头条发展历程

资料来源：作者根据案例整理。

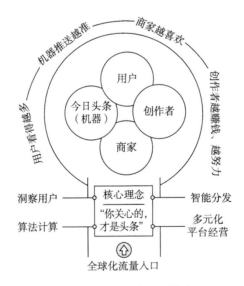

附录2 今日头条商业模式

资料来源：海伦商业论（https://www.ximalaya.com/shangye/24330698/193875825）。

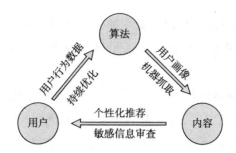

附录3　今日头条个性化推荐流程

资料来源：作者根据案例整理绘制。

注释

[1] 巨量引擎商业算数中心.2019—2020今日头条内容价值研究报告.2019.8.

[2] 冯义运.估值750亿，从今日头条看字节跳动这家公司背后的产品逻辑 [EB/OL]. https://new.qq.com/omn/20181007/20181007A17S5X.html.

[3] 极光大数据.2018年Q1移动互联网行业季度数据研究报告，2018.4.

[4] 王宇航.算法狂飙，张一鸣且行且珍惜 [J].商界评论，2018 (10)：35-37.

[5] 喻国明，杜楠楠.智能型算法分发的价值迭代："边界调适"与合法性的提升——以"今日头条"的四次升级迭代为例 [J].新闻记者，2019 (11)：15-20.

[6] 中国互联网络信息中心.第45次中国互联网络发展状况统计报告 [R].2020-05.

[7] 刘千桂，赵梦宇.内容消费升级中的平台发展趋势与策略研究 [J].出版广角，2019 (7)：23-26.

[8] 邵原.字节跳动互联网行业破局者 [J].企业管理，2020 (4)：72-26.

[9] 梁宝琳.聚合类新闻客户端"今日头条"的智能化发展研究 [D].长沙：湖南大学，2018.

[10] 郝慧敏.今日头条新闻客户端崛起原因探究 [D].兰州：兰州大学，2019.

【教学说明】

一　案例概要

今日头条是一款基于机器学习的数据挖掘与引擎推荐产品，以海量数据为依托，通过机器学习感知、理解、判断用户的行为特征，综合用户具体的环境特征与社交属性判断用户的兴趣、爱好，为用户推荐个性化的新闻资讯，塑造"千人千面"的阅读场景，实现内容与用户的精准连接。

据中国互联网络信息中心发表的《第45次中国互联网络发展状况统计报告》，截至2020年3月，我国网络新闻用户规模为7.31亿，较2018年底增长5598万，占网民整体的80.9%；手机网络新闻用户规模达7.26亿，较2018年底增长7356万，占手机网民的81.0%。网络新闻受众群体规模庞大，作为个人互联网应用中的基础应用，网络新闻的用户规模和用户使用率在各类互联网应用中排行第四，并且一直处于平稳增长的态势。手机新闻客户端使用人数多、影响范围广，深入我们生活的方方面面。

从市场占有率、发展历程、算法代表性等角度看，今日头条在国内的聚合类新闻 App 中具有一定的典型性和代表性。因此，本案例选取今日头条新闻客户端进行研究分析。

二 在课程中的定位

本案例可用于60分钟的课堂讨论，适用于全日制工商管理类、电子商务类本科生、研究生的电子商务案例分析课程中，针对"商业模式创新"话题进行探讨。

案例详细梳理今日头条的发展历程，它的崛起包含哪些因素，有着怎样的必然性与偶然性；分析其竞争态势，评价其发展模式，探讨其成功经验能否从特殊案例扩展到一般规律，从而为新闻客户端的未来发展提供借鉴。

三 相关阅读资料

(1) 谭天，《媒介平台论：新兴媒体的组织形态研究》（北京：中国人民大学出版社，2016），第168－172页。

(2) 曹青青，《以个性化推荐服务为特色的手机新闻客户端"今日头条"案例研究》（北京：北京外国语大学，2017），第13－30页。

(3) 马妍，《大数据背景下新闻客户端的发展模式研究》（沈阳：辽宁大学，2016），第20－30页。

四 教学计划

本案例适用于 60 分钟的课堂，教学计划见表 4 - 1。

表 4 - 1 教学计划

讨论问题	时间/分钟
案例内容概述、案例讨论热身等	5
讨论问题 1	15
讨论问题 2	15
讨论问题 3	15
分析框架或教授总结	10

五 讨论问题分析

讨论问题 1：2013 年今日头条与其他终端类新闻产品有何不同？今日头条的运行逻辑和特色是什么？

（1）2013 年今日头条与其他终端类新闻产品有何不同？

在今日头条之前，人们看新闻资讯，需要去新华网、搜狐新闻、新京报、新浪等多种终端才能了解到全面多样的热点资讯。这是典型的"人找信息"的传统模式（见图 4 - 1）。而今日头条的诞生，把模

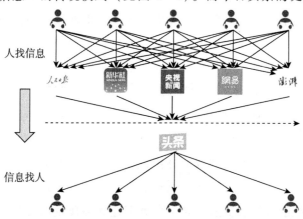

图 4 - 1 人找信息与信息找人模式

资料来源：根据网络资料整理。

式变成了"信息找人"。它通过爬虫等技术手段把各个资讯网站的资讯抓取过来，再根据独创的算法技术，让用户看到自己喜欢的内容。今日头条起步的100来人里基本都是技术人员，没有一个文字编辑，也都没接触过新闻，但他们借助初级人工智能技术和纯技术算法手段，在海量的内容中挖掘、推荐有价值的信息，做到了以往人工手段可能需要几千人的团队才能做到的事。

今日头条靠"智能挖掘"从无数提供内容的网站获取信息，速度比任何纸媒都要快，推送比任何网站都精准。最关键的是这些内容可以根据客户的需要进行"定制化"推送。在信息爆炸时代，面对看不完的信息，推荐引擎不啻为一剂良药，人们可以摆脱浩瀚的信息海洋，只读取精准定制的有价值信息。"你关心的，才是头条"，今日头条的这句产品口号打破了传统意义上头条的概念，突显以用户自身为中心，借助智能挖掘提供个性资讯的产品定位是今日头条在短时间内大获成功的关键。

（2）今日头条的运行逻辑和特色是什么？

今日头条是一款基于数据挖掘的个性化新闻推荐引擎，运转核心是一系列代码算法，这些算法模型及大数据系统会记录用户浏览信息的过程以及相关互动行为，并计算出用户的偏好，精准推送其感兴趣的内容甚至精确地预测用户的行为。当用户登录后，今日头条运用算法、机器学习及数据挖掘技术，分析、了解用户，勾画该用户兴趣图谱，确定后精准推送。在这过程中，算法会根据用户的停留时间、点击、搜索等行为持续优化用户画像。若用户不登录，则算法会推荐大众化的内容，再根据用户的点击反馈来逐步细分用户所属群体，进而确定用户画像，为今日头条智能推荐提供参考。

今日头条主要有两大特色：第一，在内容的获取和选择方面，今日头条强调"用户是信息的主人"，利用技术聚合全网内容资讯，对海量数据进行关键词标引和特征分析，经过审核和匹配，分批推荐给用户。针对效果不好的推荐及时调整、校正，反复改进算法。今日头条的推荐系统能有效、快速发现用户感兴趣和高质量的信息，提升用户体验，让用户在信息过剩的互联网时代迅速获取自己所关心的内容，增加用户使用与停留的时间，留住用户。

第二，今日头条打造庞大内容生态圈。在早期，今日头条的定位是内容平台、新闻搬运工，搬运来的信息来自软件抓取到的其他网站的数据，这势必带来版权纠纷。今日头条意识到这个问题后，技术与内容双管齐下，两驱动发力。在2014年创办头条号，重金扶持吸引大量自媒体内容创作者及传统媒体加入，加强平台的内容把控能力。

讨论问题2：请运用SWOT模型分析今日头条的竞争态势。

SWOT模型又称为态势分析法。S指代优势（strength）、W指代劣势（weakness）、O指代机会（opportunity）、T指代威胁（threat）。从这四个维度着眼，分析评估企业自身内部因素、竞争对手以及外部宏观环境等外部力量，识别企业的优劣势，进而把资源聚集在机会最大的地方。（引导学生通过阅读案例素材，归纳总结今日头条的SWOT。）

今日头条的SWOT竞争态势分析如下。

S：优势

（1）基于技术驱动是今日头条的明显优势及核心竞争力。创新应用智能推荐、数据挖掘、智能算法等技术，识别用户个性化需求，精准连接内容与用户是今日头条在创立初期就确立的战略，也是其发展过程中不可或缺的关键成功因素。

（2）将技术应用于产品，推出与众不同的产品，实现了信息搜索到信息分发的飞越，让用户、创作者与广告主多方受益，并形成飞轮效应，迅速崛起成为资讯市场的独角兽。

（3）有前瞻性，打造内容生态圈，创立头条号，重金贴补吸引大量自媒体内容创作者及传统媒体加入，加强平台的内容把控能力，为个性化推荐提供强大的内容保障和主动权。

（4）勇于突破，从智能推荐到智能社交，引入社交基因，迅速获取用户的社交关系链，进而描绘更精准的用户画像，以推荐更精确的内容，与此同时，社交渠道也拓展了平台的内容分发能力，形成了良性循环。

W：劣势

（1）没有完整的产品生态，变现形式单一。以广告为主盈利模式的今日头条，在考虑广告主利益的同时，也面临广告推送与用户体验矛盾的难题，在激烈的市场竞争中，用户流失的潜在风险大。

（2）社会责任不可推卸，价值观念不可动摇。今日头条在算法技术、机器学习、智能应用方面有优势，但算法技术等不能判断其传递的信息及社会导向是否正确。移动新闻资讯传递速度快、影响面广，流量不能凌驾于价值观之上。

（3）传统门户网站及BAT（百度、阿里巴巴、腾讯）强势介入个性化资讯市场，让今日头条的技术优势及地位受到很大挑战。传统新闻客户端经过多年的沉淀，在内容编辑的专业度和权威性上都高于自媒体，而头条号平台上数量众多、资质不一的内容创作者生产的内容质量难以管理。

O：机会

（1）移动端个性化资讯市场仍然庞大。

（2）先发优势。今日头条作为最早的个性化资讯产品，已积累了大量黏性用户及用户数据。

（3）智能社交的提出对自媒体有强大的吸引力。头条号的推荐引擎技术，能将自媒体人创作的内容精准推荐给用户，两方通过推荐引擎建立并沉淀关系。

T：威胁

（1）通过爬虫等技术手段获取的内容存在侵权风险。

（2）个性化资讯市场竞争激烈，传统门户网站与BAT强势介入。

讨论问题3：请分析今日头条的盈利模式及其借鉴意义。你如何看待今日头条智能推荐到智能社交的战略升级？

（1）请分析今日头条的盈利模式及其借鉴意义。

技术的创新应用是今日头条脱颖而出的关键。技术和产品的结合，可以形成一个良好的商业模式。今日头条将搜索与推荐的技术优势最大化地嫁接在新闻客户端，某种程度上改写、重塑了资讯传播的商业规则，利用智能推荐引擎技术分发信息，通过用户查阅的内容，洞察用户的兴趣、爱好、位置等多个维度，根据每个人不同的兴趣、爱好进行个性化的推荐，最大限度贴合移动互联时代用户碎片化的信息需求，这种思维方式和运作模式是传统媒体所欠缺的。在信息接触渠道越来越多的今天，有效的信息传达并不是一件容易的事情。今日头条手握海量用户数据，利用大数据和智能算法，根据用户画像精准投放广告，这是今日头条目前主要的收入来源。

（2）你如何看待今日头条智能推荐到智能社交的战略升级？

今日头条近年来试水社交领域意图明显，向外界透露出今日头条布局社交的意图。今日头条在综合资讯领域已经成了头部应用，但也面临用户增长放缓的问题。今日头条试图利用社交关系增强用户黏性，沉淀用户关系。然而，相较于占据用户时长，建立社交关系链门槛更高，且社交领域已被微信、微博、QQ三分天下，面对挑战，今日头条的智能社交战略需考虑以下方面。

①旗下诸多产品是否具备联系以打造流量闭环。

今日头条旗下高频与高流量的产品众多，但各产品之间缺乏社交层面的联系，今日头条或许应该考虑诸多产品间如何协同，建立关联以形成流量闭环。

②用户之间能否构成商业价值。

今日头条目前只有评论功能，却没有供用户交流的渠道，导致头条创作者只能"在头条创作文章，却在微信运营粉丝"的尴尬局面。虽然今日头条用户间可以在平台上进行一些简单的互动，但体验不友好，且用户之间尚不存在商业联系。今日头条需要创新设计其社交战略，深耕粉丝生态以产生商业价值，将人工智能前沿技术实现最大化的效应。

第四部分

社区电子商务

| 第五章 |

零壹移动互联：中国最大的智慧社区
企业炼成之路[*]

一　引言

我国社区智能化发展一直沿着数字化、智能化、智慧化的道路不断前行，智慧社区代表了一种较现代的生活方式，受建设成本和消费水平影响，目前我国智慧社区普及率比较低。零壹移动互联致力于做中国最大的智慧社区企业，不断完善智慧社区相关服务，最终达成共建、共生、共赢的社区模式。

有数据显示，中国智慧社区市场规模在 2023 年将达到 6433 亿元，未来将持续增长。据了解，按照全国约 29.6 万个社区，每个社区 30 万元左右的预算计算，我国智慧社区平台规模为 800 多亿元，社区实现智慧化，其带动的产值是不可估量的。那么，零壹移动互联是如何从众多竞争对手中脱颖而出的？尤其面对新冠肺炎疫情零壹移动互联是如何应对的？其发展趋势又如何？

二　企业背景

零壹移动互联成立于 2014 年 9 月，总部位于深圳，在上海、福州、长沙有三家分公司，主要提供智慧社区相关服务。

旗下产品"1号社区"是全球少有的将人工智能与智慧社区深度融合的平台，由社区物联网平台、智慧物业平台、智慧城市垂直行业平台和生活服务平台四个板块组成。截至2019年，其已经与300多座城市的2000余所小区达成合作，通过同一App、同一品牌硬件、同一后台管理，为社区居民及物业提供智慧社区服务。"1号社区"将AI（人工智能）与智慧社区结合，软件、硬件齐全，为客户带来智慧社区的体验，"1号社区"整合各种资源，做到广度与深度共存。零壹移动互联打造的全生态新型智慧社区整体解决方案，其顶层设计基于物联网、云计算、大数据三大核心技术，是把智能安防物联网硬件平台、智慧物业管理平台、智慧社区全媒体广告平台、智慧社区生活服务平台和城市停车平台、公安管控平台等多个跨界平台深度融合应用的综合系统。

三 发展历程

智慧社区这个概念最早始于2010年，但是与现在的智慧社区不甚相同，当时的智慧社区只有自动开门装置，安装了摄像头和电梯，就可以称为智慧社区。可以看出"智慧"是相对的，十年前的智能不可与现在的智能比肩。所以智慧社区企业要不停发展，要更注重科技的研发。

零壹移动互联成立于2014年，正是智慧社区发展得如火如荼的时候，"1号社区"的智能产品体系以及平台十分多样化，创始人韩先波先生在创业之初，首先是积攒实力，然后"招兵买马"，做大做广。韩先生将这六年来的工作浓缩出七个关键词：成立2014，摸索2015，蓄势2016，亮剑2017，领跑2018，加速2019，求精2020。

（一）成立2014：创业之初借助外力开发

在创业之初，缺资金，缺资源，零壹移动互联注册资本仅有295万元，这些钱如果全部用于研发高科技产品则杯水车薪，因此选择先购买别人的高科技产品的使用权，以解决一时之需。此后一年的时间，在发展壮大之后，零壹移动互联加大研发力度，开发出拥有自主著作权的人脸识别系统。

（二）摸索 2015：推广智感安防社区

城市管理者要面对的是海量的人口、模糊的个体身份画像，治安防控难度系数高，将每一个城市划分为大大小小的社区，每一个社区都对应着一个物业，由物业承担管理、服务职能，分解了城市管理者的任务。为了解决城市物业日常管理的痛点，零壹移动互联推出"T字战略"，具体来说，就是安防卡位，横向复制。让多种品牌的智能设备在统一的交互平台实现互联互通，统一管理，智能联动。目的是给用户创造更舒适、更安全、更稳定、更智能的智慧生活环境。

因此，零壹移动互联在各地方推进城市智感安防区建设。智感安防区，通俗地讲，就是当有坏人进入这个区域时，系统能感知并提醒物业做好查控防范工作。提高景点、各类复杂场所、物业小区、园区、三站一场的智感安防技术含量是政府努力的方向，也是零壹移动互联的奋斗方向，目标是打造城市级公安实战物联网。

（三）蓄势 2016：与物业联合搭建网络

零壹移动互联在 2016 年底开始承接"平安小区"的政府项目，筑起四道防线：第一道防线是小区周界、出入口和停车场的 AI 门禁、"机器人值守"；第二道防线是小区的公共区域、重点区域的智慧监控；第三道防线是楼宇单元的可视对讲、云梯控；第四道防线是家庭的智能家居开放平台。"四线"齐上阵，解决好社区安防难题，做深、做扎实安防体系，帮助零壹移动互联迅速切入市场。

横向复制要和具有规模化、专业化实力的物业公司合作来达成。当物业正在向科技物业方向转变时，物业行业正在经历一场洗牌，大物业公司吞并小物业公司，在城市里抢夺更大的管理面积和更高的市场地位。实现规模化管理、提高治理有效性、降低人力成本和社区品牌增值是物业方的需求。可以观察到，擅长做算法平台、机器人、系统管理软件的科技型公司正在以灵活的方式通过物业进入社区。

零壹移动互联选择与有实力的大中型物业公司合作，包括打造技术体系、落地试点项目、制定标准，之后进行批量复制与推广。零壹移动互联与多个城市服务运营商公司携手共建智慧社区。

零壹移动互联已经进入全国 400 多个城市，落地"7500＋"项目。零壹移动互联先联合城市合伙人（见附录 1）的力量在三、四线城市做项目落地，再在一、二线城市建设直营分公司，联合各行业优势合作伙伴，以更强的项目把握能力、落地能力，直接服务大城市，做到直营联营一手抓。

（四）亮剑 2017：智能产品体系形成

2017 年，零壹移动互联拿到了高新技术企业的认证，做到了"亮剑"（见附录 2、附录 3、附录 4）。

（1）零壹停车管理机器人。零壹移动互联历时 3 年潜心研发，于 2017 年推出零壹停车管理机器人，帮助物业公司杜绝停车收费漏洞、降低企业经营风险。零壹停车管理机器人实现对所有进出车场的车辆（包括月租车、临时车和无牌车）进行统一、规范的管理。在实现线上支付的同时，零壹停车管理机器人同样支持现金支付并且能够实现现金找零，以及提供发票，不需要人工干预，做到真正的去人员化管理。其优势在于：①自我学习与升级——以大数据技术为基础的机器人拥有自我学习的能力，在服务的过程中，会自动进行自我学习、自我完善，不断升级，最终提供更为完善且便捷的服务。②方便管理——机器人不仅能够彻底堵住收费漏洞，而且所有费用全部可查询、可调阅，所有发票可凭证、可追溯，帮助物业建立完善的停车场收费管理体系。

（2）零壹智慧物业管理平台是给物业公司提供的基于 PC 端和移动端（"物业＋"App）的一整套物业管理系统，由以下模块组成：联网全移动云可视对讲，可视对讲支持自带摄像头或联动 IP 摄像头刷脸开门，支持非法闯入报警，门常开报警，报警记录实时上传，无线通信，免布线，易安装和维护。云梯控的安全性高，防止外来人员随意乘梯，提升小区安防等级。云梯控可使用 App 乘梯、刷卡乘梯、访客密码乘梯。通过手机 App 与业主互动，发送红包、优惠券。有权限管理功能，通过物业授权，到达授权楼层，更私密、更安全。业主不需下楼，直接发送动态密码给访客，访客即可乘梯。

（3）零壹公安综合管控平台是以物联网、大数据、人工智能等先进技术为依托，将安装在小区的智能硬件设备、管理机制、大数据情报分析和智能预警进行整合，以及对人员、车辆、房屋、人口、事件等核心因素进行管理分析，同时整合社区、物管、公安等多部门资源，建立监控、预警、分析、处置的全方位响应机制以实现快速联动，有效应对各类事件，从而打造高度一体化的综合管控平台。

（4）智能家居平台。智能家居平台是一个领先实现跨产品、跨品牌的互联互通的从公共环境到家庭智能控制的系统平台，通过物联网等技术将门窗、照明、家电、影音等家居设备连接起来。该系统平台兼容了 Wi-Fi、ZigBee、Z-WAVE 等多项技术协议，包括智能灯光、智能门窗、智能影音、智能门锁、智能安防、智能睡眠监测、智能家电控制等七大系统及配套产品，用户可实现多种品牌的智能设备在统一的交互平台内互联互通、统一管理、智能联动，从而创造更舒适、更安全、更节能的家居生活环境。

（5）零壹智慧生活服务平台。"1 号社区"App 作为整个解决方案的核心载体，主要分为三大版块，包括小区、我家、生活，目的是让业主享受到用科技创造的智慧生活。"小区"版块囊括了社区的物联网服务，让业主在享受智慧物联的同时，享受安全的智慧生活；"我家"版块提供的是智慧家庭服务，帮助业主开启智慧家庭，享受科技的智慧生活；"生活"版块以人工智能和大数据为基础，以"所见即所想"为理念，为业主带来便捷的智慧生活。

（6）零壹大数据平台。零壹大数据平台对通过智慧社区整体解决方案采集到的用户基础数据、行为数据、喜好数据、消费数据以及小区和家庭设备设施之间互联互通后产生的全息数据进行挖掘，从而为业主、物业、政府和商家创造价值。

（五）领跑 2018：着手对接智慧城市

智慧社区发展的更高级形态便是智慧城市。我国十分重视智慧城市的发展，在国家"十三五"规划纲要中曾明确提出"建设一批新型示范性智慧城市"。相关部门提出在"十三五"时期，将有针对性地组织 100 个城市开展新型智慧城市试点，同时开展智慧城市建设效果评价工作。

从《国家智慧城市试点暂行管理办法》和《国家智慧城市（区、镇）试点指标体系（试行）》的发布，到中共中央、国务院提出建成一批特色鲜明的智慧城市改善民生服务，最终智慧城市还被写进了《政府工作报告》——人与人、人与机器的相互联通正逐步实现。而这一工程，必不可少的便是物联网。韩先波提出智慧社区的网络泛在化。所谓"泛在化"，是指泛在的网络已不仅仅要解决人与人的交流，更需要实现人与物、物与物的交流，即达到"万物互联"的境界。随着我国网络技术的发展、物联网的普及，人工智能在 2018 年大爆发，未来社区内网络将无处不在，将使用更高速度的宽带，建立起完整的网络体系，促进社区网络功能的发展。

智慧社区使用最先进的技术，从开门开始，真正实现社区智能化。"1 号社区"门禁淘汰了门禁卡、指纹等传统的开门方式，只需一台手机亮屏摇一摇开门，在开门后还能领取现金红包，使开门变得简单又有趣。还有云停车场，能实现 App 锁车，在软件解锁的情况下车辆方可进出场，确保车辆安全。

云电梯门禁，节省业主时间，在进入小区后，便可打开 App 预约电梯，选择楼层后，走到电梯直接乘坐，临时有事还能取消。智能停车管理机器人取代了"保安 + 岗亭 + 电脑"，全天 24 小时值守，无节假日、无调休。智能停车管理机器人能识别车牌、收取费用、微信找零等，还能对无牌车进行识别记录。

"1 号社区"的智能家居平台，通过 App 将智能家居结合起来，充分实现人与人、人与物、物与物之间的联系，通过下载"1 号社区"App 将物业与业主联系起来。未来智慧化物业将成为城市发展物业管理的趋势，只有先优化物业公司才能实现智慧社区的网络泛在化、智慧社区设备智能化。

（六）加速 2019：对接政府、联合大企、展望国际

相关数据显示，截至 2019 年 3 月，我国 95% 的副省级城市、83% 的地级城市，总计超过 500 个城市，均在政府工作报告或"十三五"规划中明确提出要建设或正在建设智慧城市。

2019 年，零壹移动互联提高了政府项目承接能力，加强了与大中型物业、地产公司的全方面深度合作，并在 2020 年前完成覆盖所有省会城市的目标。另外，2019 年下半年也有产品出海的计划。"1 号社区"是人工智能＋智慧社区服务的平台，根据与智慧城市数据信息的连接和结合，为政府机构有关监管职能部门提供业务安全通道和数据收集安全通道，提高政府机构的管理效率和实际效果，在政府强有力的支持下，智慧社区的普及化将得到极大加速。2019 年 10 月，零壹移动互联参加了第十七届中国国际社会公共安全博览会并展现自身亮点——零壹智能门岗机器人、零壹 AR 智能眼镜、零壹＆华为 IOC 智能运营平台。从长远来看，将来智慧城市建设特别是智慧社区建设应适应跨区域的、黑颈鹤式的劳动密集型技术人员流动性发展趋势与相应需求，并与城市整体性发展战略深度融合，创新发展高品质社会综合治理体制，提升大城市管理质量和社会综合治理水平。

（七）求精 2020：在优秀中寻求突破，新时期新挑战——助力疫情

2020 年初，由于新冠肺炎疫情的暴发，全国各大城市实施社区小区全封闭管理，社区小区成为疫情防控的基层主战场。如何做到"无接触服务""高效率识别""高危预警排查"是留给小区物业、社区街道等基层工作人员的巨大挑战。

疫情给零壹移动互联智慧社区带来了若干问题："如何使各级防御部门对基层防御部门汇总后数据的真实性、逻辑性做到无缝对接，从而不影响防控效率？""如何使各个执行单位的基层数据上报系统拉通，从而避免重复工作量？""如何使城市（市、区县、街道社区）之间变成一盘棋进行管理？""如何使各个单位提供的平台互通复用？""如何想出一个全局通盘考虑的方案？"。

对此，零壹移动互联组织专业团队研发、上线零壹社区疫情防控系统，一方面，助力各级政府迅速管控疫情；另一方面，希望在疫情过后，能够帮助政府尽快建设、完善城市社区基层治理体系，让社区具有"免疫"能力。零壹社区针对实际的疫情防控工作变化，推出系列重磅疫情防控功能升级。其中所采取的措施有：小区物业全面停休、全员动员、24 小时坚守工作岗位。零壹智慧物业管理系统，用专业和

高效助力全国 400 + 城市、9000 + 物业合作伙伴守护与服务业主,助力物业赢在疫情防控基层主战场;同时采取了人行通道防控、车行通道防控、物业云平台防控等措施,"1 号社区" App 更是降低了物业工作的压力及风险,同时使业主更安全。

四 如何在风口中起飞?

(一) 机遇:依托大企开拓市场

当前,5G + IOT + AI 浪潮汹涌而来,将重构一切智能化场景、应用,打破系统之间的边界、行业之间的边界,实现多维度连接、多维度融合及多级智能。据 IDC(互联网数据中心)报告,2019 年国内智慧园区市场空间逾 2000 亿元人民币;保守预测,未来四年,年复合增长率为 12.7%,到 2022 年市场空间近 3000 亿元人民币;海外市场空间是国内市场空间的 7 倍。如今,无论是地产园区、政府园区,还是学校校园、化工园区等,都在积极拥抱新一代数字化转型升级,拥抱新一代智慧管理升级。这是时代的大趋势。

零壹移动互联携手合作伙伴共同打造"平安、智能、绿色"的云上智慧园区。利用数字孪生技术打造虚拟与现实融合的全息智慧空间,实现人与环境的感知、交互、思考和管控。为个人、企业及政府的环境智能化,提供多场景、多维度、安全、智慧的整体解决方案与服务,让人们居住和聚集的空间环境更加智能化。零壹移动互联和合作伙伴智慧社区联合解决方案采用"1 + 6 + N"的整体架构,建立以 1 个园区综合态势为中心,融合 6 项基本管理能力,拓展 N 个业务系统的解决方案。园区管理和服务从传统的单一、被动和低效的方式逐步转变为统一、主动和高效的智慧管理模式,快速建立园区"管理 + 服务"的智慧体系,从而实现从传统园区到智慧园区的转型。借助智能手机、App、无线网络、云计算、物联网、人工智能等当下的技术应用环境,结合华为视频云及 AI 前端能力,把社区设备与设备、设备与物业、设备和人及人和人之间全部连接起来,实现社区设备数字化、物业数字化、业主数字化。

而零壹移动互联的目标是要做出真正的智慧社区,给社区装上智慧大脑，通过这个大脑实现社区相关各部分数据共享、协调、联动、交互，让社区变得安全、便捷、智慧、舒适。"一个城市，除了马路，都是园区"，智慧园区市场空间巨大，产业风口已经到来。

（二）在危机中贯彻互利共赢理念

在企业方面，近几年，房地产项目市场严重萎缩，弱电总包的竞争也越来越激烈，利润压缩，垫资，用房子等抵押尾款，工程商老板苦不堪言，安防行业受到互联网产品冲击，产品厂家的游戏规则也在调整，开发商"集采"和"指定品牌"越来越多，地产客户对基于移动互联网的智慧社区需求强烈，整体层次难以提升，缺乏实现从"项目销售"向"项目运营"转型的载体。

在政府方面，公安管控系统是一整套解决方案。零壹移动互联通过系统获得的数据与政府直接对接，并为政府创造可观的价值，这也是众多城市政府选择零壹移动互联的原因所在。

与零壹移动互联合作，其整体解决方案能解决这些问题，让传统工程商往城市运营商转型，跻身于互联网、人工智能时代。零壹移动互联会给予整个平台、技术、商业模式等支持，并提供相关的一系列专业文件及人员指导，给予整个公司组织架构、人员、样板小区的建设的支持，给予地产投标方案、旧楼盘改造方案、跟政府对接的方案的支持。签约后在长沙全国城市合伙人培训中心组织培训，对整个模式、市场推广、技术等都会进行一系列专业培训；提供整套落地执行文件、视频、工具给合伙人学习；还会定期举办线上统一培训，公布公司最新技术产品以及培训技术技能。公司会定期举办城市合伙人研讨会，交流分享经验。传统的系统集成商通过项目投标拿到项目再集成各个品牌产品，打造整体解决方案，大部分利润来源于产品差价。

而"1号社区"是一个整体解决方案，硬件是自主研发，在智慧社区领域里具有唯一性，运用在整个产品生态链的植入。在门禁、停车场领域，均使用了人工智能，让用户体验保持领先地位。前期以硬件获取利润，零壹移动互联不仅免去门禁布线，所有产品在同类产品有一定的竞价空间，而且产品均连接云端，实现了数据间的互联互通。在已经建设的智慧社区，物业和地产公司都认同零壹智慧社区整体解决方案带来的价值，且绝大部分都是地产和物业公司主动购买的。

（三）未来规划

对于智慧社区的未来发展方向，零壹移动互联将物理世界与数字世界的边界模糊与融合，物理世界和数字世界会无限接近1:1。

零壹移动互联将智能安防、全域物联、智慧物业、社区全媒、生活服务、城市停车、公安管控平台多个平台打通。智慧社区的建设必定会进入共建、共生、共赢的模式。智慧社区面临智慧城市、AI＋安防、安全维稳、物联网四重风口叠加，价值巨大但是门槛极高，唯有开放合作，方可共赢。

五　课后讨论题

讨论问题1："1号社区"历经7个阶段，请运用SWOT模型分析外部环境发生了哪些变化。对应各阶段，"1号社区"是如何选择与调整业务的？

讨论问题2：如何联系商业生态系统理论理解智慧社区生态系统？

讨论问题3：运用4R危机管理理论，分析"1号社区"在疫情期间如何应对危机并且迅速进行管理。

六　附录

附录1　零壹城市合伙人已覆盖地区（截至2017年5月12日）

序号	省份（自治区）	地区
1	湖南省	株洲、湘潭、宁乡、岳阳、益阳、浏阳、邵阳、衡阳、娄底、郴州、永州、常德、吉首
2	湖北省	黄石、宜昌、襄阳、黄冈、荆门、十堰、随州、鄂州、恩施、仙桃、荆州、天门、潜江、孝感
3	江西省	赣州、九江、上饶、宜春、新余、抚州、萍乡、景德镇、吉安、丰城、樟树

续表

序号	省份（自治区）	地区
4	广东省	佛山、东莞、惠州、中山、江门、肇庆、揭阳、汕头、潮州、清远、韶关、梅州、河源、珠海、阳江
5	广西壮族自治区	桂林、玉林、防城港、钦州、贵港、柳州、梧州
6	福建省	泉州、长乐、漳州、三明
7	河北省	石家庄、保定、张家口、秦皇岛、衡水、沧州、廊坊、邯郸
8	山西省	运城、临汾
9	内蒙古自治区	通辽
10	江苏省	昆山、常熟、无锡、盐城、常州、太仓、张家港、连云港、扬州、苏州
11	山东省	邹城、临沂、聊城、威海、日照、菏泽、秦安、青岛、潍坊、淄博
12	安徽省	芜湖、铜陵、池州、安庆、滁州、马鞍山、阜阳
13	四川省	眉山、南充、达州
14	重庆	彭水
15	云南省	昆明、红河哈尼族彝族自治州、曲靖
16	贵州省	遵义、铜仁、黔南布依族苗族自治州、黔东南苗族侗族自治州
17	陕西省	西安、安康、延安
18	甘肃省	兰州
19	海南省	海口
20	宁夏回族自治区	银川
21	吉林省	四平
22	浙江省	富阳、海盐、诸暨、台州、瑞安、衢州、乐清、丽水、东阳、温州、绍兴、平湖、建德、淳安、临安
23	青海省	西宁
24	黑龙江	牡丹江

附录 2 商标信息

序号	申请日期	商标名称	注册号	国际分类	商标状态
1	2017 - 09 - 18	叮邻	26472457	35 - 广告销售	商标已注册
2	2015 - 04 - 21	OEASY	16761241A	09 - 科学仪器	商标已注册
3	2015 - 01 - 21	零壹	16761273A	09 - 科学仪器	商标已注册
4	2015 - 04 - 21	零壹 OEASY	16761273	09 - 科学仪器	商标无效

续表

序号	申请日期	商标名称	注册号	国际分类	商标状态
5	2015 - 04 - 21	OEASY	1676241	09 - 科学仪器	商标无效
6	2014 - 11 - 26	1 号社区	15792975	39 - 运输贮藏	商标已注册
7	2014 - 11 - 26	1 号社区	15793037	31 - 饲料种籽	商标已注册

附录 3 软件著作权

序号	登记批准日期	软件全称	软件简称	登记号	分类号	版本号
1	2020 - 06 - 05	园区运营中心综合服务平台	园区运营中心综合服务	2020SR 0574662	—	V1.0
2	2020 - 06 - 05	零壹智慧社区管控系统软件	零壹智慧社区管控系统	2020SR 0574596	—	V1.0
3	2020 - 06 - 05	城市智慧停车管理平台	城市智慧停车管理	2020SR 0575373	—	V1.0
4	2020 - 06 - 05	零壹集团物业管理系统软件	物业管理系统	2020SR 0578582	—	V1.0
5	2020 - 06 - 05	零壹智能感知数据汇聚系统软件	零壹数据汇聚系统	2020SR 0579126	—	V1.0
6	2020 - 01 - 14	零壹高空抛物智能检测引擎系统软件	零壹高空抛物智能检测引擎	2020SR 0067426	30200 - 0000	V1.0.0
7	2019 - 08 - 12	1 号家长 Android 平台	1 号家长	2019SR 0837450	10100 - 0000	V1.0.0
8	2019 - 08 - 12	零壹智慧网络三维 GIS 平台	—	2019SR 0837434	10100 - 0000	V1.0.0
9	2019 - 08 - 12	1 号校园 Android 平台	1 号校园	2019SR 0837534	10100 - 0000	V1.0.0
10	2019 - 08 - 01	零壹 AIOT 智慧物联开放平台	—	2019SR 0797802	30200 - 0000	V.1.2.0
11	2019 - 07 - 31	零壹园区 IOC 平台	—	2019SR 0796013	10100 - 0000	V1.0.0
12	2019 - 07 - 12	零壹大数据数据推送中心服务平台	零壹数据推送中心	2019SR 0722802	10100 - 0000	V2.0
13	2019 - 07 - 12	零壹大数据车牌识别服务平台	零壹车牌识别	2019SR 0722953	10100 - 0000	V1.1

序号	登记批准日期	软件全称	软件简称	登记号	分类号	版本号
14	2019 – 07 – 12	零壹车场机器人小壹 App 软件	小壹	2019SR 0719540	10100 – 0000	V2.0.0
15	2019 – 07 – 12	零壹大数据人脸特征录入服务平台	零壹人脸录入	2019SR 0722958	10100 – 0000	V1.2
16	2019 – 07 – 11	零壹大数据以图搜图平台	零壹以图搜图平台	2019SR 0715556	10100 – 0000	V2.2
17	2019 – 07 – 11	零壹大数据人脸识别平台	零壹人脸识别平台	2019SR 0717503	10100 – 0000	V2.0
18	2019 – 07 – 11	人体人脸视频结构化软件	人体人脸视频结构化	2019SR 0715564	10100 – 0000	V.1.0.0
19	2019 – 07 – 11	行人重识别服务软件	行人重识别	2019SR 0715571	10100 – 0000	V.1.0.0
20	2019 – 07 – 11	零壹大数据公安管控平台	零壹公安管控平台	2019SR 0715120	10100 – 0000	V2.0
21	2019 – 07 – 11	AI 全域可视物联网平台	—	2019SR 0715232	10100 – 0000	V1.0.0
22	2018 – 08 – 23	零壹移动互联云访客门禁系统	零壹云访客门禁系统软件	2018SR 675490	30200 – 0000	V1.0
23	2018 – 04 – 17	1 号智商 Android 平台	—	2018SR 259163	30900 – 0000	V1.0.0
24	2018 – 04 – 16	1 号智商 iOS 平台	—	2018SR 253195	30200 – 0000	V1.0.0
25	2017 – 06 – 17	零壹移动互联机器人停车场管理 App 软件	机器人车场管理 App	2017SR 278699	30000 – 0000	V1.0
26	2017 – 06 – 16	零壹移动互联物业 + 管理 App	物业 + 管理 App	2017SR 275796	10100 – 0000	V1.0
27	2016 – 09 – 22	零壹移动互联车场机器人大数据分析系统	车场机器人大数据分析系统	2016SR 270508	30200 – 0000	V1.0
28	2016 – 09 – 22	零壹移动互联电梯控制系统软件	电梯控制系统	2016SR 270518	30200 – 0000	V1.0
29	2016 – 09 – 22	零壹移动互联车场机器人智能控制系统	车场机器人智能控制系统	2016SR 270514	30200 – 0000	V1.0

序号	登记批准日期	软件全称	软件简称	登记号	分类号	版本号
30	2016 - 09 - 22	零壹车辆 App 锁车、解锁系统软件	App 锁车、解锁系统	2016SR 270561	30200 - 0000	V1.0
31	2015 - 12 - 05	零壹综合运营管理平台系统软件	零壹综合运营管理平台	2015SR 245180	30200 - 0000	V1.0
32	2015 - 12 - 05	零壹智能物业综合管理系统软件	零壹物业管理软件	2015SR 245164	30200 - 0000	V1.0
33	2015 - 12 - 05	零壹移动互联语音呼叫网关及计费系统	语音呼叫网关及计费系统	2015SR 245105	10100 - 0000	V1.0
34	2015 - 12 - 05	零壹移动互联大数据分析平台	零壹大数据分析平台	2015SR 245066	30200 - 0000	V1.0
35	2015 - 12 - 05	零壹移动互联小区开门红应用软件	零壹开门红	2015SR 245046	30200 - 0000	V1.0
36	2015 - 12 - 05	零壹1号社区电子商务管理平台系统软件	零壹1号社区电子商务管理平台	2015SR 245595	30200 - 0000	V1.0
37	2015 - 08 - 31	零壹移动互联小区可视对讲应用软件	零壹可视对讲	2015SR 169298	30900 - 0000	V1.0
38	2015 - 05 - 13	零壹移动互联基于社区生活的云计算平台软件	零壹云计算平台	2015SR 080404	30200 - 0000	V1.0
39	2015 - 04 - 28	零壹移动互联车生活服务软件	车生活服务软件	2015SR 070271	30200 - 0000	V1.0
40	2015 - 03 - 23	零壹移动互联智能停车场管理系统软件	零壹停车场管理软件	2015SR 050728	30200 - 0000	V1.0
41	2015 - 01 - 29	零壹移动互联针对社区生活服务的1号社区平台软件	1号社区	2015SR 017246	30200 - 0000	V1.0

附录4　零壹公司信息（截至2020年6月25日）

序号	申请公布日	专利名称	申请号	申请公布号	专利类型
1	2020 - 06 - 12	一种利用摄像头进行警情编号与执法记录的关联方法	2020100 968022	CN111277778A	发明专利
2	2020 - 04 - 17	门岗管理机器人	CN201930 375793.9	CN305716421S	外观专利
3	2019 - 09 - 24	一种基于计算机视觉与无线电信号分析的高空抛物检测方法	CN201910 377544.2	CN110275042A	发明专利
4	2019 - 09 - 03	停车管理机器人机箱	CN201830 370013.7	CN305332736S	外观专利
5	2019 - 06 - 07	停车管理机器人机箱	CN201830 372636.8	CN305203050S	外观专利
6	2018 - 11 - 06	一种实现智能家居设备启动顺序无关的方法	CN201810 469310.6	CN108768801A	发明专利
7	2018 - 10 - 12	摄像机画面增强现实标签的计算方法、装置及电子设备	201810 4743177	CN108650465B	发明专利
8	2018 - 10 - 12	摄像机画面增强现实标签的计算方法、装置及电子设备	CN2018 10474317.7	CN108650465A	发明专利
9	2018 - 09 - 25	一种基于双音多频的编码和声纹编码通信的方法	CN2017 10132985.7	CN108574538A	发明专利
10	2017 - 12 - 01	广告电动门	CN20173 0221440.4	CN304381613S	外观专利
11	2017 - 06 - 06	车场机器人	CN201630 612822.5	CN304158818S	外观专利
12	2017 - 05 - 24	一种基于安卓系统停车场机器人的自动控制系统	CN20162 0883802.6	CN206193448U	实用新型
13	2017 - 03 - 15	云对讲机篇	CN20163 0414395.X	CN304073062S	外观专利
14	2017 - 02 - 15	云停车场机篇	CN20163 0414352.1	CN304042187S	外观专利
15	2015 - 02 - 15	一种车场机器人呼叫系统	CN20162 0881742.4	CN205961302U	实用新型

续表

序号	申请公布日	专利名称	申请号	申请公布号	专利类型
16	2015 - 12 - 16	一种停车场蓝牙 Wi-Fi 读头及手机 App 辅助车牌识别系统	CN20152 0628030.7	CN204884183U	实用新型
17	2015 - 12 - 09	一种基于 Android 系统的 Wi-Fi 门禁系统	CN20152 0628044.9	CN204856677U	实用新型
18	2015 - 09 - 02	智能停车场一体机	CN20153 0095694.7	CN303356771S	外观专利
19	2015 - 08 - 05	一种基于语音控制的门禁系统	CN20152 0123591.1	CN204537265U	实用新型

资料来源：天眼查。

注释

[1] 靳永翥，莫桂芳，赵远跃．"智慧信任"：数字革命背景下构建基层社会共同体的新动力——基于贵阳市沙南社区的个案分析 [J]．中州学刊，2020（1）：70 - 78.

[2] 丁菡．"智治"推进城市应急体系建设 [J]．浙江经济，2020（3）：39 - 42.

[3] 陈荣，毛川江．四川快益点电器服务连锁有限公司（A）——打造 3C 产品第三方服务专业品牌．清华经管学院中国工商管理案例中心，2014 - 6 - 30.

[4] 陈荣，毛川江．四川快益点电器服务连锁有限公司（B）——探索社区服务模式教学笔记．清华经管学院中国工商管理案例中心，2014 - 10 - 30.

[5] 陈荣，毛川江．四川快益点电器服务连锁有限公司（A）——探索社区服务模式．清华经管学院中国工商管理案例中心，2014 - 6 - 30.

[6] 李德仁，邵振峰，于文博，等．基于时空位置大数据的公共疫情防控服务让城市更智慧 [J]．武汉大学学报（信息科学版），2020，45（4）：475 - 487，556.

[7] 郭献来．数字社区集成应用与管理 [J]．中国公共安全，2012（24）：242 - 243.

[8] 陈立．新技术加持下智慧社区发展策略与前景 [J]．中国安防，2020（1）：62 - 65.

[9] 张育雄，陈才，崔颖．疫情大考下，如何交出数字化城市治理"答卷" [J]．互联网天地，2020（2）：38 - 42.

[10] 朱佳星. 国内外智慧社区发展现状及未来趋势研究 [D]. 淮南：安徽理工大学，2019.

[11] 马博轩. 智慧社区建设：杭州滨江区实证研究 [D]. 杭州：杭州师范大学，2019.

【教学说明】

一 案例概要

我国的社区发展一直沿着数字化、智能化、智慧化的道路不断前行，但是由于智慧社区本身代表了一种较现代的生活方式，受建设成本和消费水平影响较大，因此，智慧社区的发展还很不平衡，目前我国智慧社区普及率还比较低，只占了40%。

零壹移动互联成立于2014年9月，总部位于深圳，在上海、福州、长沙有三家分公司，主要提供智慧社区相关服务。旗下产品"1号社区"是将人工智能与智慧社区深度融合的平台，由社区物联网平台、智慧物业平台、智慧城市垂直行业平台和生活服务平台四个板块组成。截至2019年，已经与300多座城市的2000余所小区达成合作，通过同一App、同一品牌硬件、同一后台管理，为社区居民及物业提供智慧社区服务。

"1号社区"将AI与智慧社区结合，软硬件齐全，为客户带来智慧社区的体验。"1号社区"整合各种资源，努力做到广度与深度共存。零壹移动互联打造的全生态新型智慧社区整体解决方案，其顶层设计基于物联网、云计算、大数据三大核心技术，是国内唯一能把智能安防物联网硬件平台、智慧物业管理平台、智慧社区全媒体广告平台、智慧社区生活服务平台和城市停车平台、公安管控平台等多个跨界平台深度融合应用的综合系统。

本案例主要分析零壹移动互联在各个发展阶段中是如何根据外部环境变化做出决策、调整业务的，以及在新冠肺炎疫情期间做出了哪些应对措施。

二 在课程中的定位

本案例是教学性的综合案例，可用于90分钟的课堂讨论，适用于全日制工商管理类、电子商务类本科生、研究生的"电子商务概论""商业模式创新与创业"课程。

本案例主要介绍以零壹移动互联为代表的电子商务企业，随着电子商务不同的发展阶段，企业根据外部宏观环境与市场变化，调整企业定位、核心资源与核心业务过程，分析以供应链的能力促进商业模式创新的过程。

三　相关阅读资料

(1) 靳永翥、莫桂芳、赵远跃，《"智慧信任"：数字革命背景下构建基层社会共同体的新动力——基于贵阳市沙南社区的个案分析》，《中州学刊》，2020 年。

(2) 马博轩，《智慧社区建设：杭州滨江区实证研究》，杭州师范大学硕士学位论文，2019 年。

(3) 李德仁、邵振峰、于文博、朱欣焰、周素红，《基于时空位置大数据的公共疫情防控服务让城市更智慧》，《武汉大学学报（信息科学版)》，2020 年。

四　教学计划

本案例适用于 90 分钟的课堂，教学计划见表 5-1。

表 5-1　教学计划

讨论问题	时间/分钟
案例内容概述、案例讨论热身等	10
讨论问题 1	20
讨论问题 2	20
讨论问题 3	25
分析框架或教授总结	15

五　讨论问题分析

讨论问题 1："1 号社区"历经 7 个阶段，请运用 SWOT 模型分析

外部环境发生了哪些变化。对应各阶段，"1 号社区"是如何选择与调整业务的？

SWOT 分析模型如图 5-1 所示。

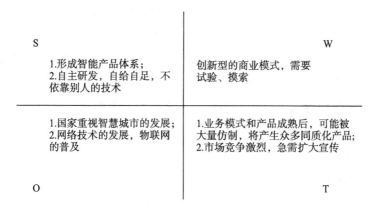

图 5-1 SWOT 分析模型

2014 年，零壹移动互联成立之初，高科技产品使用权价格较低，例如人脸识别的 API 接口仅需两万元每年。零壹移动互联购买其他企业的高科技产品的使用权并应用在与自身合作的高档小区，以此方式来使自身发展壮大，并在此之后开始致力于研发工作。

2015 年，城市管理者要面对海量的人口、模糊的个体身份画像以及治安防控难度系数高等一系列问题，这就是零壹移动互联在各地推进城市智感安防区建设的机遇。零壹移动互联推出"T 字战略"，目的是给用户创造更舒适、更安全、更稳定、更智能的智慧生活环境。

2016 年，物业行业正在经历一场洗牌，大物业公司吞并小物业公司，在城市里争夺更大的管理面积和更高的市场地位。规模化管理、治理有效性提高、人力成本降低和社区品牌增值是物业方的需求。

2017 年，零壹移动互联形成完整的智能产品体系。零壹移动互联在竞争中求生存，着重研究产品，在发展壮大之后，便开始大力进行研发工作，包含零壹停车管理机器人、零壹智慧物业管理平台、零壹公安综合管控平台、智能家居平台、零壹智慧生活服务平台、零壹大数据平台。

2018 年，我国十分重视智慧城市的发展，我国"十三五"规划纲要中明确提出了要"建设一批新型示范性智慧城市"的目标。同时相关部门也做出表示：在"十三五"时期，将有针对性地组织 100 个城市开展新型智慧城市试点，同时开展智慧城市建设效果评价工作。随着我国网络技术的发展、物联网的普及，人工智能在 2018 年的大爆发，且受政策影响较大，物业行业进行整合优化，服务全面升级。

截至 2019 年 3 月，我国 95% 的副省级城市、83% 的地级城市，总计超过 500 个城市，均在政府工作报告或"十三五"规划中明确提出要建设或正在建设智慧城市。有了政府机构强有力的支持，智慧社区的普及化过程得到了极大的加速。零壹移动互联提高了政府项目承接能力，加强了与大中型物业、地产公司的全方面深度合作。

2020 年，新冠肺炎疫情的暴发导致全国投入疫情严防严控的紧张工作中。各大城市几乎一夜之间实施社区小区全封闭管理，社区小区成为疫情防控的基层主战场。如何做到"无接触服务""高效率识别""高危预警排查""社区疫情动态"是留给小区物业、社区街道等基层工作人员的巨大挑战。对此，零壹移动互联组织专业团队研发上线零壹社区疫情防控系统，一方面，助力各级政府迅速管控疫情；另一方面，帮助政府在疫情过后尽快建设完善城市社区基层治理体系，让社区具有"免疫"能力。针对实际的疫情防控工作变化，推出系列重磅疫情防控功能。

讨论问题 2：如何联系商业生态系统理论理解智慧社区生态系统？

生态系统，即客户创造价值的经济社区。在商业生态系统中，公司通过合作和竞争，共同发展与创新相关的能力，以支持新产品，满足客户需求，并吸收未来的新思想、新技术。

商业生态系统是一种经济社区，包括供应商、主要生产商、竞争对手和其他利益相关者在内的相互作用的组织和个人创造价值，由公司相关产品或服务的制造商、技术提供商和其他组织组成，它们与公司产品或服务的生产和交付相互影响。每个参与商业生态系统的组织和个人都有着共同的命运，因此商业生态系统的健康是非常重要的。

智慧社区生态系统（见图 5 - 2），软硬件深度融合，向下打通智慧家庭，向上对接智慧城市；合法沉淀海量数据；不断强化大数据能力和人工智能技术，为政府、企业提供精准的数据增值服务，为用户创造更加智慧的生活方式。

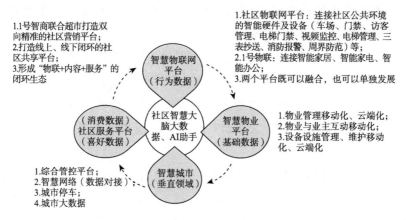

1.1号智商联合超市打造双
向精准的社区营销平台；
2.打造线上、线下闭环的社
区共享平台；
3.形成"物联+内容+服务"的
闭环生态

1.社区物联网平台：连接社区公共环境
的智能硬件及设备（车场、门禁、访客
管理、电梯门禁、视频监控、电梯管理、三
表抄送、消防报警、周界防范）等；
2.1号物联：连接智能家居、智能家电、智
能办公；
3.两个平台既可以融合，也可以单独发展

智慧物联网
平台
（行为数据）

（消费数据）
社区服务平台
（喜好数据）

社区智慧大
脑大数
据、AI助手

智慧物业
平台
（基础数据）

1.物业管理移动化、云端化；
2.物业与业主互动移动化；
3.设备设施管理、维护移动
化、云端化

1.综合管控平台；
2.智慧网络（数据对接）；
3.城市停车；
4.城市大数据

智慧城市
（垂直领域）

图 5 - 2　智慧社区生态系统示意图

零壹智慧社区整体是由社区物联网平台、智慧物业平台、智慧城市垂直行业平台和生活服务平台四个板块组成。智慧社区做的是整体的解决方案，通过将社区业主、物业和周边商家联系起来，形成社区生态链，打造社区生活的闭环。智能硬件产品是由公司自主研发的，拥有自主的知识产权，把社区三方（业主、物业、商家）联系起来，打破以往的"信息孤岛"，真正实现万物互联。智慧社区生态系统通过统一 App、品牌硬件、后台管理，赋予小区 AI 大脑，为社区居民及物业提供全新的智慧社区体验，提供智慧城市和智慧社区的新生活。

讨论问题 3：运用 4R 危机管理理论，分析"1 号社区"在疫情期间如何应对危机并且迅速进行管理。

危机管理 4R 模式，由缩减力（reduction）、预备力（readiness）、反应力（response）、恢复力（recovery）四个阶段组成。

reduction（缩减力）：新冠肺炎疫情的特点为潜伏期长，传染性强，伤害性大，并且大规模暴发。面对此次疫情，传统的疫情防控体系缺乏高科技应用以及精细化管理。因此，并不能对此次疫情进行一个较好的管理，所以需要建立集成公安、人社、城建、卫健、工信等部门，以及信息服务商、互联网服务商联动的一个多系统集成的系统。

readiness（预备力）：针对疫情，零壹移动互联组织专业团队，火速上线零壹社区疫情防控系统，主要以数据治理为基础，以城市大脑为主要依托，有序推进城市规划建设管理、生产生活生态、经济社会文化各方面向数字化、网络化、智能化迈进，对疫情进行一个有效的控制与管理。

response（反应力）："1号社区"部署人脸识别卡口、门禁、非接触式人体测温、智能门锁等智能设施，阻断可能传染源，实现非接触、安全、高效的社区管理，打造抗疫"安全岛"。提供无接触式发放物资、通行通道防控、物业云平台防控、物业通知推送等功能，实时监测跟踪人员信息。

recovery（恢复力）："1号社区"针对实际的疫情防控工作变化，推出系列重磅疫情防控功能升级。其中，借助"物联网＋互联网＋物业服务"的创新"1号社区"服务模式，应对当前的重大疫情状况，实现流动人员排查、本地居民排查或者回访、特定人群通知等服务功能，并推行智慧车行、无感出入、在线缴费、云监控、在线采购等创新服务。通过搭建"1号社区"便民利民服务平台，实现线上、线下一体化，获取居民的实时需求，更好地服务民生，提升城市基层治理能力。

随着我国智慧城市建设覆盖了各个领域，以智慧政府、智慧社会和数字经济为重点，我国在社区信息基础设施方面的投入和升级改造力度不断加大；各社区信息化服务水平和社区居民信息化素质明显提升，这些投入和积累，在打破疫情信息封锁、促进国家决策形成、改善督促地方作风等方面发挥了关键作用；为非常时期的资源调配、医疗救护和生活保障提供了有力支撑。防控新冠肺炎疫情的战役，是对我国智慧社区建设的一次考验。

"1号社区"提供各种运营模式、系统和产品，促进社区的发展和可持续性，为其居民赖以生存的生态大环境带来利益。应对疫情，以社区居民为服务核心，为居民提供安全、高效、便捷的智慧化服务，全力满足疫情期间居民在家自我隔离的生存和发展需要。不少社区借助"物联网＋互联网＋物业服务"的创新"1号社区"服务模式应对疫情状况，基于新一代信息科技的智慧社区，不仅摆脱了传统管理的"人海战术"，也在一定程度上提升了居民的生活质量，降低了疫情这个特殊时期物业工作的压力及风险，使业主的安全得到更好的保障。

"1号社区"从智慧社区市场中脱颖而出，占据市场领先位置，在疫情中的优秀表现，更是对市场环境造成冲击，进一步促进市场转型，同时也推动着智慧社区市场向前发展，顺应智慧城市建设的需求。"1号社区"主要把小区里面的设备与设备、设备与物业、设备与人以及人与人之间全部连接起来，从而把旗下小区设备数字化、物业数字化、业主数字化。在此基础上，通过人工智能的技术使小区变得更智能。

改变生活方式的智慧社区建设必然是富有挑战的，打造新的社区管理与服务新模式也需要新的思维方式。如何推动智慧社区真正落地，让智能化的生活走进千家万户，是一个巨大而复杂的工程。对"1号社区"而言，唯一要长期坚持的，就是不断地推动技术的发展，早日为每个小区装上"大脑"，为市场环境蓬勃发展提供助力。

| 第六章 |

微尚·我家：社区居家养老

——智慧养老生态圈探索之路[*]

一　引言

董势，福建微尚信息科技有限公司（以下简称"微尚科技"）总经理，工作之余，他便会同往常一样看看手机屏幕上跳跃的数字、曲线，这是微尚·我家自主研发的智慧养老信息管理系统，数字联结着每一位微尚老人，跳跃的数字、曲线下是一张张鲜活的面孔。

董势于2013年加入微尚科技，投身养老产业，这源于他对中国老龄社会这股洪流到来的深刻认识。老龄社会覆盖了社会民生经济全产业链，老龄社会经济的可持续发展成为一个重要的命题，亟待解决。随着信息科技的发展，"互联网＋"赋能老龄群体，让更多老年人享受到新型养老方式带来的便利。在巨大的养老需求面前，我国经过发展初期，现已逐步进入边备边老、边富边老的阶段，但不可否认的是，我们的养老体系尚未完善，养老资源也亟待整合。老龄社会与信息化共振，网络基础设施的覆盖，为养老产业插上双翼，使得医养结合、智慧养老等领域得到了蓬勃的发展，房地产企业、保险企业纷纷进驻。

回首来时路，董势时常被以下问题困扰：我国智慧居家养老的外部条件是否具备？微尚科技提出的社区居家养老模式，如何实现居家与"智慧"并行？如何实现项目的落地，为老年人提供更好的服务？

---

　　* 本案例部分数据来自企业调研与网络公开数据。

二　发展的外部条件

董势当初投身养老产业，首先源于他对养老产业发展趋势的预判。中国老龄化形势日益严峻，相应地，对养老产业的需求也日益增加。董势认识到，按照国际上惯例（60 岁以上的人口占总人口比例达到10%，或 65 岁以上人口占总人口的比例达到 7% 表示国家和地区进入老龄化），我国早在 1999 年就已进入老龄化社会，且据全国老龄办预计，到 2025 年，我国 60 岁及以上老年人口数将达到 3 亿，占总人口的20%；而到 2050 年前后将达到 4.87 亿，约占总人口的 1/3，这将是一个超级老龄化社会。目前对老龄化社会广泛存在的误区是简单地把老龄问题当作养老问题，简化成建设养老院的问题或是简单当成健康卫生问题，而且养老机构的数量也远比我们想象得要多，但是床位使用率却不到 50%，体量占比最大的社区养老机构入住率最低的只有 24.6%。养老服务业潜在市场规模很大，但是现实的市场规模有限或者出现供需失衡的状态。所以养老资源并未得到有效配置，养老需求大，缺口依旧存在，从未来产业规模的角度看，预计到 2023 年，中国养老产业市场可达到10.1 万亿元，养老市场发展潜力巨大（见附录 1）。

其次是国家对养老产业的政策倾斜，董势认真研读国家关于养老产业的政策、法律法规以及各地的领先经验，将资料逐步完善并放至微尚科技的官网。自 2013 年起，国务院就发布了多项关于加快发展养老服务业的意见，地方政府也配合出台相应政策助推当地养老产业的发展，在 2015 年我国开始指出要推动智慧健康养老产业的发展（见附录 2）。此时的市场也开始向各类资本全面开放，积极支持老龄事业的发展和养老体系的构建。在多项政策利好、社会资本投资养老服务机构的情况下，各类市场化主体纷纷进入，给予养老机构投资红利。

最后，互联网的迅猛发展为养老产业插上了翱翔的翅膀，老龄化与信息化同频共振，为老龄产业的发展提供可行性。现代科技如互联网、物联网、云计算、人工智能等的发展都为应对老龄化提供了新的办法和路径，使得远程会诊和居家养老服务成为可能。大量信息平台与物理平台的结合，将人的网络空间和物理空间融合在一起。我国自

2010 年起伴随着互联网技术的发展开始将智能化应用于助老、养老领域，近几年伴随着国家政策引导和网络技术的飞速发展，有诸多机构和企业试图把居家、社区和机构助老养老通过网络智能进行融合，在科学技术的支撑下，智能助老养老也在逐步完善。微尚科技正是在这个风口成立的科技公司，其借力互联网自主研发养老平台及多项产品。

三 微尚·我家的发展历程

（一）初探，摸着石头过河

微尚科技创立于 2010 年，是恒锋信息股份有限公司的控股子公司，2013 年开始聚焦智慧养老事业。和当时的多数养老企业一样，微尚科技早期也处于亏损状态，虽然在 2014 年微尚科技的"智慧居家养老"项目被列入工信部"福建（福州）国家数字家庭应用示范"项目，但这并不能有效改善微尚科技收支失衡的状况。

时值 2016 年，智慧养老在养老领域崛地而起，发展势头强劲。作为科技公司的子公司，微尚科技依托母公司雄厚的科技研发实力，在 2013 年聚焦养老产业以来便自主开发了智慧养老信息管理系统、养老机构信息管理系统、居家养老服务平台、居家安全照护系统等系列软硬件系统（平台）及产品。董势意识到公司的这些优质产品应该用起来，真正让老人受益，但是要用什么方式走出去才能实现公司的持续经营呢？

发达国家相较我国先进入老龄化，借鉴其在老龄化进程中的举措将具有一定的前瞻性。目前多数发达国家仍然重视、积极鼓励和全力支持居家养老，超过 90% 的老人以居家养老为主。董势结合 2016 年民政部关于"第十三个五年规划"中的"全面建成以居家为基础、社区为依托、机构为补充、医养相结合的多层次养老服务体系，全面开放的养老服务市场"，前瞻性地将微尚科技的养老模式运用在社区居家养老领域中。

机会总是给予有准备的人，在响应国家养老政策的背景下，福建省积极探索学习国内领先的地方养老经验，"政府买单、企业运营"的养老模式以其对资源的有效整合脱颖而出，这与董势一直致力探索适合微尚科技的可盈利运营模式不谋而合。于是他借助养老政策的红利期积极参与政府竞标，大胆尝试一条能够平衡商业生存和公益服务的道路，终以政府公建民营的站点为切入点开启"微尚·我家"的构建。"微尚·我家"的定位是"智慧养老服务提供商"，初心是致力线上线下社区居家养老服务的提供和养老基础设施的运营，实行100%员工自管理，自建专业化服务队伍。

（二）成型，自建品牌行更远

"微尚·我家"是董势致力打造的养老服务品牌，其基于微尚科技自主研发的智慧养老系统，不仅融合了移动互联网、物联网技术、云计算等科技手段，以信息化、智能化呼叫救助服务平台为支撑，以社区为依托，以老年智能照护终端（穿戴式健康监测设备、智能健康检测设备、居家安全照护设备等）为媒介，还通过云平台、终端应用主体进行数据分析、个体跟踪干预、远程健康监测、文化宣教等服务，力图构建一个集老人居家生活、健康监测、亲情关爱、休闲娱乐等于一体的社区居家养老综合服务平台，打造全新的健康养老生活模式。

"微尚·我家"整合了线上、线下资源，依托线上信息化养老服务平台和线下社区居家养老照料中心，完成社会公益和服务资源的整合。在董势的参与下，不仅合理根据老人的需求设计研发更多的软硬件设备，包括养老综合服务、康复护理服务、家政服务、健康管理服务、医疗器械服务等，还开创性地建立了"设备＋平台＋服务＋电子商务"四位一体的养老新模式及"社区居家养老服务平台＋社区养老日间照料中心＋社区养老服务站＋专业化助老服务队"的四级社区居家养老服务体系（见附录3），实现让老人在最熟悉的居家环境安全、舒适地养老，让子女借助科技尽孝，为政府分忧。

1. 线上平台崭露头角

（1）政策决策辅助：政府智慧养老信息管理系统。

微尚科技设计研发的"政府智慧养老信息管理系统"主要面向省、市、县各级民政部门，旨在通过对民政部门业务管理的梳理，集中收集养老基础数据，实现统计科学决策。

（2）养老服务精准化：智慧养老信息平台。

"微尚·我家"的智慧养老信息平台，详细记录了每个服务老年人的基本信息、身体状况、子女情况、服务历史等资料。在收集基本信息及提供信息服务过程中，微尚科技注重老年人需求的挖掘，根据老年人的类别以及个性化的服务需求，提供定制居家养老服务。

（3）安全的守护者：居家安全照护设施。

现今社会，子女多在外工作养家，年迈的父母则独居家中，这也使得近些年，老年人在家频发意外事故。"微尚·我家"针对这一现状，自主研发一整套居家安全照护设施（见附录4），保障老年人在家中的安全，同时也让出门在外的子女可实时监测家中情况。

（4）快速应急服务响应：智慧居家养老呼叫中心。

"微尚·我家"设立智慧居家养老呼叫中心（见附录5），开通助老服务热线，配备应急呼叫座席，实现7×24小时全年无休应急呼叫轮值机制，并通过智能手机或手环等智能终端设备，实现定位服务。一旦老年人发生突发情况，一键呼叫，呼叫中心将会在第一时间作出响应，从平台数据库快速获取老年人及监护人详细信息，协助拨打110、120或119。

（5）健康管理专家：云健康监测管理系统。

"微尚·我家"的云健康监测管理系统（见附录6）是整合医疗机构、医生等各方面资源构建的一个远程健康监测、咨询、信息共享和管理平台，实现远程健康监测、健康评估、健康干预、健康服务、互动咨询等多项功能，将医疗机构、社区和家用便携式医疗检测设备检测的个人健康信息同步至云平台，通过智能分析，为用户提供专业的家庭医生咨询、健康状况分析、营养膳食分析等多维度健康管理内容。经过用户授权同意后，该系统产生的健康数据不仅可供合作的医疗机构查阅以得到更精准、高效的健康服务，帮助专业医疗机构实现业务的拓展和延伸，还有利于老年人实现自我的健康管理，并可供其家属查看。

2. 线下服务初试锋芒

（1）社区养老日间照料中心。

"微尚·我家"社区养老日间照料中心是"微尚·我家"居家养老的有效补充，让老年人走出家门，能够在最近的地方重新找到生活的乐趣，同时也为半失能老人提供专业的理疗照护。日间照料中心功能：在日间照料中心里，老年人可通过与同龄人的交流扩大自己的社交圈，更可在中心各式各样的活动室里挖掘自己的兴趣、爱好，同时日间照料中心还提供助餐、助浴、健康理疗等服务。

（2）上门服务内容。

服务人员上门服务内容：老年人的需求更为特殊，因此由专业的服务人员上门服务既能够帮助老年人解决烦忧，又可帮助子女减轻照护父母的压力。

（3）社区养老服务站。

社区养老服务站（见附录7）可满足老年人基本生活及娱乐需求，是居家养老的有效延伸。

3. 线上线下比翼双飞

（1）线上线下共建智慧养老服务的"四级社区"。

"微尚·我家"依托智慧养老服务信息化平台，不断深耕线下交互场景，构建"技术＋服务"一体化的智慧养老生态圈，打造区县四级社区居家养老服务全覆盖服务体系，即"社区居家养老服务平台（呼叫指挥中心）＋社区养老日间照料中心＋社区养老服务站（幸福院）＋专业化助老服务队"，为落地区域老年人提供基本信息服务、居家照护、精神慰藉、主动关爱、紧急救援、居家安全监护、居家健康管理、文化娱乐、公益志愿等线上线下融合的多层次、多元化社区居家养老专业化服务。这不仅让老年人享受到了便捷、高效的养老服务，打通了养老服务"最后一公里"，更极大满足了老年人的精神需求，让他们远离"出门一把锁，进门一盏灯"的精神孤岛。

（2）线上线下合力打造有温度的养老服务。

"微尚·我家"结合线上的智慧养老信息平台，根据老年人的类别以及个性化的服务需求，在线下实现有温度的居家养老服务。以计划生育特殊家庭为例，由于失独老人生活背景特殊，他们在实体援助服务基础上，更需要的是心灵慰藉和心理疏导。同时，微尚科技还特别定制了"和您在一起"的服务套餐，包括定期的茶话会、年夜饭等。

（3）线上线下协同保障居家老人救援服务。

"微尚·我家"线上的智慧居家养老呼叫中心，实行全年无休应急机制，外加智能穿戴设备实现有效定位，一旦老年人一键呼叫，微尚科技的呼叫中心将第一时间作出响应，从平台数据库快速获取老年人及监护人详细信息，协助拨打110、120、119，同时片区内网格化的"养老顾问"将在20分钟内上门协助救援，实现了线上智慧居家养老呼叫中心与线下网格养老顾问协同保障居家老年人SOS救援服务。截至目前，微尚科技服务团队共为百余名老年人的健康安全保驾护航，得到了老年人及其家属的高度肯定。

（三）落地，赞誉之声频传

在确认了公司的定位和发展方向后，董势便积极参与福建省内地方养老项目的竞标。公司于2016年12月成功中标漳州市华安县社区居家养老服务项目，即华安县微尚社区居家养老服务中心，2017年7月正式对外开放，并与当地多个部门合作让老年人在家就能享受到各种专业化服务，2019年5月12日还被漳州市民政局授予了"四星级居家社区养老服务照料中心"的金色牌匾。中心构建四级居家养老服务体系，为辖区6861名高龄老年人提供助老服务。自成立以来，中心共开展电话关怀22.9万人次，上门开展助洁、助餐等助老服务超5.5万人次；组织各类主题活动356场，服务人数达5.6万余人次，获荣誉证书5本，媒体报道56次；接待省内外行政机关和企事业单位参观调研190余次。2019—2020年，中心连续两年在全市居家养老服务质量评估中获全市第一名。2021年1月，中心获全国"敬老文明号"。

2017年2—7月期间，又陆续中标宁德市蕉城区、福鼎市、古田县、霞浦县、柘荣县以及东侨经济开发区居家养老服务项目，为这些地区的养老设施进行专业化的养老智能设计和施工。

2018年1月，正值福建省福州市仓山区政府通过政府购买方式引入社区居家养老专业化服务组织，微尚科技依托其"智慧居家养老服务平台"成功承接了福州市仓山区居家养老服务项目的运营（公建民营方式），专门为该社区老年人提供专业化的线下居家助老服务、运营社区养老照料中心和养老服务站，目前已承接运营辖区 8 个街镇的照料中心和养老服务站。

2018 年 8 月，微尚科技成功中标温州市苍南县"一键通"综合服务项目，10 月 19 日正式启动。由浙江省温州市苍南县政府购买，依托微尚科技"智慧居家养老服务平台"提供紧急呼叫、主动关怀、特色助急服务。

2018 年 12 月，三明市建宁县濉溪镇水南社区居家养老服务照料中心正式投入运营，2019 年度被成功评定为"福建省五星级居家社区养老服务照料中心"。

2019 年间，凭借专业化、标准化的居家养老服务实践经验及智慧养老服务特色，微尚科技成功中标的三明市建宁县居家养老服务项目、南平市居家养老服务项目及贵阳项目正式落地。

同时，微尚科技成功为福建省福州市鼓楼区民政局提供养老监管服务信息平台，实现老年人信息档案、补贴资金、社会化服务的监督管理。云健康监测管理系统为福建省老龄事业发展基金会下辖的 20 个养老机构提供云健康管理平台，直接服务的老年人逾 50000 人。

（四）回归，实践再现理论

1. 智慧居家养老模式

结合"微尚·我家"的智慧居家养老模式，可知智慧居家养老模式具有以下特点：一是充分运用现代互联网技术，研发易操作的智能产品，实现技术与老年人的友好、自助式、个性化智能交互，进一步实现老年人生活照料服务、紧急救助服务及精神慰藉服务；二是建立系统的综合信息平台，不仅利于收集老年人的健康信息，还能减轻服务人员的负担，使得服务更加科学、规范；三是实现线上、线下融合发展，不仅保证了老年人的精神需求，也实现了应急呼叫救援。

对比目前我国较为先进的智慧居家养老服务创新模式（表 6 - 1），可知其基本显现了"微尚·我家"的智慧居家养老模式，区别只是资金投入形式上有所不同，共同点是在居家养老模式中植入了信息科技的力量。

表6-1　国内较为先进的智慧居家养老服务创新模式

模式	主体（资金）	管理方式	运作方式	优势
苏州沧浪区虚拟养老院模式	政府引导＋企业运作、政府购买、企业加盟运营	会员制	老年人通过简单电话或网络操作（智能设备）发送服务需求→服务中心→选派服务商提供服务	政府掌舵：企业加盟形成规模化、专业化的养老服务体系；老年人得到专业化、亲情化及全天候的养老服务
乌镇智慧居家养老服务中心	政府构建；基于长期照料体系的平台	乌镇社区街道居民享受	互联网＋养老：线上线下结合老年人发出需求→服务中心→服务平台；智能设备→服务中心→第一时间派出应急小组，事后跟踪反馈；满意度回访，反馈备案	技术支撑：乌镇作为世界互联网大会永久地；远程医疗＋线下平台结合；专业人才队伍
南京鼓楼区智慧居家养老服务中心	政府委托老年人或子女自行支付	购卡充值享受服务	定制"爱心助老卡"等→充值→购买养老服务，通过智慧养老综合系统及养老软件进行监测和服务	手机App、移动终端设备、综合服务一体机实行信息共享，数据上传至养老服务平台数据库，专业人员对数据进行综合分析和应用，系统将分析结果反馈至平台

2. 认知商务理论

智慧居家养老模式从本质上讲是认知商务理论的实践，认知商务即应用认知技术进行商务活动的统称，是建立在互联网信息技术发展基础上的一种商业模式。认知技术是以认知科学为基础，为了实现认知目的而使用的系统方法，可用来补充人类的多种能力。认知是区别于感知的过程，是人类通过外界信息输入加工再到认识输出以完成任务方法的过程，简言之，就是从大脑和神经系统产生心智的过程。认知科学就是研究心智和认知原理的科学。

认知商务理论包含三个关键要素：基础是互联网时代的认知技术；核心是理解、推理和学习；模式是商务行为。认知商务带来了商务活动的智能化、高效化和服务化三大变革。认知商务结合产业理论周期可得出认知商务产业链的构成：上游是提供认知技术的企业，即互联网服务提供商及数据服务提供商，负责提供基础的网络和数据服务；中游是提供与上游一样解决方案的企业，负责基础数据的开发处理，并根据客户需求提出解决方案；下游是应用认知技术的企业，负责提出认知商务的应用需求。由此可知，新型的智慧居家养老模式企业基本对认知商务产业链实现了全覆盖，像微尚科技自主研发相应的智慧居家养老平台，此时是认知商务产业链的上游企业，同时又将该平台应用到自身运营的居家照料中心，此时是认知商务产业链的中下游企业。

四　关于未来

2020 年，微尚科技成立已有 10 年之久，触及智慧养老事业刚好迎来"七年之痒"，七年的历程使微尚科技由最初的持续亏损发展到扭亏为盈。在董势加入微尚科技不到 4 年的时间里，"微尚·我家"在福建、浙江等地落地十几个项目，团队由 8 人发展到近 200 人，营业收入从 100 万元增加到 2000 万元，每一个落地的项目背后都流着董势及团队的汗水，4 年的厚积薄发使得微尚科技在 2019 年、2020 年获得了不少荣誉（表 6 - 2）。4 年间他们摸索出了一条实现专业化、规范化运营，可复制、可借鉴、可推广的运作模式，既实现商业可持续发展，又满足社会公益的需求。一路艰辛，但不忘初心，一路秉持"让您优雅地养老"的愿景，秉承"爱心、责任、卓越"的文化理念，他们更愿意将冷冰冰的"科技"赋予有温度的"生活服务"，于是在 2019 年 9 月"福建微尚科技有限公司"更名为"福建微尚生活服务有限公司"（以下简称"微尚生活"），微尚生活真正践行着"养老事业是一件有温度的事业"，并一步一步创立了 2020 年的中国智慧养老十大品牌。

表 6 - 2　微尚科技 2019—2020 年度所获荣誉

时间	荣誉	授予单位
2019 年	2019—2020 年度瞪羚企业	福州高新技术产业开发区管理委员会
2019 年	国家智慧健康养老应用试点示范企业	工信部、民政部、国家卫生健康委
2019 年	建宁水南中心被评为"福建省五星级居家社区养老服务照料中心"	福建省民政厅

时间	荣誉	授予单位
2019 年	古田中心的医养结合模式被评为"全国医养结合典型经验"	国家卫生健康委
2020 年	2020 年中国智慧养老十大品牌	中国搜索、中国报道网与国际养老论坛组委会

另据统计数据显示，截至 2018 年底，全国注册养老机构近 3 万家，社区养老机构和设施 13 万余家，各类养老床位 740 余万张，比 2012 年底增加超过一倍。但是目前的养老机构的运营模式还是很难从单纯的老龄人养护方面获益，近年来，一些创新型养老企业已经慢慢摸索出了一条可持续经营的盈利路径，微尚生活就是其中一个例子，微尚生活基本摸索出了可持续发展的盈利模式——政府购买微尚生活运营的模式，企业依然处在发展初期，尤其是认知商务模式的探索期，加上目前我国的智慧养老阶段仍处于起步阶段，多方都在探索一条适合我国养老发展的道路。

（1）目前我国养老产业相关政策仍在逐步完善，尚无统一的服务标准，这不仅增加了企业的运营压力，还使得企业之间的资源整合较为困难，未来，微尚生活应真正拓展健康养老的服务宽度，瞄准老年人多层次、多样化的需求，深化科技在养老领域的创新应用，从而全面提升老年人的生活品质和幸福指数。

（2）微尚生活保持研发的活力，近日又推出专门为独居老人、失智老人定制"颐关爱"居家养老安全照护产品、失智老人防走失产品，让子女随时了解父母居家情况，定位了解年老健忘的父母外出情况。当父母发生紧急情况时，子女和"颐关爱"客服中心协同工作，快速开展紧急救助。作为国内领先的智慧养老科技服务提供商，微尚生活如何持续投入资金保持公司的研发能力，开发领先的科技产品，提高专业服务水平以确保自身能在政府竞标中脱颖而出？

（3）当前，在机遇与挑战并存的市场之中，微尚生活是保持目前的"政府购买、企业运营"的智慧居家养老模式，还是争取风险投资的青睐？继续保持现状，要思考如何有效解决商业和公益的矛盾，如何最大化政府社区基本公共服务设施的基本职能，同时有效缓解企业的运营压力。可以预见的是，随着国家养老政策及养老服务体系标准的日臻完善，我国的智慧养老产业将迎来蓝海期，站在下一个十万亿级的风口，微尚生活如何结合自身优势去抓住这波长寿红利？

关于未来，摸着石头过河将是长期状态，挑战存在，机遇同样存在。养老产业的中国模式究竟如何发展依然值得期待……

五　课后讨论题

讨论问题 1：当前养老产业的发展趋势是什么？

讨论问题 2：应对养老产业的发展，微尚·我家智慧养老生态圈如何构建？

讨论问题 3：何为智慧居家养老？它是何种理论的实践？并回答案例最后提出的问题。

六　附录

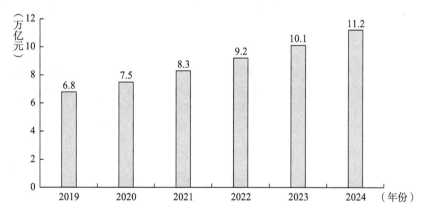

附录 1　2019—2024 年中国养老服务产业规模预测
资料来源：前瞻产业研究院。

附录 2　全国养老政策汇总

时间	部门	政策	主要内容
2013 年 9 月	国务院	《国务院关于加快发展养老服务业的若干意见》	指出要"推动医养融合发展"。各地要促进医疗卫生资源进入养老机构、社区和居民家庭

时间	部门	政策	主要内容
2014 年 9 月	国家发改委、民政部等	《关于加快推进健康与养老服务工程建设的通知》	一是要加强健康服务体系建设，二是要加强养老服务体系建设，包括社区老年人日间照料中心、老年养护院、养老院和医养结合服务设施、农村养老服务设施等
2015 年 11 月	卫生计生委、民政部、发改委、财政部等九部委	《关于推进医疗卫生与养老服务相结合的指导意见》	首次明确提出了"医养结合机构"的概念，是指兼具医疗卫生和养老服务资质和能力的医疗卫生机构或养老机构，同时提出了多项工作要求
2016 年 6 月	民政部、国家发展改革委员会	《民政事业发展第十三个五年规划》	全面建成以居家为基础、社区为依托、机构为补充、医养相结合的多层次养老服务体系，全面开放养老服务市场
2016 年 6 月	卫生计生委、民政部	《关于确定第一/二批国家级医养结合试点单位的通知》	各试点单位要结合实际，统筹各方资源，全面落实医养结合工作重点任务；要在各省计生部门和民政部门的指导下，制订年度工作计划
2017 年 2 月	国务院	《国务院关于印发"十三五"国家老龄事业发展和养老体系建设规划的通知》	推进医养结合，完善医养结合机制。统筹落实好医养结合优惠扶持政策，深入开展医养结合试点，建立健全医疗卫生机构与养老机构合作机制，建立养老机构内设医疗机构与合作医院间双向转诊绿色通道
2017 年 6 月	国家发改委	《服务业创新发展大纲（2017—2025）》	全面放开养老服务市场，加快发展居家和社区养老服务，支持社会力量举办养老服务机构，鼓励发展智慧养老
2017 年 8 月	财政部	《关于运用政府和社会资本合作模式支持养老服务业发展的实施意见》	鼓励运用政府和社会资本合作模式推进养老服务业供给侧结构性改革，加快养老服务业培育与发展

资料来源：作者根据国家相关养老政策整理汇总。

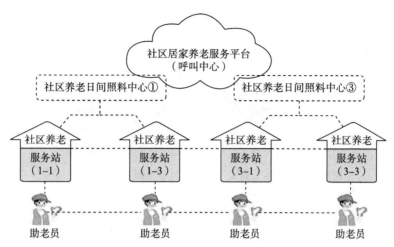

附录3　"微尚·我家"四级社区居家养老服务体系

资料来源：微尚科技有限公司。

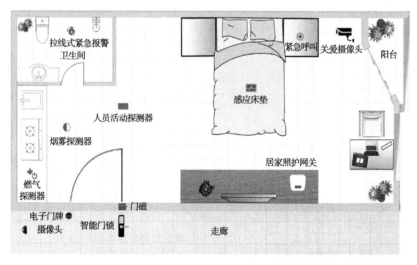

附录4　"微尚·我家"居家安全照护设施

资料来源：微尚科技有限公司。

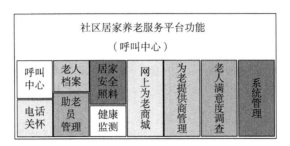

附录5　"微尚·我家"社区居家养老服务平台呼叫中心

资料来源：微尚科技有限公司。

附录6　"微尚·我家"云健康监测管理系统

资料来源：微尚科技有限公司。

社区养老服务功能

文化娱乐	健康管理（巡回）	午餐任选

附录7　"微尚·我家"社区养老服务站

资料来源：微尚科技有限公司。

注释

[1] 王元元. 智慧居家养老服务问题研究 [D]. 济南：山东师范大学，2019.

[2] 陈黎明，杨筱卿. 认知计算将改变未来商业 [J]. 中外管理，2016（2）：41－42.

[3] 王茜. 认知商务的商业模式分析 [D]. 广州：华南理工大学，2019.

[4] 易鹏，梁春晓. 老龄社会研究报告（2019）大转折：从年轻社会到老龄社会 [M]. 北京：社会科学文献出版社，2019：221－225.

[5] 左美云. 智慧养老的内涵、模式与机遇 [J]. 中国公共安全，2014（10）：48－50.

[6] 李彩宁，毕新华. 智慧养老服务体系及平台构建研究 [J]. 电子政务，2018，（6）：105－113.

[7] 王战友，赵耀培. 大数据背景下智慧养老研究综述 [J]. 山东工会论坛，2019，25（3）：54－60.

[8] 黄剑锋，章晓懿. 中国智慧养老产业政策研究——基于政策工具与技术路线图模型 [J]. 中国科技论坛，2020，（1）：69－79.

[9] 黄晨. 政企共营的智慧养老服务平台探析 [J]. 现代商贸工业，2019（2）：78－79.

[10] 王坚，张玥，朱庆华. 智慧养老领域的研究现状与热点分析 [J]. 信息资源管理学报，2019，9（1）：9－20，29.

[11] Szabo Z. Pensioners in Smart City-The Models of the Smart Pension System [J]. Interdisciplinary Description of Complex Systems Scientific Journal，2019，17（1）：26－39

[12] 周凌玉，郭晓蓓. 安康市推行"智慧养老"建设的路径研究 [J]. 价值工程，2018，37（16）：226－227.

【教学说明】

一　案例概要

随着老龄化社会步伐的加快，智慧养老产业逐渐成为当前的朝阳产业，目前仍处于探索期，是机遇与风险共存的时期。

微尚科技致力打造的"微尚·我家"品牌，整合了线上、线下资源，依托线上信息化养老服务平台和线下社区居家养老照料中心，完成社会公益和服务资源的整合。在董势的参与下，不仅合理根据老年人的需求设计研发更多的软硬件设备，包括养老综合服务、康复护理服务、家政服务、健康管理服务、医疗器械服务等，还开创性地建立了"设备＋平台＋服务＋电子商务"四位一体的养老新模式及"社区居家养老服务平台＋社区养老日间照料中心＋社区养老服务站＋专业化助老服务队"的四级社区居家养老服务体系，让老年人实现在最熟悉的居家环境安全、舒适地养老，让子女借助科技尽孝，为政府分忧。

微尚科技是 2010 年登记成立的，2013 年开始将主营业务聚焦智慧养老事业。微尚科技作为首批入驻福建省福州高新区海西产业园的高科技企业，是福建省养老事业发展促进会理事单位。微尚科技汇聚了养老信息化科技领域的技术精英，拥有一支充满爱心、专业化的研发团队，执着于"科技为老"事业，以多年的行业积累、领先的技术、用心的服务，向客户提供机构养老和居家养老信息化、智能化技术服务和产品，是国内领先的智慧养老科技服务提供商。伴随着"微尚·我家"智慧居家养老模式的逐步落地和发展，微尚科技获得了政府和社会的肯定，2019 年度被评为"国家智慧健康养老应用试点示范企业"，目前微尚科技已更名为"微尚生活"，真正践行有温度的养老事业。透过微尚科技的智慧居家养老模式的形成和发展，分析我国当前老龄化的发展趋势并学习微尚科技如何在此背景下构建起智慧养老生态圈及一条可持续的发展道路，基于此总结出智慧居家养老模式及该模式发展的理论基础。

二 在课程中的定位

本案例为介绍性的综合案例，可用于 60 分钟的课堂介绍及讨论，适用于电子商务类本科生、研究生，本案例主要介绍以微尚科技为代表的智慧居家养老企业，根据其智慧居家养老模式的发展历程来探索该模式的理论基础及未来的发展趋势、挑战。

三 相关阅读资料

（1）陈志峰、刘俊秋、王臣昊，《智慧养老探索与实践》（北京：人民邮电出版社，2016）。

（2）何圆圆，《我国"智慧养老"存在的问题与对策研究》，山东大学硕士学位论文，2019。

（3）丁文均、丁日佳、周幸窈、欧阳赢，《推进我国智慧养老体系建设》，《宏观经济管理》2019 年第 5 期，第 51 – 56 页。

（4）吴燕，《"互联网 + 智慧养老"发展之路》，《人民论坛》2019 年第 13 期，第 76 – 77 页。

（5）王坚、张玥、朱庆华，《智慧养老领域的研究现状与热点分析》，《信息资源管理学报》2019 年第 9 卷第 1 期，第 9 – 20 页和第 29 页。

（6）朱海龙，《智慧养老：中国老年照护模式的革新与思考》，《湖南师范大学社会科学学报》2016 年第 45 卷第 3 期，第 68 – 73 页。

（7）孙梦楚、高焕沙、薛群慧，《国内外智慧养老研究进展》，《特区经济》2016 年第 6 期，第 71 – 73 页。

（8）白玫、朱庆华，《智慧养老现状分析及发展对策》，《现代管理科学》2016 年第 9 期，第 63 – 65 页。

（9）沈嘉璐，《福州市智慧养老服务体系研究》，《学术评论》2015 年第 3 期，第 126 – 133 页。

（10）左美云，《智慧养老的内涵、模式与机遇》，《中国公共安全》2014 年第 10 期，第 48 – 50 页。

（11）贾伟、王思惠、刘力然，《我国智慧养老的运行困境与解决对策》，《中国信息界》2014 年第 11 期，第 56 – 60 页。

四　教学计划

本案例适用于 60 分钟的课堂，教学计划见表 6 – 3。

表 6 – 3　教学计划

讨论问题	时间/分钟
案例内容概述、案例讨论热身等	10
讨论问题 1	5

讨论问题	时间/分钟
讨论问题 2	15
讨论问题 3	15
总结	15

五　讨论问题分析

讨论问题 1：当前养老产业的发展趋势是什么？

第一，中国老龄化形势日益严峻，相应地，对养老产业的需求也日益增加。我国早在 1999 年就已进入老龄化社会，且据全国老龄办预计，到 2025 年，我国 60 岁及以上老年人口数将达到 3 亿，占总人口的 20%；而到 2050 年前后将达到 4.87 亿，约占总人口的 1/3，这将是一个超级老龄化社会。目前对老龄化社会广泛存在的误区是简单地把老龄问题当作养老问题，简化成建设养老院的问题或是简单当成健康卫生问题，而且养老机构的数量也远比我们想象得要多，但是床位使用率却不到 50%，体量占比最大的社区养老机构入住率最低的只有 24.6%。养老服务业潜在市场规模很大，但是现实的市场规模有限或者出现供需失衡的状态。所以养老资源并未得到有效配置，养老需求大，缺口依旧存在，从未来产业规模的角度看，预计到 2023 年，中国养老产业市场可达到 10.1 万亿元，养老市场发展潜力巨大。

第二，国家对养老产业的政策倾斜。自 2013 年起，国务院就发布了多项关于加快发展养老服务业的意见，地方政府也配合出台相应政策助推当地养老产业的发展，在 2015 年我国开始指出要推动智慧健康养老产业的发展。此时的市场也开始向各类资本全面开放，积极支持老龄事业的发展和养老体系的构建。在多项政策利好、社会资本投资养老服务机构的情况下，各类市场化主体纷纷进入，给予养老机构投资红利。

第三，互联网的迅猛发展为养老产业插上了翱翔的翅膀，老龄化与信息化同频共振，为老龄产业的发展提供可行性。现代科技如互联网、物联网、云计算、人工智能等的发展都为应对老龄化提供了新的办法和路径，使得远程会诊和居家养老服务成为可能。大量信息平台与物理平台的结合，将人的网络空间和物理空间融合在一起。我国自2010年起伴随着互联网技术的发展开始将智能化应用于助老、养老领域，近几年伴随着国家政策引导和网络技术的飞速发展，有诸多机构和企业试图把居家、社区和机构助老养老通过网络智能进行融合，在科学技术的支撑下，智能助老养老逐步完善。

讨论问题2：应对养老产业的发展，微尚·我家智慧养老生态圈如何构建？

作为科技公司的子公司，微尚科技依托公司雄厚的科技研发实力，在2013年聚焦养老产业以来便自主开发了智慧养老信息管理系统、养老机构信息管理系统、居家养老服务平台、居家安全照护系统等一系列软硬件系统（平台）及产品。

借鉴发达国家老龄化进程中仍以居家养老为主，结合2016年民政部下发的"全面建成以居家为基础、社区为依托、机构为补充、医养相结合的多层次养老服务体系，全面开放的养老服务市场"，微尚科技将其养老模式运用在社区居家养老领域。

适逢福建省运行"政府买单、企业运营"的养老模式的竞标，微尚科技以政府公建民营的站点为切入点开启"微尚·我家"的构建。"微尚·我家"的定位是"智慧养老服务提供商"，初心是致力线上线下社区居家养老服务的提供和养老基础设施的运营，实行100%员工自管理，自建专业化服务队伍。

"微尚·我家"整合了线上、线下资源，依托线上信息化养老服务平台和线下社区居家养老照料中心，完成社会公益和服务资源的整合。在董势的参与下，不仅合理根据老人的需求设计研发更多的软硬件设备，包括养老综合服务、康复护理服务、家政服务、健康管理服务、医疗器械等服务，还开创性地建立了"设备＋平台＋服务＋电商"四位一体的养老新模式（见图6-1）及"社区居家养老服务平台＋社区养老日间照料中心＋社区养老服务站＋专业化助老服务队"的四级社区居家养老服务体系，让老人实现在最熟悉的居家环境安全、舒适地养老，让子女借助科技尽孝，为政府分忧。

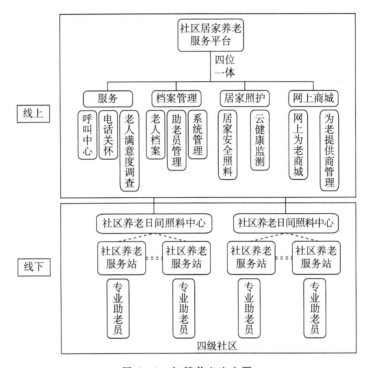

图6-1 智慧养老生态圈

资料来源：作者根据微尚科技有限公司资料整理。

微尚目前的落地项目多达十几个，营业收入突破2000万元，落地项目如下：

2016年12月，微尚科技成功中标漳州市华安县社区居家养老服务项目。

2017年2—7月，微尚科技陆续中标宁德市蕉城区、福鼎市、古田县、霞浦县、柘荣县以及东侨经济开发区居家养老服务项目。

2018年1月，微尚科技顺利落地福州市仓山区居家养老服务项目，并承接运营辖区8个街镇的照料中心。

2018年8月，微尚科技成功中标温州市苍南县"一键通"综合服务项目。11月，又成功中标苍南县居家养老服务（一、二类）项目。

2018年12月，三明市建宁县濉溪镇水南社区居家养老服务照料中心正式投入运营，2019年度被成功评定为"福建省五星级居家社区养老服务照料中心"。

2019 年，凭借专业化、标准化的居家养老服务实践经验及智慧养老服务特色，微尚科技成功中标的三明市建宁县居家养老服务项目、南平市居家养老服务项目及贵阳项目正式落地。

讨论问题 3：何为智慧居家养老？它是何种理论的实践？并回答案例最后提出的问题。

（1）何为智慧居家养老？

智慧居家养老的概念：利用信息技术等现代技术（如互联网、社交网、物联网、移动计算、大数据、人工智能等），分析老年人生理和心理上的需求，构建智能高效的家具设施，为老年人提供丰富、便捷的养老服务。

（2）它是何种理论的实践？

智慧居家养老模式从本质上讲是认知商务理论的实践，认知商务即应用认知技术进行商务活动的统称，是建立在互联网信息技术发展基础上的一种商业模式。认知技术以认知科学为基础，是为了实现认知目的而使用的系统方法，可用来补充人类的多种能力。认知是区别于感知的过程，是人类通过外界信息输入加工再到认识输出以完成任务方法的过程，简言之，就是从大脑和神经系统产生心智的过程。认知科学就是研究心智和认知原理的科学。

认知商务理论包含三个关键要素：基础是互联网时代的认知技术；核心是理解、推理和学习；模式是商务行为。认知商务带来了商务活动的智能化、高效化和服务化三大变革。认知商务结合产业理论周期可得出认知商务产业链的构成：上游是提供认知技术的企业，即互联网服务提供商及数据服务提供商，负责提供基础的网络和数据服务；中游是提供解决方案的企业，负责基础数据的开发处理，并根据客户需求提出解决方案；下游是应用认知技术的企业，负责提出认知商务的应用需求。由此可知，新型的智慧居家养老模式企业基本对认知商务产业链实现了全覆盖，像微尚科技自主研发相应的智慧居家养老平台，此时是认知商务产业链的上游企业，同时又将该平台应用到自身运营的居家照料中心，此时是认知商务产业链的中下游企业。

（3）回答案例最后提出的问题。

①必须引入养老合作商，这也是微尚科技一直探索由四级社区居家养老体系向"照料中心＋服务站点＋为老商城＋联盟商户"转变的新模式。

②如何突出重围？首先，需要持续跟进研发能力，根据市场需求研发个性化的产品；其次，在保持现有的服务水平的同时进行满意度测评，真正落实老年人需求，有利于下一步的发展；最后，积极探索新型的居家养老模式。

③一方面，继续维持目前"政府买单、企业运营"的模式以缓解企业运营的压力；另一方面，积极抢占市场占有率。

注释

［1］黄剑锋，章晓懿．中国智慧养老产业政策研究——基于政策工具与技术路线图模型［J］．中国科技论坛，2020，1（1）：69－79.

［2］王元元．智慧居家养老服务问题研究［D］．济南：山东师范大学，2019.

［3］何圆圆．我国"智慧养老"存在的问题与对策研究［D］．济南：山东大学，2019.

［4］王茜．认知商务的商业模式分析［D］．广州：华南理工大学，2019.

［5］丁文均，丁日佳，周幸窈，等．推进我国智慧养老体系建设［J］．宏观经济管理，2019（5）：51－56.

［6］黄晨．政企共营的智慧养老服务平台探析［J］．现代商贸工业，2019（2）：78－89.

［7］陈黎明，杨筱卿．认知计算将改变未来商业［J］．中外管理，2016（2）：41－42.

［8］王战友，赵耀培．大数据背景下智慧养老研究综述［J］．山东工会论坛，2019，25（3）：54－60.

［9］朱海龙．智慧养老：中国老年照护模式的革新与思考［J］．湖南师范大学社会科学学报，2016，45（3）：68－73.

［10］贾伟，王思惠，刘力然．我国智慧养老的运行困境与解决对策［J］．中国信息界，2014（11）：56－60.

第五部分
电子商务与互联网技术

第七章

网龙华渔教育：增值时代

——在线智慧教育的生存秘诀[*]

我国政府始终非常重视教育发展，在 2010 年的《国家中长期教育改革和发展规划纲要（2010—2020 年）》中强调要"加快终端设施普及，推进数字化校园建设，实现多种方式接入互联网"，为在线教育的发展迎来了政策红利。在 2019 年 3 月的《政府工作报告》中明确提出发展"互联网＋教育"，将优质教育资源通过互联网实现资源共享。据 CNNIC（中国互联网络信息中心）发布的第 44 次《中国互联网络发展状况统计报告》，截至 2019 年 6 月底，我国在线教育用户规模已达 2.32 亿人，其中手机在线教育用户占手机网民数 20% 以上。由此可见，在现今信息网络高速发展并快速普及全球的形势中，网络形式的教育正在不断地生根发芽，蓬勃生长。近年来，智慧网络的发展进程急速加快，智慧教育这一重要板块，自然少不了一场颠覆传统网络教育的革新。

福建网龙网络公司（简称"网龙"）成立于 1999 年，总部位于中国福建福州，一个从网络游戏起家的公司，在时代的进程里，在线教育变革的前夕，能敏锐地抓住此次发展契机。从 2010 年起，网龙就已开始进军教育行业，并成立了网龙华渔教育子公司（简称"华渔教育"），"授人以渔"是子公司成立的宗旨，以促进信息化教育产业的转型和升级为发展目标。在 2013 年，网龙将"91 无线平台"出让给百

---

* 本案例部分数据来自企业调研与网络公开数据。

度，双方共同签署了 19 亿美元的协议，这让网龙在这个新兴板块有了放手大干的底子。通过并购、收购、融资、开发，网龙在多年经营历程中，不断发展，这让网龙华渔教育业务覆盖了 100 多个国家并在全球快速布局成型。华渔教育通过 VR 设备的研发投资，以及 VR、AR、AI 的融合研发等发展措施，使得网络教育一直以来被人诟病的乏味、无聊、不生动有了解决方法。在校企合作的推进以及平台社区的建设维护、资源整合下，华渔教育已逐渐建立起了一定规模的教育生态体系。

在线教育市场浪潮涌动，华渔教育在建设初期的战略决策依据是什么？如何选择商业模式？是面向个人用户还是面向政府与机构？在线教育企业应该如何打造核心竞争力？华渔教育构建了怎样的在线智慧教育生态系统？在充满未知的未来，华渔教育是否做好准备和规划以迎接一系列挑战和机遇呢？

一 公司背景

2010 年，华渔教育充分利用网龙在游戏领域积累的云计算、大数据、互联网等技术经验，开始延伸布局教育业务，致力于使用先进技术打造全球最大的终生学习社区，促进信息化教育的转型与升级。在 2015 年收购了全球教育行业的巨头"普罗米休斯"，使华渔教育业务得以向全球迅速扩张，业务版图覆盖了全球 100 多个国家，可使用教室达 100 多万间，快速发展为拥有注册教师 200 多万名以及学生用户 3000 多万名的跨国公司。在 2016 年网龙还与福建政府合作，在福建长乐建立"中国·福建VR 产业基地"，计划打造成中国乃至世界的 VR "硅谷"，推动 VR 产业的发展以辐射教育、游戏、旅游等与人们生活密切相关的应用领域。在2018 年网龙 101 教育 PPT 率先推出"AI + 教育"新功能——AI 助教，实现"一师千助"的智能授课场景。2019 年，网龙成为"5G + 教育"的先行者，创造了教育领域 5G 应用与全息投影相结合的先例。

网龙充分利用自身技术上的优势，聚集了一批全球顶级的教育学术机构及技术创新企业以实现多方教育资源合作，共同探索教育本质及教育未来发展趋势，在学习中寻求问题的有效解决途径，并向用户提供先进的个性化学习系统。

二　发展历程

智慧教育雏形形成于教育信息化理念，从 20 世纪 90 年代中期起，互联网应用得到快速普及，整个社会经济发展与互联网信息技术之间的结合越来越紧密，社会上也逐渐出现"社会信息化"的提法，关联到我国政府非常重视教育改革与发展，"教育信息化"被提出也就自然而然了（见附录 1）。而"智慧教育"这一词真正意义上的出现，其实是在 2008 年，IBM 公司的 CEO 提出"智慧地球"的概念，2009 年初，IBM"智慧城市"的概念被国际社会迅速接受，随着"智慧地球"理念被广泛认可，作为智慧城市的重要组成内容之一的智慧教育也应运而生。

（一）顺时而生，乘势而为

目前，全球教育信息化发展越来越快，从最初的基础应用融合逐渐进入全面融合创新阶段。国际上，以计算机和 Internet 为代表的信息通信技术正引发教育系统的全面革新，全球诸多国家加快了在智慧教育领域的研究和实践，例如：新加坡 2006 年提出了"智慧国家 2015"发展计划；韩国 2011 年颁布了《推进智慧教育战略》；2012 年国际上成立了"国际智慧学习环境协会"。在国内，随着"互联网＋"的产生，"智慧城市""智慧校园"等理念的不断推出，"智慧教育"也逐渐进入公众视野。2005 年成立的"中国智慧工程研究会"致力于研究智慧科学领域和智慧人才培育；从 2019 年起我国已领先全球开始"5G"的大规模商用，这极大地促进了智慧教育的发展。

网龙成立之初以提供网络信息化建设服务为公司主营方向，到 2001 年便开始以大型网络游戏的研发为主业，自主研发了网游、手游等 50 多款游戏产品，玩家遍布英国、法国、西班牙等 180 多个国家。2003 年搜狐以 2050 万美元高价全资收购了公司自主开发的"17173"网游平台，为后来走自主研发之路提供了充足的资金。紧接着，网龙推出《征服》《幻灵游侠》等主打品牌游戏，在国内外市场又大获成功，依靠游戏产品的收益，公司资金链得到了稳定的保障。

游戏的研发也为公司发展积累了强劲的技术支撑，并拓展了国际市场。

（二）另辟蹊径，协同发展

2009 年"智慧教育"这个新的概念逐渐兴起后，网龙作为一家互联网企业，开始思考如何在这个全新的领域谋得一席之地。2010 年以来，网龙开辟教育赛道，打造第二个增长引擎，开启游戏与教育双轨并行的发展战略。

通过多年的游戏开发，网龙拥有一批优秀的计算机程序研发人才，同时注重顾客产品体验，并不断积累自己的数据库，形成了一个庞大的素材数据库，将虚拟场景构建的前沿技术融入教育，能够让他们快速地制作出各种各样的适用于各种教学场景的课程，让每个孩子都能获得平等、优质的教育机会。但初闯教育赛道的网龙，可能面临在线教育并购整合不足的盈利性风险，以及行业竞争加剧、毛利率下行等风险，彼时还缺乏在教育领域的长久布局与深厚沉淀，羽翼尚未丰满。

2010 年 5 月 5 日，在经过一系列公司资金、人事准备之后，在在线教育爆发的前夜，于 2010 年 11 月，网龙成立华渔教育子公司。到了 2013 年，华渔教育已经初步完成终生学习业务布局，完成覆盖互联网教育服务，并开创国内互联网教育产业先河。

华渔教育成立后，就开启了马不停蹄的布局。2013 年，网龙与百度的 19 亿美元项目收购，使公司获得了一笔雄厚的资金支持，这也为华渔教育的发展埋下了伏笔。2014 年开始，依托自身互联网经验优势，公司开启教育及技术方面的并购步伐，进军教育信息化行业，以合作、并购、融合三部曲为公司发展战略主线，不断地整合优质教育资源。例如：通过收购互动教学技术提供商（Promethean K12），丰富了面向中小学 K12 教育的产品线。通过一系列自主研发和收购、并购，网龙华渔教育业务在全球 190 多个国家布局，教育产品场景垂直复制，对标全球万亿市场，变现模式逐渐清晰。

在商业模式的选择上，网龙早期做互联网游戏，更多的是面向个人用户 C 端的方式，内容免费，通过流量或者其他广告方式获得盈利，但这种传统的互联网运营方式在在线教育行业很难获得盈利。考虑到学习者的学习教案是由教育主管部门决定的情况，与其他在线教育机构直接切入 C 端用户的商业模式截然不同，华渔教育在国内市场走的是以企业机构 B 端和政府 G 端群体为主，"技术驱动、硬件先行"的模式，在国外市场主要是从 G 端进行推广，通过旗下 Edmodo、普罗米休斯等产品，以国家级覆盖模式，在多个国家成功获得商机，推进下一步合作。所有涉及"互联网＋"的行业，不管是做在线教育，还是做游戏，都希望带给用户更真实、更快乐的体验。从这个维度看，做游戏与做教育有一定的互通性，它们都非常重视用户的体验，与绝大多数教育企业相比，华渔教育的互联网属性更为鲜明。但游戏行业注重的是游戏内容的设计，而在教育行业，不仅要生产内容或者设计软件，还需要向服务的学校或教育主管部门提供一个整体解决方案，其中包括硬件、平台、内容和工具。

通过一系列资金、技术的沉淀和积累，华渔教育从一家纯粹提供数字内容的公司，慢慢转变成针对整个教育行业提供解决方案的公司。

（三）构建在线教育生态系统

"互联网＋"行动计划在 2015 年 3 月写进了李克强总理的政府工作报告中，激发了社会资本的关注，教育市场将不再平静，市场竞争加剧。2018 年，人们发现教育产业赴港 IPO 的热情空前高涨，希望教育、新东方、新华教育、尚德机构等一大批教育企业陆续上市。即便在英语教育这类的垂直领域，也有诸如 51Talk、VIPKID 和 USKid 这样的新锐企业。在困难与机遇并存的条件下，华渔教育如何进行产业布局？如何整合资源打造属于自身的核心竞争力呢？

1. 外延并购，全球布局

华渔教育此时尚处于起步阶段，一边强化自我研发能力，一边开始通过投资并购的手段弥补在内容、平台、硬件等方面的不足，不断拓展市场。从 2014 年开始，网龙便加快了在海内外市场并购的步伐，首先收购流动营销解决方案提供商香港创奇思公司，随后又收购苏州驰声信息科技有限公司（智能语音技术提供商）和普罗米休斯公司（全球教育解决方案提供商），投资了加拿大全息影像技术公司 ARHT Media，并进一步调动资金收购了美国创意教学游戏供货商 JumpStart，以及拥有超一亿注册用户的全球 K12 学习社区平台 Edmodo。此外，网龙还战略性投资大数据智能教育平台"爱多分",进一步深耕教育产业。

通过并购，网龙华渔教育不仅获得了成熟的技术与产品，有效实现了资源的合理配置，还打通了业务出海的通道，迅速地扩大智慧教育全球布局与用户，实现协同效应。将已有的成熟技术、产品打包形成完整的解决方案，不仅降低了研发与推广成本，而且提高了自身价值。在自行拓展与对外并购的"内外兼修"下，华渔教育业务发展涵盖了数字教育、互联网应用、人工智能、AR、VR 等多个领域，逐渐搭建起了涉及学前教育、基础教育、高等教育、职业教育、企业培训、非学历及终生教育六大板块的终生教育生态系统（见附录 4），服务于各年龄层学习人员，向用户提供先进的个性化学习系统。

尽管业务多元，但聚焦课堂仍是网龙华渔教育贯穿始终的主线，网龙将智能软、硬件及教学内容有机地结合起来构建一个"互动课堂＋云平台"教育生态系统，实现校内外师生之间学习场景无缝链接，很好地解决了教师、学生和家长的痛点。内容是其整个 VR 产业的竞争核心，同时也是关键的突破口。华渔教育旨在通过科技手段，推动教学模式的创新，加速个性化教学的实现，为用户提供"更具体验性（engaging）、更有效率（efficient）、更有效果（effective）"的 3E 未来教育，创建全球终生学习社区。

截至 2019 年底，华渔教育已在全球进行了布局，在美国、印度尼西亚、阿联酋、土耳其、英国等地建立办公场所，推动全球化战略，其中以美国、英国、"一带一路"沿线国家为主，覆盖了 192 个国家。在俄罗斯首都莫斯科，华渔教育为当地提供最新的普罗米休斯互动大屏产品，大大提高了课堂教学的效率。据统计，2017 年共覆盖了 7600 多间教室，2018 年，在此前成功合作的基础上，莫斯科又追加了采购，普罗米休斯互动大屏覆盖教室的数量超过 2 万间。从全球战略来看，中国是华渔教育最关注的市场，华渔教育 CEO 梁念坚认为："中国政府在教育上一直起到主导性作用，在教育上讨论比较多，所以在政府主导下教育企业也会运行得很通畅，加上国家'三通两平台'的机会（即宽带网络校校通、优质资源班班通、网络学习空间人人通），这是其他国家所没有的。"但在技术层面上华渔教育已与全世界实现接轨，当前美国和英国市场要大于中国市场。因此，华渔教育会继续加大在发达国家的市场拓展力度。

2. 智慧共享，合作互利

面对 G 端和 B 端用户，华渔教育注重资源整合，广泛开展政企合作与校企合作，以深化海内外资本合作及技术互补，进一步完善教育业务的技术及内容。

华渔教育积极引入优质企业及机构进行合作，共同打造面向全球的教育资源平台。公司与培生教育、索尼国际教育、乐高教育、大英百科教育集团、中欧创新中心、塞尔维亚诺维萨德大学等优质企业和机构达成深度合作，推进探索"未来教育虚拟实验室"合作项目，推动 Protechting 全球青年创新创业基地入驻网龙主导开发的数字教育小镇，带动小镇数字教育产业升级发展，合作领域涉及 IP 合作、内容合作、VR/AR 研发合作等。

华渔教育还不断推进与全球知名高校的合作，投入智慧学习应用开发。目前已与北得克萨斯州大学、斯坦福大学、哈佛大学、芬兰赫尔辛基大学等国际高校达成多项合作；国内与北京师范大学合作成立"智慧学习研究院"。华渔教育还积极参与并组建了中国教育大数据应用研究院、互联网教育智能技术及应用国家工程实验室，为促进新科技与教育融合提供了强有力的理论和技术支撑。

3. 多维度，齐发力

近年来，在在线教育的需求不断增加的同时，市场发展掀起热潮，行业竞争也愈发激烈。在课外教育培训领域，新东方、好未来等教育培训机构在在线教育行业已耕植多年，占据大部分市场份额；百度、华为等科技巨头也开始青睐智慧教育；网易、腾讯等更是凭借其庞大的用户流量优势，做好了业务布局；科大讯飞、商汤、旷视等人工智能公司则以 AI 技术提供商的身份进入教育领域。对此，华渔教育也深感教育行业中潜伏的危机，故另辟蹊径让企业向更加多元的方向发展。在"AI＋教育"的市场中，网龙是较为特殊的成员，没有教师资源，不争抢 C 端流量，主要针对 B 端需求，为用户提供整体的解决方案，旨在通过"内容＋工具＋平台"的方式，为打造一个全球的终生学习社区而努力。

了解华渔教育的业务体系会发现，这个聚合众多优秀师资、技术和产品的平台，不只是面向特定人群的垂直教育服务平台，更是一个多维度的教育生态系统。

首先，基于用户需求，运用 AI、大数据等技术，开发针对性内容与产品，组建需求、技术、内容与产品矩阵（见附录5）。从用户维度看，华渔教育能认真分析和了解不同阶段的用户需求，确定公司产品的具体市场定位，从而做到在市场和产品规划的细分市场中，清楚了解差异化才能树立自己产品的核心竞争力。从内容维度看，华渔教育除了提供传统的课件，还专门针对教学目标，将教学"知识点"进行分割、包装和归档，并通过多媒体技术手段，如图片与动画设计、视频制作、3D 效果以及虚拟仿真技术将精致内容呈现给用户。从产品维度看，华渔教育拥有多个针对不同用户的 App 矩阵，让学习真正与人们生活结合，App 的快速封装和发布，将教师、学生、家长之间的多种关系有机整合。网龙华渔教育建立了以 VR 编辑器为主的系列产品体系。

其次，整合技术、方案、设备等供货商与内容生产商、知名高校等多主体，构建在线教育生态系统。华渔教育希望通过智慧教育生态的构建，实现 3A + W 的发展目标，3A 即实现任何人可以在任何时间或者任何地点（anyone、anytime、anywhere）获得资源和服务，W 即 what，指的是教育资源与教育服务。

三 扬帆起航望前路，终有乘风破浪时

2020 年，在线教育大规模普及，随着学生陆续返校，智慧校园建设的需求更加迫切。2020 年 5 月，网龙联手中国联通等企业及相关政府机构共同成立"云启智慧科技有限公司"，目标是发展成教育信息化头部企业，助力国家"智慧教育示范区"建设。

"前一阶段，我们已向国家发改委和工信部申报了 2020 年新型基础设施建设工程（宽带网络和 5G 领域）中'5G + 智慧教育'的项目。"熊立（网龙 CEO）透露，该项目整体建设架构主要包括基础网

络设施、应用解决方案、业务和数据资源平台三大部分，实现课堂教学与教务管理以及校园安全等多个智慧校园场景的对接。

时代的发展瞬息万变，作为一家互联网企业，网龙积极投身"新基建"并非偶然。技术创新正在促进数字教育信息化、互联化、移动化、AI化，未来教育将呈现"3E教育"新形态。数字教育加速了教育全球化的步伐，网龙积极参与到这一进程中，并成为其中的有力推动者。熊立说，"新基建是智慧教育实现从量变到质变的拐点"，网龙将基于公司目前具有优势能力的VR/AR、全息、人工智能、大数据等产品技术，联合本地优势通信运营商在5G上的网络覆盖和部署实施能力，探索5G在远程教育、智慧课堂、校园安全等场景下的应用，重点开展包括5G＋远程高清互动教学、AR/VR沉浸式教学、全息课堂、教学管理、校园高清视频安防监控等业务。熊立还表示，"相信有了新基建的轻轨，网龙教育将加速蝶变，抵达构建全球终生学习社区的愿景"。

智慧教育的发展已经成为必然趋势，智慧教育拥有无限的创新空间，网龙在未来的发展过程中如何继续秉持做教育的初衷，在机遇与挑战并存的状态下，完成"打造全球终生学习社区"的目标呢？路漫漫其修远兮，关于在线智慧教育生存秘诀的探索之路，仍在继续。

四　课后讨论题

讨论问题1：分析网龙从游戏转型到在线教育的宏观环境是怎样的，可行性是什么，商业模式的选择是怎样的，遇到怎样的挑战。

讨论问题2：华渔教育如何整合资源，构建在线教育生态系统？华渔教育如何通过技术、产品及服务为各主体创造价值？

讨论问题3：疫情暴发之后，宏观环境发生变化，华渔教育做出了哪些战略调整？

五 附录

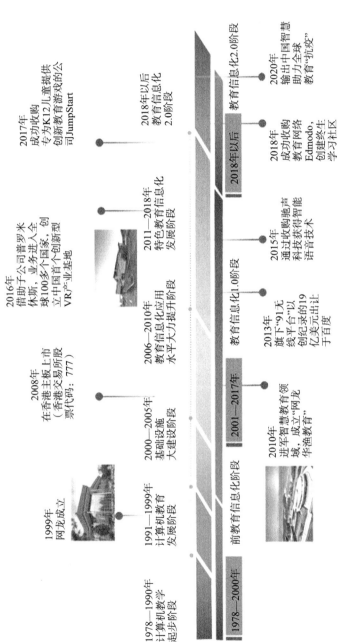

附录1 教育信息化发展历程

1978—1990年
计算机教学
起步阶段

1999年
网龙成立

1991—1999年
计算机教育
发展阶段

2008年
在香港主板上市
（香港交易所股
票代码：777）

2000—2005年
基础设施
大建设阶段

2016年
借助子公司普罗米
休斯，业务进入全
球100多个国家，创
立中国首个创新型
VR产业基地

2006—2010年
教育信息化应用
水平大力提升阶段

2017年
成功收购
专为K12儿童提供
创新教育游戏的公
司JumpStart

2011—2018年
特色教育信息化
发展阶段

2018年以后
教育信息化
2.0阶段

2018年
成功收购
教育网络
Edmodo，
创建终生
学习社区

2020年
输出中国智慧
助力全球
教育"抗疫"

2015年
通过收购驰声
科技获得智能
语音技术

2013年
旗下"91无
线平台"以
创纪录的19
亿美元出让
于百度

2010年
进军智慧教育领
域，成立
华渔教育"

1978—2000年
前教育信息化阶段

2001—2017年
教育信息化1.0阶段

2018年以后
教育信息化2.0阶段

附录 2　网龙华渔教育终身化教育布局

资料来源：网龙网络公司。

投资在线教育，开拓在线教育相关用户市场 ①

收购香港创奇思，强化网龙华渔教育AR及O2O技术 ②

收购驰声科技，整合了驰声科技的语音技术，丰富其教育产品，在线语音评测、语音识别和语言教学领域提供独特的价值，进一步打造其综合化教育生态系统 ③

收购普罗米休斯，引进了国际先进的互动教学解决方案 ④

控股ARHT Media，获得了国际先进的全息影像技术 ⑤

收购JumpStart，使得网龙华渔教育有了优质的K12儿童创新教育游戏，更是获得了该公司大量的用户群体 ⑥

收购全球领先学习社区Edmodo，进一步实现网龙成为全球最大的学习社区的使命 ⑦

附录 3　网龙收购项目图

资料来源：网龙网络公司。

学前教育	基础教育	高等教育	职业教育	企业培训	非学历及终生教育
阿福寻规记注意力大师网龙幼儿园……	101教育PPT 101创想世界 101VR沉浸教室 101智慧教室 101VR科普角 普罗米休斯……	101校友福州软件职业技术学院……	全国成中职公共服务体系……	多学企业在线学习平台……	网教通华逸教育云平台中国好党员101贝考福建省终身教育学分银行……

附录 4　华渔教育各层次业务以及相关产品服务图

资料来源：网龙网络公司。

附录5 需求、技术、内容与产品矩阵图

用户维度	学前教育	基础教育	高等教育	职业教育	企业培训	非学历及终生教育
需求	学龄前儿童思维开拓、引导学习兴趣	K12义务教育知识的传授、辅导老师备授课、线上教学	高校管理	职业院校专业人才培养	企业办公与高级培训	思想教育
技术	AI、VR、AR、3D、大数据、全息影像等					
内容	专门针对教学目标，将教学"知识点"进行分割、包装和归档，并通过图片、动画、视频、3D、虚拟现实等多种形式加以呈现					
产品&方案	普罗米休斯、华渔教育乐高教育、Coding Galaxy银河编程师	普罗米休斯、101教育PPT、101虚拟实验室解决方案、101创想世界、网教通、101智慧校园设备管理解决方案、101电子课本等	普罗米休斯、高校通、福软通	普罗米休斯、101创想世界、职业院校虚拟现实专业人才培养、全国中职、101VR高空实训解决方案、101VR动车实训解决方案、VR消防安全教育整体解决方案	普罗米休斯、贝考、演翼、多学、云办公、中物教育平台、教育信息化领导力高级培训、创奇思Starbeacon解决方案、创奇思ARwiz解决方案	普罗米休斯、101贝考、中国好党员、101VR科普角解决方案、红色教育标准化展厅解决方案、禁毒教育整体解决方案、101VR海洋探宝科技馆解决方案、佛教通、女性之声、全国电大业务项目整体解决方案

数据来源：作者根据案例相关资料整理。

注释

[1] 马红丽，戈晶晶. 熊立：线上线下结合 打造终生学生社区 [J]. 中国信息界，2019（1）：36－37.

[2] 王继新，韦怡彤，宗敏. 疫情下中小学教师在线教学现状、问题与反思——基于湖北省"停课不停学"的调查与分析 [J]. 中国电化教育，2020（5）：15－21.

[3] 网龙网络公司1.3亿美元收购普罗米休斯100%权益 [EB/OL]. 新华网. （2015－11－03）[2020－05－10]. http://www.xinhuanet.com/politics/2015－

11/03/c_128389852. htm.

［4］钟秉林，朱德全，李立国，等．重大疫情下的教育治理（笔谈）［J］．重庆高教研究，2020（2）：5－24.

［5］何己派．网龙变道［J］.21世纪商业评论，2019（7）：50－51.

［6］黑板洞察．起底网龙华渔，从游戏到教育需要跨几步？［EB/OL］.（2019－08－07）［2020－05－10］.https://36kr.com/p/1724133621761.

［7］观研天下．除京、鄂两地 各省区市开学时间公布 各教育平台正加速市场布局［EB/OL］.（2019－04－14）［2020－05－10］.https://xw.qq.com/cmsid/20200414A0D8PV00.

［8］网龙网络公司．网龙与中国移动政企分公司合作共推"5G＋智慧教育"［EB/OL］.（2019－06－28）［2020－05－12］.http://www.nd.com.cn/content/2019－06－28/20190628153445804.shtml.

［9］网龙网络公司．探索个性化教育 网龙推动"AI＋教育"创新实践［EB/OL］.（2019－08－02）［2020－05－12］.http://www.nd.com.cn/content/2019－08－02/20190802152132358.shtml.

［10］华渔．华渔携手中国联通5G创新中心合作共建"5G＋智慧教育示范实验室"［EB/OL］.（2019－05－08）［2020－05－12］.http://www.101.com/news/05082019/005924779.shtml.

［11］华渔．网龙华渔教育携手中央电化教育馆开展中小学虚拟实验教学合作［EB/OL］.（2020－01－02）［2020－05－19］.https://zhuanlan.zhihu.com/p/100703027? utm_source＝wechat_session&utm_medium＝social&utm_oi＝987773663562792960.

［12］华渔．网龙携手北师大智慧学习研究院发布《弹性教学手册》［EB/OL］.（2020－03－15）［2020－05－19］.https://zhuanlan.zhihu.com/p/113339596? utm_source＝wechat_session&utm_medium＝social&utm_oi＝987773663562792960.

［13］学而时思．网龙教育生态解析：全球布局教育＋游戏，软硬兼施 ［EB/OL］.（2019－04－19）［2020－05－19］.https://www.jiemodui.com/N/106035.

［14］黄荣怀．智慧教育的三重境界：从环境、模式到体制 ［J］．现代远程教育研究，2014（6）：3－11.

［15］吴安．基于虚拟价值链理论的在线教育产业盈利模式研究 ［J］．长春工程学院学报（社会科学版），2018，19（2）：33－37.

【教学说明】

一 案例概要

我国政府从强调要"加快终端设施普及，推进数字化校园建设，实现多种方式接入互联网"，到明确提出发展"互联网＋教育"，将优质教育资源通过互联网实现资源共享，都体现其始终非常重视教育发展。在现今信息网络高速发展并快速普及全球的形势中，智慧网络的发展急速加快，智慧教育这一重要板块自然少不了一场颠覆传统网络教育的革新。

网龙成立于 1999 年，总部位于中国福建福州，是一个从网络游戏起家的公司。从 2010 年起开始进军教育行业领域，并成立了网龙华渔教育。通过并购、收购、融资、开发，网龙在多年经营历程中不断发展，让网龙华渔教育业务已覆盖了 100 多个国家并在全球快速布局成型。华渔教育通过 VR 设备的研发投资，以及 VR、AR、AI 的融合研发等发展措施，在校企合作的推进以及平台社区的建设维护、资源整合下，已逐渐建立起了一定规模的教育生态体系。

在线教育市场浪潮涌动，网龙华渔教育通过多年潜心经营，公司成长迅速并发展成为全球性的在线教育企业。透过案例，分析华渔教育在建设初期的战略决策依据，来理解华渔教育构建了怎样的在线智慧教育生态系统，以及未来在线教育企业应该如何打造核心竞争力。

二 在课程中的定位

本案例可作为教学性的综合研讨案例，可用于 60 分钟的课堂讨论，适用于全日制电子商务以及相关专业本科生、研究生的"电子商务案例分析""战略管理""管理学"等课程的教学知识点的授课单元中。

本案例主要介绍以网龙华渔教育为代表的在线教育企业，根据外部宏观环境与市场变化，随着教育不同的发展阶段，进军在线教育、智慧教育这一重要板块，分析华渔教育在建设初期的战略决策依据，来理解华渔教育构建了怎样的在线智慧教育生态系统，以及未来在线教育企业应该如何打造核心竞争力。

三　相关阅读资料

（1）谢金萍，《专访网龙副董事长、网龙华渔教育 CEO 梁念坚　除了游戏，VR 将如何运用到教育领域?》，《21 世纪商业评论》2016年第 4 期，第 22 - 23 页。

（2）钟晓流、宋述强、胡敏等，《第四次教育革命视域中的智慧教育生态构建》，《远程教育杂志》2015 年第 4 期，第 34 - 40 页。

（3）刘峣，《网课热的冷思考：在线教育不是课堂照搬》，《人民日报（海外版）》，2020 - 05 - 09.

（4）《2020 年智慧校园云展会线上召开　网龙华渔教育发布全新教育解决方案》，中国教育网，http://chuzhong. eol. cn/zui_xin_tui_jian/202005/t20200509_1726042. shtml，2020 - 05 - 09/2020 - 05 - 10.

（5）华渔教育官网：http://www. 101. com。

四　教学计划

本案例可以作为专门的案例讨论课来进行。为在有限的课堂内较为充分、系统地实施案例教学与讨论，建议时长控制在 80 ~ 90 分钟，表 7 - 1 教学计划仅供参考。

表 7 - 1　教学计划

讨论问题	时间/分钟
案例内容概述、案例讨论热身等	5 ~ 10
分组讨论（讨论问题 1、2、3）	25
小组发言展示及讲解	30 ~ 35
分析框架或教授总结	20

五　讨论问题分析

讨论问题 1：分析网龙从游戏转型到在线教育的宏观环境是怎样的，可行性是什么，商业模式的选择是怎样的，遇到怎样的挑战。

（1）宏观环境分析

①国际方面

以计算机和互联网为代表的信息技术正引发教育系统的全面变

革，而智慧教育作为教育信息化的高端形态，在全球范围内的呼声越来越高。近 10 年来，全球很多国家都开展了一系列智慧教育的研究和实践。

②国内方面

随着"互联网＋"的产生，受"智慧城市""智慧校园"等说法的影响，"智慧教育"也引起了人们更为广泛的关注。为此，我国早在 2005 年就成立了"中国智慧工程研究会"，致力于研究智慧科学，培育智慧人才，提高中华民族的智慧水平和创新能力。

（2）网龙 SWOT 分析

①S：优势

a. 迅速成型的教育布局。

华渔教育依靠资本的力量进行大量并购，迅速搭起规模不小的教育"集团"，集合其固有的资源与优势；提高资源的使用效率和产出效率，节约研究和开发费用投入，降低营销过程中的费用支出；也使网龙在保持原有游戏领域的同时，向新的领域扩张，在教育板块经营的同时保持核心竞争力。截至 2019 年底，网龙的业务扩张到了埃及、尼日利亚、肯尼亚、马来西亚等新兴国家市场。教育版图覆盖 100 多个国家，超 1 亿用户，1200 万教师，200 余万间教室。

b. 抢占 VR 发展先机。

通过 VR 技术使原本的"白底黑字"内容通过不同的载体与设施加以实现，使用户能够在任何时间、地点都可以通过先进的教育工具获得与以往不同的教学体验。从 2015 年底开始，华渔教育在 VR 领域下了很大的决心。2019 年底，华渔教育旗下的 VR 教学产品及软件应用包括 101 虚拟实验室、101VR 沉浸教室、101VR 创客教室、中国好党员、101 教育 PPT、101 贝考、VR 编辑器、VR 开放平台、3D 素材库等。融合 AR 技术的教学产品及软件应用包括 VR 消防安全教育、101VR 科普角、游戏化虚拟现实少儿英语教育平台、室内定位方案"Starbeacon"等。

②W：劣势

"VR＋教育"技术的劣势也显而易见，受设备、资源库建模限制，网龙现阶段也不敢说自己的模型库全面完善，3D 模型资源库投入巨大，而 3D 设备的购买与维修也花费不少，收益回报的战线要拉很长。行业企业都在建设 3D 资源库，企业激烈竞争的同时也会造成一定的资源浪费。

目前国内 VR 和教育领域融合还有着诸多的挑战：

在观念的接纳度方面，传统教育观念相对保守，无论是 TOB 还是 TOC，传统教育领域的用户或是从业者，要去接受一项新的技术并普及，需要一个过程。

在新技术的适应度方面，目前市面上 VR 产品佩戴的舒适性各有差异，不少人佩戴 VR 设备时，都会有眩晕的感觉，这也会给用户体验减分。

在经济投入方面，普通消费者对价格最为敏感，目前好的 VR 产品价格并不能被大众普遍接受，而且优质内容的创作也要投入很大的成本。TOB、TOG 方面更关注产品的技术含量以及实际运用效果，而 TOC 的用户群体更加关注产品销售的价格因素。

由此来看，网龙在 VR 教育方面还有很长一段路要走。

③O：机会

国内互联网教育市场需要一个具备整合资源能力的领导级企业。

市场需要一个真正从教育系统内的参与者的视角出发，真正了解一线教育需求，崇尚教育并且有布局教育生态系统的企业。

a. 未来教育将线上、线下并行。

作为数字教育领域的领军企业之一，网龙不仅在"停课不停学"期间为广大师生提供了多样化的教学工具、精品教学内容，还搭建起"空中课堂"。"停课不停学"的实践中，网龙依托旗下教育信息化综合平台网教通、备授课一体化教学软件 101 教育 PPT 等产品，融合 AI、大数据等技术，提供教学数据分析、制订个性化的教学方案，实现线上、线下教学精准衔接。

疫情暴发以来，网龙旗下教育产品 Edmodo 率先开放资源，为港澳各中小学提供免费线上互动教学服务。在海外"抗疫"行动中，Edmodo 同样表现不俗，不仅入选联合国教科文组织推荐的远程教学平台清单，还被埃及教育部选定为 K12 教育系统的远程学习平台，为 2200 多万学生和 100 多万教师提供远程学习支持。Edmodo 及银河编程师也入选泰国 1 万所 K12 学校的在线学习平台及编程学习解决方案，为当地师生提供远程学习支持。

线下教育的核心优势是教学场景，线上教育的主要优势是能打破空间地域限制，并融合 AI、VR、AR 等丰富的呈现形式。但无论线下教育还是线上教育，其根本目标是一致的，都是要为教师、学生提供好的教育产品和学习体验。因此，线上、线下教学的协同发展才是未来教育发展的大势所趋。

b. 校企合作亦是大势所趋。

应对智慧化校园建设，学校整体解决方案采购成主流，且多地开始上调采购限额。未来采购将持续攀升，随着国家人才战略布局的展开，各大院校对于机器人、VR、创客教室等的整体解决方案采购或将迎来新的增长。

④T：威胁

从游戏到教育，一步一步走来，网龙的跨界之路看起来似乎并不艰难，但同时，教育并不是单单依靠资金和技术就能成功的。对于坚持全球化扩张的网龙来说，如何强化自身业务应对外部竞争，依然是不小的挑战。

（3）网龙 PEST 分析

P：2010 年发布《国家中长期教育改革和发展规划纲要（2010—2020 年）》，2015 年 3 月，李克强总理在《政府工作报告》中将"互联网＋"行动计划提升为国家战略。2019 年 3 月的《政府工作报告》中明确提出发展"互联网＋教育"，促进优质教育资源共享。

E：我国移动端用户数量不断增加，互联网快速发展，智慧教育的经济市场潜力巨大。

S："互联网＋"发展热潮中，智慧教育备受关注，人们对于教育方面越来越重视。

T：技术的积累与沉淀，大数据、VR、AR 等技术的发展越来越成熟。

在商业模式的选择上，网龙做互联网游戏，更多的是以 C 端的方式去做，内容免费，通过流量或者其他广告方式盈利，但这种传统的互联网运营方式在教育行业很难实现。

与其他在线教育机构直接切入 C 端用户的商业模式截然不同的是，网龙在国内市场走的是以 B 端和 G 端群体为主，"技术驱动、硬件先行"的模式，在国外市场主要是从 G 端进行推广，通过旗下 Edmodo、普罗米休斯等产品，以国家级覆盖模式，在多个国家成功获得商机，推进下一步合作。

讨论问题 2：华渔教育如何整合资源，构建在线教育生态系统？华渔教育如何通过技术、产品及服务为各主体创造价值？

网龙从 2010 年开始全面进入教育领域，最初制定的目标是希望打造全球最大的终生学习社区，当然，要实现这样一个远大的目标，会是一个艰难且漫长的过程，而且需要线上、线下双线共同发力。

（1）网龙如何整合资源，构建在线教育生态系统？

从目前来看，在华渔教育整体战略的实施过程中，着重于以下几个方面：

第一，华渔教育希望能够成为最大的数字内容生产商，简单来讲，就是把传统线下的教学内容变成线上的数字内容。把所有的学科和专业都拆分成最基础的知识点，并选择适合在教学过程中使用的场景、内容和技术。在过去的几年中，华渔教育与国内绝大多数的出版机构和一些海外的出版社合作，获得他们线下内容的线上版权，生产了近百万个海量知识点拆分的数字内容。

第二，在生产数字内容的基础上，在技术上，华渔教育希望能够向教师提供一种帮助他们更好地把知识传递给学生的工具。对应推出了 101 教育 PPT，这是一款备授课软件，对于每一个学科、每一个专业、每一个知识点的教案和讲解，都提供了不止一套方案。截至 2018 年底，这一备授课软件在中国已经有接近 500 万的注册用户。

第三，华渔教育希望打造一个线上、线下的教育网络。线上部分，网龙在 2018 年 4 月收购了 Edmodo，这家美国公司拥有约 9000 万用户，被称为美国教育界的 Facebook，正在逐步把 Edmodo 的服务向国内辐射，去打造线上的教学社区；线下部分，网龙在 2015 年收购了全球教育行业巨头普罗米休斯公司，普罗米休斯本身拥有上百个国家的线下销售渠道，希望能够把国内优秀的数字教学内容通过这个网络向海外扩展。

面对 G 端和 B 端用户，华渔教育注重资源整合，广泛开展政企合作与校企合作，以深化海内外资本合作及技术互补，进一步完善教育业务的技术及内容。华渔教育与世界优秀的内容生产商合作，创建全球优质的教育资源平台。

华渔教育还不断推进与全球知名高校的合作，投入智慧学习应用开发。国际上与哈佛大学、斯坦福大学、北得克萨斯州大学、芬兰赫尔辛基大学等高校达成多项合作；国内与北京师范大学合作成立"智慧学习研究院"。华渔教育还参与组建了互联网教育智能技术及应用国家工程实验室、中国教育大数据应用研究院等国家级平台。这些都为华渔教育将前沿科技与教育相融合提供了强有力的理论和技术支撑。

（2）华渔教育如何通过技术、产品及服务为各主体创造价值？

华渔教育针对不同用户主体的需求提供产品服务，从学前教育、基础教育、高等教育，到职业教育、企业培训以及各种非学历及终生教育服务。只有正确分析各阶段用户的需求，了解客户需求，并确定产品市场定位，在进行市场规划和产品规划的细分市场中，清楚了解差异，才能树立自己产品的核心竞争力。所有涉及"互联网＋"的行业，不管是做在线教育，还是做游戏，都希望带给用户更真实、更快乐的体验。从这个维度看，做游戏与做教育有一定的互通性，它们都非常重视用户的体验，与绝大多数教育企业相比，网龙的互联网属性更为鲜明。但游戏行业注重的是游戏内容的设计，而在教育行业，不仅要生产内容或者设计软件，还需要向服务的学校或教育主管部门提供一个整体解决方案，其中包括硬件、平台、内容、工具。

①华渔教育自身

从用户维度来看，华渔教育是个终生的学习社区，从学前教育、基础教育、高等教育，到职业教育、企业培训以及各种非学历及终生教育服务；从内容维度来看，华渔教育除了提供传统的课件，还专门针对教学目标，将"知识点"分割、包装和归档，并通过图片、视频、

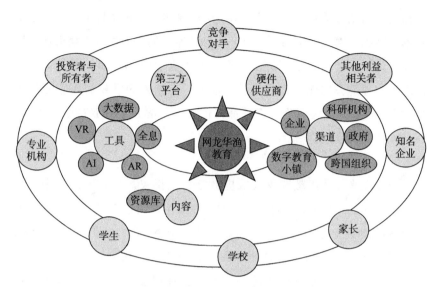

图 7 - 1　基于价值链理论发展勾勒的在线教育行业的主要价值参与者

动画、3D、虚拟现实等多种形式加以呈现；从产品维度来看，华渔教育拥有多个针对不同用户的 App 矩阵，让学习真正与人们的生活结合，App 的快速封装和发布，将教师、学生、家长之间的多种关系有机整合，构建了一个完整的学习共享生态圈。

②从教师角度出发

华渔教育将携普罗米休斯互动大屏和 101 教育 PPT 入驻学校，前者已在全球 20 多个国家超 130 万间教室中得到应用，它可以获取每个教师在课堂讲解和学生互动过程的大数据。这些教学大数据通过华渔教育后台的智能分析，就能实现对教师教学、学生学习情况的反馈，从而有针对性地推荐辅助指导。后者则是华渔教育斩获德国红点设计大奖的旗舰产品，内含百万个课件、教案、习题等教学资源，更有 AI 助教能够让历史人物"现身"课堂，帮助教师进行授课，完成"一师千助教"的智能化教学，为了增强上课的生动性和趣味性，还为各种知识点配备了相应的 2D、3D 素材库，用模拟的 VR 场景为师生提供沉浸式教学体验，让偏远地区的教师能共享到优质教学资源。

③学生方面

教学过程中应用 VR 技术，将对教学模式及效果的提升起到很大帮助作用，网龙做游戏起步，所以在 3D 资源和 VR 资源制作上有一定的积累。因此，网龙做了名叫"101 创想世界"的强大的 VR 编辑器，同时又附带了大量的元素库。使用者可以根据想象，比如一首古诗从天体现象的理解去构建一个很生动的动画，有条件的学校利用它还可以生成 VR 资源，最终，这些资源都将依托构建的开放式教育生态平台，在云端实现共享。

④服务方面

长期以来，华渔教育积极响应数字海丝倡议，教育产品至今已覆盖 192 个国家，130 余万间教室，累计注册用户超过 1 亿。作为数字教育出海的潮头企业，华渔教育将以教育技术衔接"一带一路"倡议，携手把中国先进的数字教育技术和教学理念推广到更多"一带一路"沿线国家市场，并不断引入海外优质的教育理念、内容以及技术，依托网龙打造的数字教育小镇，促进数字经济共生共荣。

讨论问题 3：疫情暴发之后，宏观环境发生变化，华渔教育做出了哪些战略调整？

（1）宏观环境分析

①国际方面：根据联合国教科文组织最新的监测和统计，截至 4 月 24 日，已有超过 191 个国家实施了全国范围的停课，停课学生人数已达到 15.7 亿人，全球 87.1% 的学生无法继续学业。对教育领域而言，这种规模和速度的学校关停，是一项从未有过的严峻挑战。世界各国正在采取行动，利用远程学习方案填补学业的空白，不仅包括利用互联网实现实时线上直播和视频教学，还有依靠广播、电视等传统媒介手段开展远程教育。

②国内方面：在教育部发出"停课不停学"的号召下，凭借着中国强大的移动互联网基础设施，各小、中学校，各高校，携手国内教育机构把课堂搬到线上来解决广大学子的现实学习需求。从 2003 年"非典"期间进行的广播式课堂，到 2012 年的 MOOC（大规模在线开放课程）元年，再到今天网络教育的百花齐放，中国线上教育行业一直在不断发展，而疫情的出现迫使教育行业产生一次大跃迁，这将是在线教育行业的一块里程碑。

（2）战略决策

①国内方面：疫情期间，华渔教育依托旗下教育信息化综合平台网教通、备授课一体化教学软件 101 教育 PPT 等产品，融合 AI、大数据等技术，提供教学数据分析、制订个性化的教学方案，为海内外师生提供远程学习帮助。旗下网教通为湖北省内近 50 个区、县提供远程教学平台，同时为福建、湖南、河南、黑龙江等地提供"停课不停学"平台技术支持，覆盖超过 1400 万用户。

②国际方面：华渔教育旗下产品 Edmodo 捷报频传。Edmodo 入选联合国教科文组织推荐远程教学平台和埃及 K12 学校"指定在线学习平台"。Edmodo 还被阿拉伯埃及共和国教育部（"埃及教育部"）选为国家 K12 教育体制的指定远程学习平台，为全国 2200 多万名学生和 100 多万名教师提供远程学习支持。美国佛蒙特州教育厅与 Edmodo 建立合作伙伴关系，为佛蒙特州全州的教育工作者提供协作及获取"停课不停学"教学资源的网络。Edmodo 及银河编程师同时入选泰国 1 万所 K12 学校的在线学习平台及编程学习解决方案。

注释

[1] 谢金萍. 专访网龙副董事长、网龙华渔教育 CEO 梁念坚　除了游戏，VR 将如何运用到教育领域？[J]. 21 世纪商业评论，2016（4）：20 - 21.

[2] 钟晓流，宋述强，胡敏，等. 第四次教育革命视域中的智慧教育生态构建 [J]. 远程教育杂志，2015（4）：34 - 40.

[3] 刘峣. 网课热的冷思考：在线教育不是课堂照搬 [N]. 人民日报（海外版），2020 - 05 - 09.

[4] 2020 年智慧校园云展会线上召开　网龙华渔教育发布全新教育解决方案 [EB/OL]. 中国教育网.（2020 - 05 - 09）[2020 - 05 - 10]. http://chuzhong. eol. cn/zui_ xin_ tui_ jian/202005/t20200509_ 1726042. shtml.

第八章

中国的 Palantir

——科技谷的数据掘金之道*

一 引言

近年来，我国大数据产业保持良好发展势头，大数据与实体经济各领域渗透融合全面展开。大数据技术和应用逐步成为国家基础性战略支撑，成为推动数字中国、数字经济和新型智慧城市建设的重要力量。《2019 中国大数据产业发展白皮书》称，2018 年中国大数据产业规模达 4384.5 亿元，同比增长 23.5%，预计 2021 年产业规模将超过8000 亿元。这其中，交通大数据领域占 1000 多亿元。然而，由于交通类数据相对更加庞大，处理分析难度更高，数据更新速度快，需要具有较高的技术手段，并且绝大多数数据被政府与大的民航公司垄断，这对交通出行大数据类的技术处理公司提出了更大的挑战，同时也带来了新的机会。

厦门科技谷信息技术有限公司（简称"科技谷"）是一家专注于大数据技术与应用服务的高新技术企业，聚焦交通出行大数据相关领域，为政府和企业提供大数据整体优化解决方案，提供个性化出行服务，实现公共资源协同分配。科技谷分别于 2016 年和 2018 年获得两次千万级融资，加快技术升级步伐以满足时代变革需求。

随着新一代信息技术的迅猛发展，互联网与社会各领域各行业的

---

* 本案例数据来源于网络公开数据。

交融、交汇日益深化，一个以大规模产生、分享和应用数据为特征的大数据时代已经到来。科技谷为何选择从航空业大数据切入，打造出日臻完善、面向政企的大数据服务工具？如何在航空旅游、交通管理、公共安全等领域不断优化解决方案？如何打造在全网营销、精准打击犯罪、公共卫生、应急管理等新领域的发展路径？

二　公司背景

科技谷成立于 2013 年，在大数据管理和分析、信息检索等方面具有国内领先的自主核心技术和尖端产品，为航空旅游、交通管理、公共安全等领域提供大数据整体优化解决方案。

科技谷创业伊始就形成了以海外归国留学人员为核心的研发团队，积极参与国内民航、交通、公共安全等行业的信息化改造，拥有大数据产业链上、下游资源以及多项数据存储和处理的自主知识产权。

目前，科技谷自主研发的大数据管理平台已成功应用于国内民航、公共安全等领域。科技谷的数据挖掘工具可以让组织通过视觉化海量数据来发现数据之间千丝万缕的联系。在未来云计算、大数据和移动互联网的发展浪潮中，公司将致力于大数据技术和服务的持续创新，打造大数据领域卓越品牌，逐步成为全球大数据技术与应用的领导者，做中国的 Palantir。

三　业务概况

随着航空需求的日益场景化和碎片化，企业为满足用户而尽可能积极地响应用户需求的变化，发展新业务、提供新服务。这对航空业的前方业务端提出了挑战：快速响应、灵活运转。对于前台建设而言，必须在快速建设、试错的同时兼顾成本效益。但作为一个能承接大量新业务和新服务的航空系统而言，业务要做到量大而灵活，必定需要企业内部科学有序的稳定后台来支撑。后台是企业对内的，为了支撑前台越来越多的业务，后台经过不断建设，系统变得庞大起来，往往相对扎实、稳定，建成之后一般不能随意改动。因此，前方市场的变化无序与趋于稳定的内部支撑必定带来系统层级上的冲突。

科技谷提供的大数据服务体系（见附录1）以民航系统为切入点，为企业系统的前后台冲突问题提供了解决可能。

（一）助力航企，提升非航收入

航空公司、机场、铁路等交通出行领域是信息化极高的产业之一，在行业的快速发展下，已经积累了大量的数据信息。尽管航空公司目前有着含有大量旅客信息的数据库，但是这些数据仅被用于支持特定的运营程序，并未用于商业智能的开发。而且，由于数据项目众多，存放和管理零乱，还未实现不同部门之间的数据共享，如何使这些看似杂乱、无规律的数据产生商业与业务价值，正是民航企业提高营业收入与服务水平所面临的挑战。如何整合各个孤立的乘客信息，并与行为日志、互联网社交等联系起来加以利用？如何筛选高频、高价值的商务类旅客，挖掘海量数据中的商业价值，实现精准营销？如何全面保障航空公司、机场、铁路等交通出行领域的安全？当这些问题摆在面前时，传统架构给企业的 IT 成本带来了巨大压力，而且随着数据量的激增，收效甚微，企业需要新一代的大数据解决方案和数据分析产品来提升数据运营能力，利用数据发现新的业务价值。大数据和云计算作为一种新兴的 IT 实现方式，在深刻影响 IT 变革的同时，也为航空业带来了新的发展和机遇。

基于对这些问题的思考，科技谷自主研发出了 Smart 大数据平台和 Insight 数据洞察工具，协同满足航空公司整合孤立的旅客信息、利用行为数据、提供精准个性化营销的实际需求。其中 Smart 大数据平台（见附录2）类似于市面上云平台，主要起到数据存储、数据整合、数据分析与处理等作用，是一种可部署在云平台或物理机集群上的企业级软件，可帮助航空企业统一储存并整合孤立的旅客信息。同时突破了传统数据库只处理交易数据的局限，充分整合利用不同渠道收集的旅客行为属性数据，包括订单数据、行为日志、互联网社交、舆情数据等，并在此基础上刻画出"用户画像"。而 Insight 数据洞察工具（见附录3）则是科技谷最核心的产品，该工具基于 Spark 分布式计算框架建立了丰富的机器学习算法库及用户业务模型，只要输入相关的业务数据、文本数据等，就可以完成基于场景分析数据实体的画像、基于行为分析数据实体的日志、基于关系分析数据实体的关系网络等任务。具体来说，Insight 数据洞察工具能够深入分析旅客的亲属关系、社交关系、行为关系等多种场景、多层次的复杂关系图谱，即使犯罪嫌疑人过去并无任何违法犯罪记录，也能通过此工具快速、深入挖掘其关系网络，发现人员之间千丝万缕的关联性，从而精准锁定犯罪嫌疑人。

因此，针对任一机场，科技谷可搭建起分布式 Smart 大数据平台，同时利用 Insight 数据洞察工具构建一个可扩展、高效益的旅客洞察系统，全面洞察旅客的行为偏好及消费习惯，识别旅客身份，包括群体分布（地理、年龄、性别、兴趣等）和影响力传播等，进而构建出旅客关系网络图谱，实现旅客多渠道信息整合、身份识别、消费偏好分析，为航空旅游企业提供精准营销、个性化推荐服务并为航空公司提高全网转化率、延长旅客生命周期提供依据。通过应用这套大数据解决方案，南方航空公司实现了从"被动搜索"到"主动搜索"的转变，在 2015 年下半年官网的转化率从 10% 增加到 30%。

目前科技谷已与东方航空、厦门航空、广东省机场集团、广州机场、深圳机场、厦门机场、中国民航总局、中国铁路 12306 等民航铁路领域企业持续深度地合作。

（二）力争打造大数据行业的"今日头条"

当前，大数据已被国家政府纳入创新战略层面，成为国家战略计划的核心任务之一。越来越多的企业将迫切地需要新一代的大数据解决方案和数据分析产品来提升自己的数据运营能力，并利用数据发现新的业务价值。科技谷对标大数据公司 Palantir，基于交通出行行业的趋势判断与自身业务分析探索公司发展模式与创新路径，不断拓展解决方案的使用场景。

众所周知，不同的行业与应用场景所需的模型往往不同，即一个模型往往只能解决一个问题。但科技谷却试图建立一个能够解决所有问题的万能钥匙。目前，科技谷的大数据解决方案已经在航空旅游、交通管理、公共安全等领域得到应用。基于 Insight 数据洞察工具的广阔应用市场，科技谷将被打造成一个类似于今日头条的聚合平台，将

Insight 数据洞察工具的分析能力开放给所有对数据运营与管理有需要的企业，科技谷的"大数据 + AI"模式由此而生。

AI 与大数据结合的关键在于五个维度，即数据、算法、算力、场景支撑以及人机回环。科技谷的解决方案不仅能够为客户提供一套完整的循环，还能在此循环基础上进行细分与下沉。其技术体系已经涵盖大规模部署与管理、供应商集成、可视化、微云服务架构、多模型并行训练、模型服务器、自动硬件优化、节点管理等。

具体来说，Insight 工具构建了一些通用的模型，结合各行业企业已有的具体行业模型库，Insight 内置的 AI 系统便会根据场景的相似度为新的客户推荐最合适的模型。科技谷提供用户模型训练和数据分析的入口，不断修正和优化模型，为用户解决业务存在的痛点。而新客户对模型的修正与优化则又增加了系统蕴含的模型的丰富性，有助于解决其他行业问题。这意味着，科技谷可以充分借鉴目前已有的系统，并对其进行适当调整，运用到其他的系统中。例如，将交通民航铁路的系统进行调整之后，就有可能将其运用到轨道交通体系，这种调整不仅能够将效率最大化，还能够有效降低成本，并实现 AI 的便捷运用。

在同样数据量的前提下，科技谷的技术手段能够使模型更加准确，相当于使机器拥有"举一反三""触类旁通"的能力，如同人类掌握了一个知识，可以把它推广到其他的领域中去应用。通过平台技术，科技谷将帮助行业客户整合外部数据，发现源数据领域 A 和目标领域 B 之间的共同特征，涵盖营销策略优化和犯罪行为预测、信用体系评估等应用场景，从而帮助行业客户提升运营表现和企业营业收入，助力数字化转型。

那么，如何在系统并不完善的情况下解决数据采集与数据隐私问题呢？多个数据拥有方出于隐私保护的考虑往往不愿交换数据，同时各方数据集中的用户样本和用户特征重叠部分较少，即各自的样本数据较少并且数据无法聚合到一起，科技谷研发的联邦迁移学习平台便是解决这类建模场景的一种通用方案。通过迁移学习来解决数据规模小和标签样本少的问题，同时又能基于联邦学习框架来保护数据拥有者的隐私，最终实现"鱼和熊掌兼得"的效果。此外，联邦迁移学习平台还解决了不同机构加入联邦中共同建模的激励机制问题。该平台通过一个永久数据记录机制（如区块链）建立一个让参与方都满意的共识机制以估计各方的贡献，并基于该贡献对联邦有作用的机构进行奖励，从而激励更多数据拥有方加入平台。

科技谷面向交通出行领域应用的联邦迁移学习平台，在国内民航铁路行业应用创新并形成行业新标准，构建世界极高维表达，提供可高度扩展的 AI 架构。同时，证据推理理论是在概率推理领域世界领先的创新研究成果，基于它发展的可解释机器学习方法和循证决策分析与支持系统，构建闭环的自动学习机制填补了国内该领域的空白。因此，科技谷基于在交通大数据领域的深度掘金，为公司带来了诸多领域的延伸市场。现在，科技谷开始与腾邦国际、携程、龙腾出行等OTA（在线旅行社）公司合作旅游金融服务，与中国交通运输协会合作交通出行信用评估体系建设等。

（三）助力后疫情时代的公共应急管理，共建智慧城市

面对 2020 年的严峻疫情，国家积极投入健全应急管理体系，提高应急能力。科技谷利用自身在全国人车货领域数据优势，基于交通救援向公共卫生应急业务延伸，突出完善重大突发公共事件应急反应机制、社会治理和应急管理，并与地方及国家政府合作多个项目（见附录 4）。

针对严峻疫情带来的工业企业复工难，出行人员密集带来的涉疫人员排查难等需求，科技谷开发了大数据智能化防疫系统，该系统主要利用画像分析、关系图谱挖掘等关键技术，结合民航、铁路等交通各部门及国家卫健委等的数据，形成系列可视化分析报告指导决策，助力防控部门协调公共资源，缓解疫情危机。

科技谷联合航天长峰打造大型活动安保系统。该系统以公共安全体系平台为定位，业务场景涵盖大型活动、展会、会议、室内外赛事、演唱会、群体性活动、智慧园区等，实现公安现场指挥调度、业务审批、人员和车辆背审、交通监测、应急管理、舆情监测、信息发布，实现公共安全态势智能化、信息化，做到事前预警、事中决策、事后分析。

科技谷联合中国电信、医疗、人工智能、区块链、大数据、物联网等领域顶级专家，开展基于5G新型网络架构的智慧医疗技术研发，建设5G智慧医疗示范网，开展远程会诊、院前急救、疫情防控、分级导诊、医疗器械追踪等20项示范应用，为应对重大公共卫生突发事件等提供重要支撑。

科技谷联合航天长峰、地方应急局等单位，以应急培训为切入点，共同打造全国首个多灾种综合救援训练实战基地，主要功能有应急管理指挥、推演中心、多灾种教育馆、户外演练实操区等，推动防减灾与应急救援体系建设，以保障应急产业快速发展。

科技谷构建可信加密的联邦知识图谱平台，赋能边海防信息化建设。在军事通信网络的基础上，以构建情报大脑为核心，联合情报保障体系，提高情报处理质量，形成一体化的情报综合态势，为各类行动任务提供情报智能研判支持。在人工智能算法的基础上，构建算法驱动的情报挖掘框架，实现多元情报信息融合处理和智能研判。

科技谷联合厦门大学参与科技部重点研发计划"基于大数据技术文物安全综合信息应用平台"项目，主要针对文物安全事件智能决策支持与应急处置系统开展研究，综合利用大数据及云计算技术实现可视化调度应急处置，在文物安全突发事件发生时实现人员、物资、设备等的快速部署。

此外，科技谷拟与华为云开展合作，从智慧应急等模块，逐步增加"大交通"等更多合作项目。未来，科技谷将充分借助华为云在政企方面的优势力量，从技术支持、营销支持、市场推广等方面，推进科技谷产业创新力量发展，共同携手使能各行各业的数字化转型。

四 未来应剑指何方？

在大数据工具方面，科技谷自主研发了负责底层存储和计算的Smart大数据平台以及负责数据分析、预测的Insight数据洞察平台，并已在多个应用场景中部署，积累了80余种出行大数据算法。在服务客户时，科技谷所利用的数据包括通过之前服务不断累积的自身数据库、客户自有数据以及通过爬虫或者购买获得的第三方数据。目前，科技谷已经在微软 Azure 上利用自有数据建立了第三方 DMP（Data Management Platform，数据管理平台），其中包括航空公司、铁路系统等出行数据，同时，在客户方面，科技谷会帮助其以私有云的方式建立第一方 DMP，将第一方 DMP 与第三方 DMP 相互叠加，再进行后续的数据分析服务。

数据和工具都已经具备，那么上层应用场景的开发则至关重要，选择哪些应用场景可以最大化出行数据价值并为客户带来收益，是科技谷最需要考虑的问题。目前，科技谷形成了以出行大数据为基础的赋能营销、安全以及信用三大应用场景。

从民航数据切入，最先考虑的客户为航空公司，营销是大数据变现最为成熟的方式。对于航空公司而言，营销是公司发展的刚需。因此，营销场景的选择显得顺理成章。在营销业务中，科技谷利用客户第一方 DMP 平台以及自有第三方 DMP 进行数据分析，帮助航空公司寻找优质客户群并优化产品策略。除此之外，科技谷还提供 DSP 平台帮助客户进行投放。

民航体系中，除了航空公司以外，机场是科技谷的另一大客户群体。与航空公司不同，机场对于营销的需求相对较少，因此，在服务机场的过程中，科技谷更多的是从公共安全角度切入。在安全业务中，科技谷利用机场数据对出行人群进行身份评估、研判，并与公安数据进行关联和比对，从而保证机场内部的安全运行。此外，虽然机场的营销需求没有航空公司强烈，但是现阶段随着机场的生态体系愈加完善，专车等一系列增值服务逐渐兴起，其营销需求也在不断提升。科技谷从安全场景切入后，逐渐向营销场景延伸，截至 2018 年 11 月，包括广东省机场集团在内，科技谷已服务了 5 家机场集团客户。

2015 年，在国家发改委指导下，信用中国网站开通运行，旨在利用政府与社会数据建立信用评估体系。交通运输行业涵盖公路、水路、铁路、民航、邮政等领域的建设、服务等内容，铁路、民航、邮政等领域分别开展信用体系建设，交通运输部系统建成后逐步将其纳入交通运输信用体系范围。由于在民航等交通出行领域具有较强的数据以及算法积累，科技谷被选为交通出行信用的技术提供商之一。在交通信用业务中，科技谷主要服务政府以及银行客户，利用交通部数据以及自身积累的民航等出行大数据，进行个人和企业的信用分析，以接口、报告等形式服务客户，已与 20 余家城市商业银行进行合作。

基于科技谷平台的数据资源基础，充分应用数据处理、挖掘、分析相关模型技术，抽取选用不同的数据项，可以实现多用户群、多场景的数据应用服务。未来科技谷的发展将分别从以下三个方面展开产品研发与业务探索：（1）企业端以"用"为主，为企业或相关机构实时监测市场情况，挖掘新技术、新趋势、新商机、统计调研分析等，促进以市场需求为导向的技术创新升级。（2）政务端以"管"为主，基于庞大的产业大数据，可以为中央及各级政府部门提供新兴产业数据的应用，如产业规划、精准扶持、招商引资等，通过平台实时、精准的数据分析，为各政府部门科学、合理、有效的管理产业及规划提供依据和支撑。（3）机构端以"服"为主，科技谷作为服务平台，将产品打包形成相关平台管理技术、人工智能算法或可公开的数据信息，进而为机构提供基于数据、算法能力的智能管理服务平台，从而带动更多的行业服务提效，服务更多的创新企业用户。

众所周知，人工智能和大数据将会逐渐发挥更大作用，AI + 交通的未来有无限可能，智慧出行领域势必迎来大爆发。科技谷将逐步搭建完整的产业链上、下游和大数据产业生态平台，携手政府资源和企业、资本、领军企业共同打造智慧出行生态体系。

五　课后讨论题

讨论问题 1：从最初的 Smart 大数据平台、Insight 数据洞察工具，到联邦迁移学习平台，科技谷的产品方案解决了航空企业的哪些痛点？

讨论问题 2：简述中台的产生背景，以及科技谷的中台产品如何为客户企业提供战略支持。

讨论问题 3：从科技谷发展过程谈谈大数据驱动的创新链与产业链有机融合的机制是什么，建设内容包含哪些方面。

六　附录

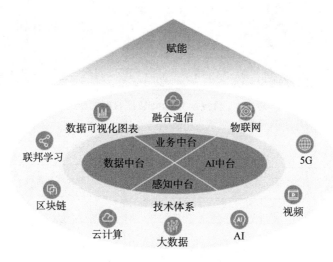

附录 1　科技谷大数据服务体系

资料来源：科技谷官网。

附录 2　科技谷 Smart 大数据平台

资料来源：科技谷官网。

附录 3　科技谷 Insight 数据洞察工具

资料来源：科技谷官网。

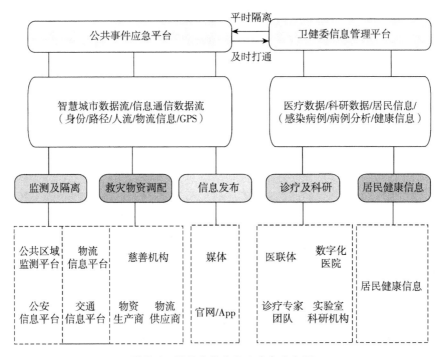

附录 4　科技谷公共卫生应急业务图

资料来源：科技谷官网。

注释

[1] 余乃鎏. 科技谷陈思恩：逐梦独角兽 [J]. 海西商界，2019.

［2］艾瑞咨询 . 2019 年中国数字中台行业研究报告［EB/OL］. 2019. http://www.
　　cbdio. com/image/site2/20191107/f42853157e261f2e1d490e. pdf.

［3］中国信息通信研究院 . 中国大数据发展调查报告（2018 年）［EB/OL］.
　　https://www. sohu. com/a/229929263_468714.

［4］IDC 白皮书 . 数字化世界——从边缘到核心［EB/OL］. https://www. seagate.
　　com/files/www-content/our-story/trends/files/idc-seagate-dataage-chine-whitepaper.
　　pdf.

【教学说明】

一　案例概要

科技谷是一家专注于大数据技术与应用服务的高新技术企业，聚焦交通出行大数据相关领域，为政府和企业提供大数据整体优化解决方案，提供个性化出行服务，实现公共资源协同分配。科技谷已与民航、铁路、公共安全、智慧城市等领域的多个行业标杆企业和政府管理部门建立合作，帮助改善出行服务，降低营销费用，显著增加收益，同时保障旅客安全，旗舰项目包括大型航空公司、机场枢纽、中国铁路、城市交通等大数据治理。

该公司在创业伊始就形成了以海外归国留学人员为核心的研发团队，积极参与国内民航、交通、公共安全等行业的信息化改造，拥有大数据产业链上、下游资源和多项数据存储、处理的自主知识产权。在大数据管理和分析、信息检索等方面，科技谷具有国内领先的自主核心技术和尖端产品，为航空旅游、交通管理、公共安全等领域提供大数据整体优化解决方案。近年来，中台概念持续火爆，不仅掀起行业内对其定义的百家争鸣，还引发了搜索热潮。选取科技谷作为典型的技术中台案例公司进行分析，旨在探讨技术中台带来的优势与机遇，理解现阶段企业数字化转型的相关知识。

二　在课程中的定位

本案例可以在"电子商务案例分析""电子商务系统分析与设计"等课程中探讨学习。在互联网（物联网）等新技术革命力量的推动下，企业正面临战略、组织、人才、技术等方面的多重转型压力。本案例通过对科技谷的产品解决方案以及商业模式创新路径的讨论，启发学生对企业数字化转型以及数据驱动管理决策等有关问题的思考。

三 相关阅读资料

（1）钟华，《企业 IT 架构转型之道：阿里巴巴中台战略思想与架构实战》（北京：机械工业出版社，2017）。

（2）陈国青、吴刚、顾远东等，《管理决策情境下大数据驱动的研究和应用挑战——范式转变与研究方向》，《管理科学学报》2018 年第 21 卷第 7 期，第 1 - 10 页。

（3）吴俊杰、刘冠男、王静远等，《数据智能：趋势与挑战》，《系统工程理论与实践》2020 年第 40 卷第 8 期，第 2116 - 2149 页。

（4）佚名，《中台产品面面观》，http://www.woshipm.com/it/2951982.html，2019。

四 教学计划

本案例适用于 90 分钟的课堂，其中辅助视频用于公司简介环节，见表 8 - 1。

表 8 - 1 教学计划

讨论问题	时间/分钟
案例内容概述、案例讨论热身等	5
播放简介视频	5
讨论问题 1	20
讨论问题 2	25
讨论问题 3	20
分析框架或教授总结	15

五 讨论问题分析

讨论问题 1：从最初的 Smart 大数据平台、Insight 数据洞察工具，

到联邦迁移学习平台，科技谷的产品方案解决了航空企业的哪些痛点？

　　航空企业发展到一定程度，组织架构和层级必然不断膨胀、扩张。各大事业部下的每个部门，如同小型组织一样，势必出现各自为政的现象，进而形成大企业内部的部门墙、业务墙和数据墙。因此，一个原本可以共用的服务，往往被不同部门重复建设。一些原本可以快速提供的用户服务，却需要多重对接，无法快速拿出产品方案，耗费很大的成本和极长的时间。并且，单一系统来源的数据已经很难满足企业的经营决策需求，跨系统、跨部门之间数据统一、集成，统一视图的展现，包括数据分析和数据挖掘就显得异常重要。

　　科技谷自主研发的 Smart 大数据平台和 Insight 数据洞察工具，满足了航空公司整合孤立的旅客出行数据并通过分析数据提供精准个性化营销的需求。当这两个产品应用于航空领域时，科技谷通过收集旅行目的地、下单时间、机票折扣、旅客年龄等数据，并结合互联网社交和舆情数据等，即可刻画旅客画像，实现对旅客的分类和深度认知。而旅客关系网络图谱的建立，则可进一步展现旅客的影响力和重要性，为航空公司的营销及竞争决策提供依据，从而大幅提升旅客体验、旅客满意度和忠诚度。这就意味着，根据事先通过大数据分析掌握的旅客信息，比如身份特征、旅行偏好、微博属性等，企业能够迅速判断并立刻为其推送感兴趣的专属广告。让 AI 去置放广告，点击率越高，分数就越高，这样 AI 就能不断演进优化广告，让每位旅客走过触点看到的都是不同的内容，极大地提升了有效营销的精准率，进而提高了航空公司的全网转化率和核心竞争力。

　　科技谷基于业内成熟的联邦学习理论和框架，结合各行业的业务场景和数据安全困境，首创面向行业的商业联邦学习应用平台。该平台提供了一种合法合规的数据融合方式，改变了每个数据拥有方单打独斗的常态，将数据资源以可行的方式联合在一起。科技谷运用丰富的跨界数据融合落地应用场景，通过对全国人流、车流、货流等信息进行大数据处理与智能化应用，为航空企业实现了诸多创新的应用，并逐步延伸至城市人车货动态化监测、预警与应急事件处理能力等领域。目前，科技谷联邦学习在民航大数据的应用，极大地促进了民航企业业务的提升，在民航企业精准投放、个性化服务、旅客引流等方面起到重要作用。

除此之外，科技谷还基于证据推理理论创新研究成果发展了可解释机器学习方法和循证决策分析与支持系统，帮助民航在分析旅客价值、提升旅客满意度、动态定价提升客座率、增加收益等方面提出了建设性、可行性较强的优化方案，填补了国内空白。其中，循证决策平台还融合了大数据信息技术、知识图谱、多元信息认知等技术，承载了 Smart 大数据平台、Insight 数据洞察平台以及具体智能化场景模块，具备跨场景能力和搭建业务中台能力，从而支持融数据证据于决策，赋能航空企业科学决策。

面对新冠肺炎疫情，科技谷通过人工智能技术快速响应抗击疫情，针对疫情带来的工业企业复工难，出行人员密集带来的涉疫人员排查难等需求，开发了大数据智能化防疫系统、大型活动安保系统等，结合民航、铁路等交通各部门及国家卫健委等数据，形成系列可视化分析报告指导决策，助力航空企业防控部门协调公共资源，实现公共安全态势智能化、信息化，做到事前预警、事中决策、事后分析。

讨论问题 2：简述中台的产生背景，以及科技谷的中台如何为客户企业提供战略支持。

中台作为新兴概念，成为近几年技术市场的热门话题，中台的探索道路也在曲折中前进。中台是一个重塑企业的管理、业务、流程、数据、技术等全要素的工程，具体表现为数据中台、业务中台、AI 中台等。其中，数据中台的本质是将数据资产化，业务中台的本质是将应用场景化，AI 中台的本质是将流程智能化。

结合中国企业信息化的发展历程，首先分析中台的诞生背景。第一阶段是企业内部数据的数字化，这为中台的出现提供了先决条件。在该阶段，企业底层的 IT 架构基本搭建完整并实现了内部业务初步数据化。同时，企业自上而下形成了对信息化建设的共识。第二阶段是伴随着移动互联网技术的迅猛发展，该阶段为中台提供了海量数据以及对数据治理和应用的潜在需求。第三阶段是互联网人口红利的逐渐消失则催生了各行业对数据价值更深的认知需求。

为了满足新业务的即时需求，企业往往同时使用多个信息系统，而各个系统的数据不同，这就造成了业务系统的大量重复开发，系统如同一个个林立的烟囱互不连通，形成数据孤岛现象。这种重复投资、无法协同的独立烟囱架构，是绝大多数企业信息化中后期所面临的问题。科技谷的产品正是从民航企业的信息化痛点出发来提供基于大数据及人工智能技术的技术服务。

其次，互联网时代面临场景、业务增多且快速迭代变换的局面。企业系统的前台和后台如同两个不同转速的齿轮，前台需要根据市场变化，快速响应用户需求进行创新迭代。而后台则由于面对的是相对稳定的后端资源，往往稳定至上。因此，当企业业务拓展到某一瓶颈阶段，数据中台作为数据资源的有效解决方案应运而生。该解决方案能够机制化、产品化地解决上述问题，能够更好地通过产品的形式将企业内部具有很强的通用性的数据、功能、产品甚至经验进行统一规划和开发，进而更好地帮助前台业务部门关注业务，提高业务运营效率，提升企业竞争力。这是航空企业采购数据中台服务的基本出发点。

科技谷的联邦迁移学习平台，整合企业的各方资源，连通航空企业的 IT 架构和各类数据，平衡前、后台矛盾，有效地响应了多变的前台需求，最终提升航空企业的决策水平和业务表现，并助力其实现商业本质。值得一提的是，科技谷提供的中台不仅仅是工具和方法论，更需要企业战略及组织架构等全方位的规划和配合。如果没有航空企业高层的支持、配套的组织、创新的业务，中台依然难以发挥作用。应对航空企业频繁的业务变更，新的应用如何融入原有的中台，让中台更加丰富，是关系中台能力如何持续进化的问题。

因此，科技谷的数据中台解决方案一方面可以为航空企业提供企业级数据模型，从整体上统一数据架构，打破信息孤岛，解决数据冗余、不一致等问题。数据中台相当于航空企业数据仓库，负责将企业的数据统一建模和集中存储，提供可用的、高质量的数据以及大数据分析能力，并将该能力通过接口服务等方式对外提供。通过将数据封装成服务，以 API 等方式对外输出，简化上层业务使用，提升对业务需求的响应效率。另一方面，随着业务技术的发展，科技谷的数据中台向着 AI 中台演进，AI 中台为所需的算法模型提供分步构建和全生命周期管理的服务，科技谷可以将业务不断下沉为一个个算法模型，以达到复用、组合创新、规模化构建智能服务的目的。AI 中台是数据中台的进一步延伸，将在数据中台进行的一系列数据服务构建操作进行智能化实现，让数据接入、存储、分析、展现、训练以及构建管道（pipeline）都更加自动化。总的来说，以智能化服务为核心，AI 中台依赖数据中台提供数据服务能力，也能够提供给数据中台更便捷和快速的数据分析和预测，二者相辅相成，从而提供了更好的数据服务。

讨论问题 3：从科技谷发展过程谈谈大数据驱动的创新链与产业链有机融合的机制是什么，建设内容包含哪些方面。

大数据驱动的产业创新意味着通过大规模数据挖掘、机器学习、深度学习等预测性分析技术，对现实应用场景的内外部多源异质大数据进行分析和处理，从中提取有价值的信息或知识，并用于提升复杂实践活动中的管理与决策水平。因此，从管理的视角出发，在大数据驱动和应用场景牵引下，综合面向大数据的预测性数据分析技术，涵盖 20 世纪 80 年代以来基于人工特征的机器学习、90 年代以来源自数据库的数据挖掘，以及 21 世纪初以来的深度学习、传统的统计分析和可视化技术，针对应用场景需要为复杂实践活动中的管理与决策提供技术支持。一些基础性的数据分析技术将在应用场景的需求牵引下进行创新和整合，形成综合性的数据分析技术，如现在已在电子商务平台广泛使用的推荐系统就是一类典型的综合性技术。大数据驱动和应用场景牵引，是创新链与产业链融合的关键所在。

大数据推动算法，特别是深度学习算法的研究，使算法得以在实际场景中应用，而应用将产生更多的大数据，它们将被用以持续提升算法，形成了数据、算法、场景三者的循环迭代和螺旋上升，成为数据驱动下创新链与产业链融合发展的系统动力。

基于科技谷平台的数据资源基础，充分应用数据处理、挖掘、分析相关模型技术，抽取选用不同的数据项，可以实现多用户群、多场景的数据应用服务。其建设内容包括：（1）为企业或相关机构，实时监测市场情况，挖掘新技术、新趋势、新商机、统计调研分析等，促进以市场需求为导向的技术创新升级；（2）基于庞大的产业大数据，可以为中央及各级政府部门提供新兴产业数据的应用，如产业规划、精准扶持、招商引资等，通过平台实时精准的数据分析，为各政府部门科学、合理、有效地管理产业及规划提供依据和支撑；（3）科技谷作为服务平台，将产品打包形成相关平台管理技术、人工智能算法或可公开的数据信息，进而为机构提供基于数据、算法能力的智能管理服务平台，从而带动更多的行业服务提效，服务更多的创新企业用户。因此，数据驱动的中台建设内容主要涵盖了生产、消费、监管三大方面。

生产主要是指数据团队，包括数据产品经理、数据分析师、数据科学家、数据工程师等，他们将使用中台数据工具生产数据，具体场景包括数据分析、数仓规划、开发运维、算法开发、资产管理与运营、数据安全与合规管理等。正如之前提到的，烟囱式数据体系造成数据调用混乱、口径不统一、质量参差不齐、建设和维护的重复，造成人力、物力、时间等资源的浪费和前端使用不便。这正是企业方＋中台（数据、技术）需要重点解决的问题。

消费主要是指业务团队，包括（Business Development）、咨询、运营、商业分析师乃至管理层（CEO、CFO、CTO 等），他们将生产者精心准备的数据，结合业务最大限度地发挥数据的价值。对于不同消费者，数据应用的诉求和场景很多。对于管理层和一线业务人员而言，实现借助不同层次的数据进行经营管理和分析。通过中台赋能前台，前台直接享受中台的成果，可以快速查看并使用数据资产。

监管包括公司内部法务等相关团队、App 开发者、个人信息用户、国家相关部门（网信办、工信部、公安部等）。一方面从法务角度结合法规确定 SDK（Software Development Kit，软件开发工具包）开发者协议、隐私政策、服务条款，另一方面从中台角度去标识化用户并围绕数据采集、数据传输、数据存储、数据汇聚、数据使用、数据删除等一系列流程进行数据保护。中台健全的数据安全管理体系，包括信息分级分类、加密保存、数据访问权限划分、指定内部数据管理制度和操作流程等。

第六部分

电子商务与商业模式

第九章

滴滴出行：共享经济下的商业模式创新[*]

一 引言

作为走在"互联网＋"企业前头的企业，滴滴出行公司通过各种补贴政策和"烧钱大战"为公司赢得了目标用户的广泛关注。作为互联网＋企业的典型案例，滴滴出行处在占领市场份额入口阶段，目前还没实现真正盈利。然而通过前期大量资金投入实现了现有资源的有效利用，从而实现了相关价值链的增值。公司创始人程维经常在办公室里看着屋外面的车流，他认为："出行的梦想就是用互联网把所有的交通工具都连接到线上。用越来越强大的交通云，用越来越智能的调度引擎去调度一切，导航一切，去提升整个城市的出行效率，提升每一个用户出行的体验。"[1] 这是他的出行梦想，也是滴滴为之努力奋斗的出行梦想。滴滴的共享经济模式的核心要素是什么？它是如何通过共享经济模式实现价值增值的？

二 发展历史

滴滴出行隶属于北京小桔科技有限公司，在国内较早通过移动互联网技术推出网络智能叫车系统。滴滴出行（简称"滴滴"）是全球

＊ 本案例数据来源于网络公开数据。

① 滴滴程维＆柳青霸气演讲：2016 彻底干掉对手　赢得战争！https://www.sohu.com/a/58219847 - 114965.

领先的一站式多元化出行平台，在中国 400 余座城市为近 3 亿用户提供出租车、专车、快车、顺风车、代驾、试驾、巴士等全面出行服务。多个第三方数据显示，滴滴拥有 87% 以上的中国专车市场份额、99% 以上的网约出租车市场份额。

公司致力于以共享经济实践响应中国互联网创新战略，与不同社群及行业伙伴协作互补，运用大数据驱动的深度学习技术，解决中国的出行和环保挑战；提升用户体验，创造社会价值，建设高效、可持续的移动出行新生态。

（一）滴滴四个阶段的角色变化

1. 2012 年上线—2014 年 1 月（参与者）

用户属于缓慢增长阶段，市场处于培育期和探索期。这个时期摇摇招车占领着北京市场，滴滴不断地基于用户体验和反馈进行迭代，为后续用户呈现爆发式增长蓄势。

2. 2014 年 2 月—2014 年 9 月（替代品）

滴滴接入了微信支付，加上市场的动作，用户量呈现了比较明显的变化。安卓的用户规模也超过了 1 亿，其用户使用率高达 74.1%。

3. 2014 年 10 月—2015 年 2 月（主力军）

这个阶段滴滴 App 的下载量快速增长（见附录 1），滴滴用户出现指数性的增长，滴滴的用户规模几乎翻了 5 倍。主要来源于强有力的市场推广策略和展开一些非常有热度的品牌活动。同期，滴滴的竞争对手也呈现比较明显的增长，市场正进入成熟期，用户行为在这个阶段有明显的转变也是扩张的原因之一。

4. 2015 年至今（垄断者）

这个阶段，滴滴开启了多元化的道路，和"快的打车"进行了合并。用户在这个阶段也有了明显的增长态势并达到了一定的规模，这个消费关系链所构成的关系网络反而会将用户牢牢地锁定。

（二）维持用户量的措施

梅特卡夫定律认为网络的潜在价值随着接入网络的节点数量的平方函数增加。即每个节点都与其他节点直接连接，N 个实体（节点）

构成的网络，潜在信息互连（边）的数量为 $N(N-1)$，所以当 N 的数量很大的时候，这一价值规律按照指数规律增加，即 N^2。滴滴通过前期用户分析、用户细分，提升用户满意度，在此基础上通过一系列措施实现用户带动用户，实现双向收益。

1. 用户行为感知

从客户层面来看。用户注册滴滴后，通过滴滴设置起点位置，滴滴后台感知分析司机与乘客之间的距离，为乘客推荐最佳的乘车类型与乘车路线，在下次乘车时，依据上次行车轨迹，智能感知用户上下车地点，进行上下车地点推荐。从司机层面来看，依据乘车过程中司机 GPS 导航系统，滴滴对司机起始点距离与乘车时间进行预估与监督，防止司机绕路现象的产生。

2. 信息交换

司机—滴滴平台—乘客之间的信息交换：基于"梅特卡夫定律"背后定义的数字化生活，司机、乘客与滴滴平台之间进行信息交换，从而实现滴滴产品迭代。即时信息推送功能，滴滴乘客能够知道司机所处位置和到达时间，减少时间浪费，优化出行体验。预约加价功能，一方面乘客能够以合理的价格预约到几天后的车辆；另一方面，司机能提前安排好时间，防止"满城空跑"现象，实现司机、乘客提前匹配，极大地体现资源共享下的便民生活。在高峰期、拥堵路段，通过呼叫等待功能反馈滴滴平台进行车辆调度，保证司乘高效出行。司机与乘客之间信息交换：通过乘车互评机制，滴滴平台会以后台数据分析司机评分，将乘客优先推给评分高的司机；同时，滴滴平台仍以后台数据分析乘客评分，将更优质的服务优先推给评分高的乘客。

3. 互动合作

（1）完善平台。试点阶段，滴滴平台将司机与乘客进行有机连接，并通过智能能力和分析能力，在用户与滴滴平台之间建立互动合作。首先，在司机层面，司机将软件问题予以反馈，譬如注册过程烦琐、抢单界面不稳定等，将司机纳入滴滴出行设计软件的司机窗口完善过程中。其次，在乘客层面，滴滴平台借助互联网时代的网络效应积极宣传，乘客将软件问题予以反馈，譬如非就近原则导致等车时间长、高峰期难打车等问题,将乘客纳入滴滴出行设计软件的乘客窗口完善过程中。多次搜集用户不重复性的反馈信息,力争将用户需求和软件设计相匹配,实现用户与平台的价值共创。

(2)优化服务。基于滴滴双向评价机制,滴滴平台对用户实行差异化服务机制,对评价高的用户实行奖励。由此,为了得到更高的评分,司机会更加注意细节,譬如礼貌的举止、整洁的乘车环境、专业的驾驶等;乘客会更加注意言行,譬如友善的微笑、更多的包容与理解等,共同营造一个舒适的出行环境。

4. 分析能力

(1)信息处理。2014年初,在滴滴与快的以"补贴大战"拉拢用户的竞争中,滴滴的订单数量在一周之内涨了近50倍,基于梅特卡夫定律,网络的价值与联网的用户数的平方成正比,在滴滴如此庞大的用户交互、数据积累的背景下,提升用户满意度,快速沉淀用户,吸引新的用户,对数据信息的分析处理刻不容缓。

(2)路径规划。基于梅特卡夫定律,滴滴通过将滴滴用户数据信息进行大数据分析,从最低出行成本、最高司机效率和最优交通系统运行出发,设计出最佳的智能路径选择算法,进一步提升了预估精度。

(3)动态调价。滴滴后台海量数据会根据城市、时段、天气,以及交通拥堵情况、用户本身的订单价值,计算出订单加价的数目和订单被接收概率,如果系统判定用车人的位置订单成交概率过低,用户下单量较大,而司机较少导致成功叫到车的耗时较长,则为了更快地叫车,系统会根据数据库中的历史数据和当下路面情况计算出一个合理的价格,作为标准车费之外的调价,让订单更容易被司机接纳。

(4)奖励激励。滴滴调度系统会运用大数据将乘客端订单量化,平均分配给司机端;定向补贴,针对不同城市、不同时段按照需求量进行调整,采取精细化定向补贴的方式,对真正需要补贴才能促成出单的情况进行补贴。

(5)合乘拼车。乘坐顺风车时,当乘客在选择是否愿意拼车以及输入拼车人数进而发出订单后,系统会自动寻找顺路拼车友,在找到愿意同行的"拼友"后,系统自动将订单放在一起推送给愿意接单的司机。

5. 互动合作

（1）细分用户。主要分为两个方面：基于滴滴存储的大数据，对用户进行画像分析，更准确、有效地进行动态调价、定向补贴；基于滴滴出租车的技术基础，专车、快车、顺风车等六大业务陆续上线，专车主打专业服务，快车主推价格低廉，顺风车拼车系统社交导向，不同的产品针对不同出行需求群体；细分用户，进而提供差异化服务。

（2）分享传播。梅特卡夫定律认为网络的潜在价值随着接入网络的节点数量的平方函数增加。滴滴在复制阶段，为培养用户习惯进行大量补贴，且用户可以分享到朋友圈邀请好友，获取额外奖励，这种分享模式可收获大量忠诚用户。乘客完成行程后，可以在朋友圈分享折扣券，这个折扣券的数目大小是通过滴滴后台数据分析来计算和预测的，能够给用户带来最大满意度。

（3）社交网络。滴滴在间接连接乘客与司机的同时，也促进了不同行业、不同种类司机与乘客、乘客与乘客的高频率连接，这点在滴滴顺风车上的体现尤为明显。产品设计在解决出行问题的前提下又是一种有具体场景的社交行为，扩大了司机与乘客、乘客与乘客之间长期的互动甚至合作关系。

三　行业竞争分析

（一）滴滴出行的行业竞争五力模型分析

1. 替代品的替代能力

企业的利润率首先是由替代品的威胁决定的。移动出行的替代品指公交车和私家车等传统出行工具。这些传统出行工具虽然可以代替网约车出行，但它们的便捷性、即时性、共享性、经济性远不及网约车。从经济实惠的角度出发，网约车更符合当代消费者偏好，因此替代品的威胁较小，可以说明网约车持续赢利的能力强。替代品的相似性和差异性还依赖不同客户划分的细分市场，网约车行业中划分为网约"出租车"、网约"专车"和"顺风车"，滴滴出行核心业务包含这些领域，因此替代品的威胁对滴滴出行来说较小。

2. 潜在竞争者的发展能力

滴滴出行公司的生存和发展一直处于瞬息万变的行业竞争环境中，也不断受到其他企业进入的威胁。

如何与新进入者竞争，决定行业的进入壁垒，其来源有：

（1）高额的资本成本。滴滴自 2012 年至今，前后共融资 20 次，据披露的融资数据来看，其 20 次融资金额近 1500 亿元人民币，包括 202.447 亿美元（按照 2018 年 9 月份汇率约 1380 亿元人民币，按此前汇率则更多），以及 2 亿元人民币。在 2014 年以前，滴滴出行处于营销初期，为了扩大网约车市场规模获得融资超过 1 亿美元。网约车行业拥有必要资本的潜在进入者不多，这意味着进入威胁不大。

（2）规模经济和绝对成本优势可形成另一种进入壁垒。滴滴出行并未形成绝对成本差异，新进入者的威胁较大。

（3）用户对品牌的忠诚可以形成进入壁垒。滴滴出行后期利用大量的优惠和补贴使用户形成了消费习惯，如滴滴出行的学生中心，以每月赠送 4 张优惠卡的形式，利用专车红包进行"浸入关系链"激发营销。虽然形成消费习惯，但是用户对滴滴出行的忠诚度不高，容易被其他网约车的高补贴、高优惠吸引，用户的转移成本低，意味着进入壁垒较低。

（4）产品差异也会构成进入壁垒，若用户认为产品差异实际上是难以模仿的，这时产品差异就会形成一个有效的壁垒。滴滴出行与快的、Uber（优步）合并以后，优步即退出中国市场，老版优步 App 于 2016 年 11 月 26 日晚 11：59 停止在中国的运营。占据了市场的绝对优势地位，若垄断平台获得较高利润，就极易吸引新的竞争对手平台入场。而且由于网约车行业目前不具有过高的技术门槛，具有规模的企业在进入网约车市场时的成本不高，滴滴出行业务较多，在专车等其他交通领域并没有形成产品差异，这就使得准入门槛过低的情况下，网约车行业容易出现新进入者，对滴滴出行现有的业务和未来发展规划都有不小的打击。

3. 购买者的讨价还价能力

网约车行业的利润率部分决定于购买者的讨价还价能力。购买者可能是高度集中的，也可能是极度分散的，相比高度集中的购买者来说，分散的购买者没有什么议价能力。滴滴出行的购买者就是有打车需求的客户，其对价格十分敏感，对质量的敏感度中等，但随着安全事件的发生，客户对质量的要求也越来越高。但是由于滴滴出行的覆盖面广，替代品较少，对于购买者来说，对网约车的选择余地较少，而且网约车的消费者是分散的，因此形成了买方还价能力低的局面。对于滴滴出行来说，其用户规模巨大，甚至出现供不应求的状况，因此滴滴出行在与购买者讨价还价方面有优势。

4. 供应商的讨价还价能力

滴滴出行的供应商就是广大的出租车、专车等交通工具的司机，他们在各个平台注册的成本都较低，因此转换平台的可能性就更大。并且市场价格对于司机是可掌握的，在比较工资后，也极易产生更换平台的念头。对于供应商来说，以往是滴滴出行补贴力度大，才使得供应商有动力使用该平台。但目前滴滴出行的竞争对手给供应商提供了更多的优惠政策和更多的补贴，供应商成为网约车行业争抢的对象，因此供应商的还价能力较强。正是供应商拥有较好的议价能力，才使网约车企业的利润率下降。

5. 行业内竞争者现在的竞争能力

在 2016 年以前，滴滴出行的最大竞争者是快的和优步中国，滴滴出行在与快的、优步中国合并后俨然占据市场最大份额，但行业的竞争仍旧激烈，不少网约车企业通过自身的特点向外延伸，不断伸向滴滴出行涉及较少的领域，较有代表性的有美团打车、神州专车和嘀嗒拼车。

极光大数据发布的《2018 年移动互联网行业数据研究报告》显示，2017 年底，滴滴出行仍然以 14.7% 的渗透率在用车服务中排名第一，但紧随其后的嘀嗒出行、首汽约车也在飞速增长，2017 年 12 月的渗透率环比增速分别高达 8.4% 和 43.4%。

但在 2019 年，美团打车呼声高涨，目前，滴滴出行的主要竞争对手是美团打车，其在不同领域拥有大规模用户，并且在滴滴出行的核心领域有所行动。美团打车于 2019 年 4 月 26 日在上海、南京上线

"聚合模式"，接入首汽约车、曹操出行、神州专车等出行服务商，用户可在美团一键呼叫多个不同平台的车辆。神州专车以高端用车为主打，嘀嗒拼车以简单、便捷的拼车为主打。目前，上海、南京用户通过美团 App 进入打车服务入口，输入出行起始地址后，在页面下方可以看到由首汽约车、曹操出行、神州专车等出行服务商提供的出租车、经济、舒适、商务、豪华共五种打车服务，支持多类车型同时呼叫，还可选择预约用车服务。据了解，"聚合模式"上线后，上海、南京的用户仍能继续使用美团快车服务。除上海、南京外，未来美团打车在其他城市都将与取得合规资质的出行服务商合作，只以"聚合模式"开展试点。新模式侧重在用技术投入推动用户体验，不会涉及大额补贴。

通过分析发现，滴滴出行在行业竞争中的最大的优势是其市场占有率高，最大的劣势是滴滴出行的使用者的忠诚度低。一旦有资金力量雄厚的新进入者参与网约车的竞争，就极其容易以优惠的条件抢夺滴滴出行的用户，从而动摇滴滴出行在网约车市场的地位。

四 面临的问题

（一）早期问题

1. 技术问题

2012 年 9 月滴滴打车上线的时候，由于软件是外包开发，存在很多技术难题，最致命的就是响应问题，经常出现用户下单，司机端接不到单的情况，极大地影响效率问题。

2. 政策难题

滴滴打车刚开始找出租车公司合作，前期找了 100 家出租车公司，没有一家愿意选择合作，一方面是由于出租车公司不缺单，有没有这个软件同样赚钱；另一方面是当时在这个领域还没有任何相关的政策，大型出租车公司没有交通部的文件，认为存在政策风险的问题，不愿意合作，所以早期市场拓展经常碰壁，直到签署了第一个合作之后，市场局面才陆续被打开。

3. 教化难题

智能手机尚未普及和出租车司机很多文凭低、不懂得使用是早期市场拓展亟须克服的难题。那个阶段国内智能手机尚未普及，很多司机不愿意为了一个软件去购买一部手机，这是市场早期司机端拓展的难题。

另外，软件操作需要已经尽可能简单，但还是需要人为地进行一些操作，这极大地打击了出租车司机使用的积极性。司机都不确定这个东西是否能为自己多赚钱，为什么还要花时间去学？

（二）近期问题

1. 技术缺乏创新

滴滴打车平台的技术支持不够便捷，亟待创新，例如 2015 年 8月，定位技术不够精确，常常会出现司机、乘客互相找寻困难的情况，造成乘客乘车体验不佳。在与使用滴滴平台的司机交谈中发现，滴滴打车所使用的定位还会出现滞后现象，比如司机已经到达乘客附近，但是地图上的位置没有及时更新，也会不利于乘客与司机的沟通。

2. 安全问题频发

现在的滴滴已经占有国内较大的市场份额，自 2017 年 2 月，央视报道滴滴用户信息被贩卖的消息，2018 年 8 月，"性骚扰"事件发生，直至 2018 年前，安全事故频发。作为占据市场垄断性地位的公司，滴滴应该正视这个问题，完善客服体系。水能载舟，亦能覆舟，这个阶段的滴滴，已经不需要考虑被竞争对手超越甚至吞并的风险，而应该把精力转移到如何保障用户隐私和用户安全，如何提升用户体验、改善用户乘车环境的问题上来，重视管理问题，改进和完善机制，成为一个有社会担当的企业，滴滴才能走得更远。

滴滴打车没有安全保障，主要原因是原来在出租车上的司机是在听广播，而现在却迷失在抢单之中。在司机开车过程中，因为滴滴打车需要及时接单，所以司机会只顾着抢单而不注意安全，从而给乘客和司机的生命安全带来隐患，这与滴滴打车原本给予的方便背道而驰，还给人们带来安全问题。

3. 监督力度不够

2019 年 8 月 15 日，被相关部门查出不合规网约车比例超82%，滴滴打车平台司机与乘客之间的纠纷也屡见不鲜，平台对于司机的资格审查和准入门槛监督不到位，尤其是私家车司机。滴滴打车平台是利用互联网将司机和乘客联系起来，对于司机服务质量的约束机制欠缺。

4. 客户服务体系不完善

2017 年 9 月，车主无法进行专车认证，多次联系客服无果，使得滴滴打车的订单量急剧下降。由此可见，服务质量不断提高才能获得越来越多用户的信赖，滴滴打车目前的评价方式是乘客支付完车费后对司机打分，但是这种评级方式过于单一，很难全面地反映顾客的真实需求。这完全反映了滴滴打车平台乘客对于乘车体验以及对司机的评价渠道有限，滴滴平台对于顾客提出的意见处理渠道不够顺畅。

5. 平台打车软件的加价问题

2018 年 2 月，为了提高用车高峰时间用户打车的成功率，滴滴提供了加价功能。它的本意是为了缓解高峰期的用车压力，也可以适当提升司机和滴滴自身的收入，但因为滴滴自身考虑不够周到而引起了不小的争议。因为本身市场调节不够完善，滴滴的加价规则又过于随意，没能提供一个很好的动态加价规则，再加上部分滴滴司机受困于滴滴打车的订单派送机制无法接单，所以无法真正缓解高峰期用车压力。同时加价功能使乘客利益受损，出行成本增加，乘客对滴滴软件就会产生不满，导致滴滴用户流失，自身陷入舆论风波中，不仅削弱了自身竞争力，还损害了自身形象，同时由于用户的抵触心理，加价功能带来的利润有限。

五 滴滴的共享经济模式

（一）价值链模式

1. 网约车市场

规模和用户体验互相支撑，庞大的规模意味着更多、更复杂的用户场景，让团队设计完善、细致的解决方案支撑这些场景，提升了用户体验。滴滴出行，定位打造智能出行平台，服务社会多类型人士，目前已打造为综合性出行软件。提供专车（面向中高端商务人士）、快车（大众群体出行）、顺风车（环保节能的拼车）、巴士（企业客户）、代驾（车主群体）、试驾（欲买车用户）等六大出行服务，可为目前常见的多种类型人士提供个性化的出行服务。它服务范围较广，目标性强，由于是由前身为两大强者的"滴滴打车"和"快的打车"合并，又占领了"移动互联网两大王者 App——支付宝和微信"平台领域，即在支付宝和微信上均可进行叫车业务，不用专门下载"滴滴出行"App，故市场占有率和影响力目前排名第一也是无可非议的，软件竞争力较 Uber（优步）和神州专车 App 来说的确属于实力强悍。

2. 服务方

滴滴作为一个提供出行服务的第三方平台，想要全面满足整个城市的出行，希望有大量的司机入驻平台，其入驻要求其实不严格，司机入驻也比较容易，但还是需要一些基本的保障条件。

首先申请滴滴司机对车辆的车型有一定的规定，每个城市对于车型的规定都不一样。然后需要看一下车的裸车价格，一般要求裸车价格不能低于 7 万元。如果注册专车，裸车价格不能低于 12 万元；如果注册豪华滴滴车，裸车价格要高于 20 万元。

其次是对司机的年龄有一定的要求，一般要求男性司机的年龄是在 22 周岁到 60 周岁之间，而女性司机的年龄则是在 22 周岁到 50 周岁之间。如果注册的是快车，那么要求必须有 C2 驾驶证，并且要有一年的驾龄。假如注册的是专车，则要求有 C1 驾驶证，并有三年以上的驾龄。如果注册的是豪华滴滴车，那么就得有 C1 驾驶证，另外就是要有5 年以上的驾龄。

有了大量的司机入驻后，滴滴平台就有了运营的基础保障，作为提供出行服务的第三方获取利润。

3. 消费者

为了满足出行服务，滴滴作为第三方平台需要做的事情就是如何将随机发生的服务获取方与随机发生的服务提供商进行有机的撮合，并促成交易的最终完成。滴滴平台的主要消费者的年龄集中在 20 ~ 40岁，年轻的消费者是滴滴平台的主要来源，他们的消费习惯来自平时的出行需要，比如大学生的出行需要，还有上班族年轻一代的日常通勤需要，这部分年轻人的出行占比是非常高的，他们的出行需求量很大，出行次数也多，所以滴滴应该综合考虑如何满足消费者的出行需要，合理安排订单和进行撮合，最终完成交易。

4. O2O 平台运营商

滴滴响应政府"互联网＋"的号召，以解决人民出行痛点为初衷，致力于打造"互联网＋出行"的平台。O2O 模式的信息使用平台，用高效、直接的互动交易方式，更好地让用户双方获益。滴滴撮合的模式是司机枪单，而 Uber 撮合的原则是就近派单。滴滴使用的 O2O 模式更加灵活，在进行出行定位的同时，附近的司机均可提供服务，面对附近的订单，司机可以进行主动的选择后抢单，司机不仅更具有主动性，也相对地公平，而不是仅仅按照就近原则这一个标准进行判断。同时滴滴平台不仅有快车出行，还有专车、大巴等多种形式，满足不同消费者人群的需要。

O2O 出行创立了共享型商业模式，释放了碎片化价值，重构打车体验与连接方式，极大地缓解了都市上班族打车难的出行痛点。这完全颠覆了平时人们出行的传统模式，通过平台进行线上打车，通过平台把路程、费用、司机路线、等待时间等都可视化，人们出行更加方便，出行体验极大上升。

5. 竞争者分析

在安全方面，哈啰顺风车相关负责人表示，在社会上高度关注的顺风车安全业务中，哈啰出行做了一系列规范和专业技术设定，如从产品定位上杜绝顺风车业务的相关社交功能、针对车主审核建立一整套严谨且完整的审核标准、设立 7×24 小时安全应急专线、有技术化的安全预警等。在体系保障方面，据了解，2018 年 12 月 26 日哈啰出行 App 升级的新版本中，不但增加了顺风车页面，还在各地陆续开启了顺风车司机认证。在招募上，顺风车司机注册需要这"三证"：身份证、驾驶证、行驶证。这三个证件按照要求拍照上传就行，同时，还需要上传车辆的不同角度照片，完成后等待审核。这种做法能够为乘客和司机带来更大的信任度，让顺风车的安全系数得到提高，同时也为市场引入了新的管理和约束机制。

滴滴出行在下载量、软件排名、搜索趋势等数据上都是稍微领先的，这归因于它是目前三款软件中功能选择最齐全的，涉及的用户量大，占有率高。从功能上看，滴滴的功能丰富，可满足多种人群的出行需要。日前新开通了"出租车敬老版"服务，为老年人出行提供服务，从用户角度出发，满足用户需求。除此之外，滴滴公司背景实力雄厚，已完成多轮融资，包括中信产业基金、腾讯集团等，并且2016年已从上海市交委得到了我国第一张专车平台的资质许可。总而言之，滴滴的共享经济模式解决了上文提到的问题。

（二）盈利模式

1. 合作与佣金模式

滴滴基于共享经济模式下的撮合平台，为消费者和服务者之间提供了一个桥梁，连接两者的需求供给关系，作为出行平台，有了大量的用户后，从中抽取佣金，是滴滴平台最基本的收入点，司机基于平台接订单后，赚取服务费，平台从每笔订单中抽取相应比例的佣金，作为撮合司机消费者间的信息费用和平台服务费用。另外，对于其他企业来说，滴滴拥有大量的用户基础，拥有大量信息价值，可以借助滴滴平台进行商业合作，植入广告或者引入自身平台流量，而滴滴也可以收取合作费用，对于双方来说是一个双赢过程。

2. 大数据运作

当企业开始采用大数据技术时，它与社交媒体的不可分割性使其可以创造性地制定极具针对性的营销策略。大数据使营销人员能够分析市场数据，这些数据可能对创建更具预测性的方法极为有利。计算和分析过去的数据集，营销人员可以更有效地确定其当前策略的有效性和影响范围，而不是简单地将增长数字与过去的业绩进行比较。这有助于预测客户的行为和习惯，从而使营销人员能够开发新的客户参与方法，以创建有效的营销策略。滴滴打车以微信和软件平台为主要营销渠道。通过微信公众号平台展示商家，形成了一种主流的线上、线下微信互动营销方式。滴滴打车也以自己的软件为平台，基于数据库的用户画像推送优惠券，进行网络优惠券营销。滴滴打车将营销和传播合二为一，形成品牌闭环。用户不仅可以直接在微信页面进行滴滴打车业务，而且利用滴滴软件完成出行后，也可以分享至微信等社交媒体，抽取滴滴红包，下次出行可以直接进行抵消代扣使用。这样的闭环策略实现了滴滴打车的"病毒化"的传播和几何级的客户增长。

六　课后讨论题

讨论问题1：滴滴出行相对于传统出租车具有哪些竞争优势与不足？

讨论问题2：滴滴出行商业模式运转中的关键运营活动有哪些？它是如何通过这些运营活动和重要合作来实现企业盈利的？

讨论问题3：滴滴打车目前存在的问题有哪些？以及对策有哪些？

七　附录

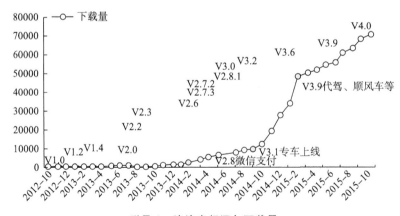

附录1　滴滴出行逐年下载量

资料来源：凰月数据《滴滴出行为何可以突围——滴滴出行模式分析》

注释

[1] 凰月数据《滴滴出行为何可以突围——滴滴出行模式分析》

［2］国家信息中心《中国共享经济发展年度报告（2019）》http：//www. sic. gov. cn/ News/568/9906. htm.

［3］张爱萍，林晓言，陈小君. 网约车颠覆性创新的理论与实证：以滴滴出行为例［J］. 广东财经大学学报，2017，32（2）：31 - 40.

［4］郑赤建，张慢慢. 共享经济时代下人力资源管理应用面临的挑战研究——基于 Airbnb 与滴滴出行对比分析［J］. 西部经济管理论坛，2018，29（5）：71 - 79，90.

［5］极光大数据《2018 年移动互联网行业数据研究报告》

［6］余国磊. 浅析"共享单车"运营和管理中存在的问题与对策［J］. 知识经济，2017（9）：87 - 88.

［7］张桅，陈真权，张美茜，等. 共享经济国内发展现状研究——以共享单车为例［J］. 中国市场，2017（28）：83 - 84.

［8］周国光，张冬玥. 共享经济模式下的财务问题——以共享单车行业为例［J］. 会计之友，2018（1）：153 - 155.

［9］郑佳帅. 浅析"共享经济"中监管存在的问题与对策——以"共享单车"为例［J］. 经营管理者，2017（27）：326.

［10］邵菁萱，王舒露. 中国共享经济的发展现状——以滴滴出行为例［J］. 中国市场，2019（3）：191 - 192，194.

【教学说明】

一　案例概要

2012 年，"嘀嘀打车"（现已更名为滴滴出行）登陆市场，在 2016 年 7 月拿到了美国苹果公司 10 亿美元的投资，估值接近 280 亿美元，在中国用车市场上独占鳌头。滴滴出行在激烈的市场竞争中脱颖而出，多样化的业务通过互联网技术高效地满足了人们对出行的需求，使人们的出行方式发生了改变。"嘀嘀打车"从名不见经传的小软件做到共享经济的现象型企业只花了短短的四年时间，发展迅猛，除了大量资金的投入之外，其产品先发的传播意识、有效的运营模式都厥功甚伟。"滴滴打车"的成功不仅这一个方面，本案例旨在探究滴滴出行是如何创造价值的，并对互联网＋模式下的企业发展提供有价值的参考，这也是本案例的研究意义。

二 在课程中的定位

本案例可以在案例分析课中使用，针对滴滴出行的发展状况、共享经济、互联网＋模式下的企业发展等话题进行讨论与探究。适合在校的想要自主创业、想要了解滴滴出行的商业模式和运营模式等的大学生人群。可以加深对滴滴出行的了解并明白共享经济和O2O营销策略，能够知道为什么滴滴出行会在网约车行业中独树一帜。并且该案例还能在客户关系管理、市场营销中进行分析，因为在"滴滴出行"案例分析中还涉及与客户关系问题和平台的营销策略。

三 相关阅读资料

(1) 孟立昕，《"让出行更美好"——滴滴出行的商业模式分析》（北京理工大学，2016）。

(2) 李颖异，《共享经济语境下互联网企业产品传播研究》（山东师范大学，2017）。

四 教学计划

本案例适用于90分钟的课堂。教学计划见表9-1。

表9-1 教学计划

讨论问题	时间/分钟
案例内容概述、案例讨论热身等	5
讨论问题1	20
讨论问题2	25
讨论问题3	20
分析框架或教授总结	15

五 讨论问题分析

讨论问题1：滴滴出行相对于传统出租车具有哪些竞争优势与不足？

通过传统出租车运营价值链与滴滴出行虚拟价值链的对比分析，

可以得知滴滴出行相对于传统出租车行业具有充分的竞争优势。具体表现为以下几点。

（1）在城市出行服务市场上，滴滴出行有更大空间提供更多元化的解决方案：拼车、快车、豪华专车、租车、代驾等。

（2）积累大量第一手出行在线数据，获得更多的消费者信息，正向激励迭代出更多的服务方案，并且可以更高效率调动最近的空闲车辆，降低空车巡游成本，提高潜在客户获得服务的速度。通过一套更强力的考核机制，降低了客户评价的难度，而传统出租车要是投诉、取证、举证和调查，处理过程一般比较漫长。随着出行安全性的不断投入和加强，及时准确获得车辆的地理位置、丰富乘客与平台或其他监管部门的沟通渠道。

（3）滴滴出行可以与车企进行深度技术合作。长远来看，更有主动权切入无人驾驶共享汽车等领域。

（4）国家政策的支持。随着共享经济的迅猛发展，GDP 大幅提升，国民出行需求也同步提高，滴滴出行服务软件的推出迎来了打车经济的发展。

（5）线上经济以及互联网＋为滴滴出行提供了更为便捷的低成本服务。虚拟卡券不仅节约宣传成本、提倡绿色环保，而且提高用户忠诚度和黏性。线上支付避免了传统出租车现金找零，节约了时间成本，在优化乘车用户使用体验的同时推动了用户数量的增加。

虽然滴滴出行具有强硬的核心竞争力，但由于这是一个新兴的行业，故在许多方面仍然不完善。

（1）用户年龄覆盖率低。在我国，中老年人以手机为通信工具，滴滴出行软件的使用集中于年轻人群，且操作对于中老年人来说较为复杂，传统、单一的路边招手打车方式仍然是市场打车的主要方式。

（2）技术、体制不完善。相较于传统出租车在市场上活跃的时间而言，滴滴出行以线上软件设施为主，缺乏线下基本设施的应用，加上技术、体制未发展完善，滴滴出行在市场推广应用过程中会时不时出现问题，易使用户体验不佳。

（3）用户数量不确定性。大多数乘车用户会因为滴滴出行平台大力度补贴而选择使用滴滴出行软件，一旦出现优惠力度减小甚至没有优惠券的情况，乘车用户中的投机者也会果断放弃滴滴并重新选择其他平台，而传统出租车由于其固定的打表方式，其用户数量在一定程度内保持一致。

（4）司机与乘客之间容易发生信任危机。根据我们小组的调查，使用滴滴出行的司机觉得该软件确实比较便利，能接到的生意更多，但其中最大的问题就是双方存在爽约的可能。发生这样的事情不但会影响双方的心情，而且使得司机与乘客之间出现信任危机。

讨论问题 2：滴滴出行商业模式运转中的关键运营活动有哪些？它是如何通过这些运营活动和重要合作来实现企业盈利的？

"滴滴出行"的关键业务主要是移动出行平台的搭建及运营推广。"滴滴出行"的所有变现能力都是基于滴滴所有的大数据和超级大的用户量来进行的。滴滴在跨界合作和营销方面，表现不俗。滴滴出行的主要收入来源之一是抽取佣金，除此之外，企业用车服务也是滴滴目前重要的收入来源之一，是滴滴出行重要的业务。2015 年 7 月，滴滴已与 5011 家企业联合签约，开通了滴滴企业版账户，目前已有超过 60 万人次使用滴滴企业版出行。企业客户更喜欢选择专车，专车订单占据企业订单的 48%。滴滴出行也在逐步开拓业务范围，经过一段时间的用户积累和政策调整，滴滴出行的收入、运营状况正在逐渐好转。此外，滴滴试水电子商务业务，并新开了试驾业务，这是滴滴推出的第一个商业化项目，其目的就是为了盈利。滴滴试驾可能通过以下三种方式获取盈利。

（1）试驾收入：滴滴试驾是一项付费的业务，但收入只能覆盖一部分运营成本，可以忽略不计。

（2）厂商的广告投入：厂商与滴滴合作，投入推广费用，借用滴滴超级大的用户量和大数据，扩大新车的影响范围。

（3）用户信息以及二手车交易：这只是针对试驾业务的一个猜想。滴滴拥有非常垂直化的信息，这些是一个变现的入口。恰当地使用，也许能成为滴滴的盈利渠道。滴滴出行的费用支出，包括初期成本和后期成本。初期成本包括软件研发成本、技术人员的工资薪金、开发和维护费用。后期成本包括软件推广费用、软件发布费用、软件维护费用，以及为争夺市场的补贴费用。在"滴滴出行"内部，每个部门都有着各自的职责，有着不同的运营计划。公司为保证更好地为客户提供准确的信息和服务，由集团层面整体统筹，每个产品线都有各自的任务，每个产品线可以最大限度地整合公司的内部资源，让每个产品线发挥出自己的最佳水平，发挥出团队的最大能量和潜能。凭借此前的补贴战，"滴滴打车"成功地在短时间内积累了大量用户。随着出行市场的不断成熟，补贴额度越来越少，打车市场逐渐进入理性发展的时期。"滴滴打车"下一阶段的重点任务则是提升用户体验，增强用户黏性，尽量减少对资本的依赖，并逐步建立可盈利的商业模式。滴滴的关键业务如企业用车、试驾，都与企业间的战略合作息息相关。滴滴与厂商达成的合作，促进滴滴在试驾业务领域发展、获取相应的利润。同时，企业用车服务，一方面是与企业初步达成合作，使企业节约用车成本，同时滴滴也能获取利润；另一方面，滴滴也为进一步合作打下基础，提高了后续合作的可能性。可以说，关键业务、重要合作是企业建立可盈利的商业模式的重要推动力，关键业务直接决定着企业的方向以及下一个盈利增长点。

讨论问题 3：滴滴打车目前存在的问题有哪些？以及对策有哪些？

存在的问题如下：

1. 营销推广渠道单一，缺乏多元化

滴滴打车主要依赖自有媒介，付费媒介使用较少、受众面小，而且自有媒介使用对企业的资金要求很高。滴滴打车自有媒体的移动营销推广活动主要是网络返利，这种营销方式几乎所有的打车平台都在尝试，且逐渐演变成"烧钱大战"，这是一种对资本的依赖，没有明显的优势，用这种主要营销手段维系顾客的忠诚度、提高用户的黏性是很困难的，而且不断引进融资对公司的股权架构造成一定的影响。滴滴打车对于付费广告等付费媒介投入甚少，影响的范围以滴滴打车战略合作互联网平台的使用者为主，渠道缺乏多元化。

2. 平台信息不完善

滴滴打车的网站名字"滴滴一下，让出行更美好"直接展示了滴滴打车的服务类型与公司宗旨，网站设计亲和有序，导航系统非常便捷，还提供客户端下载，能让用户轻松找到自己想要的，但是滴滴打车网站对于公司、产品服务的介绍相当少，网络实时咨询方式不够明显，可以将它设计成一个在主页上四处飘浮的百宝箱或者弹跳窗口，吸引顾客的注意，也能方便用户。滴滴乘客端界面虽简洁，但是过于简洁会给初次使用的用户带来不便。

3. 技术缺乏创新

滴滴出行的平台技术支持不够准确，急需创新，在调查中发现，滴滴出行使用的定位不够准确，比如司机已经到达导航指定地点，但是乘客却在另一边，不利于乘客与司机的沟通，造成用户乘车体验不佳。

4. 监督力度不够

滴滴打车平台中司机与乘客之间的纠纷层出不穷，平台对于司机的资格审查和准入门槛监督不够明确，尤其是私家车司机。滴滴打车平台利用互联网将司机和乘客联系起来，对于司机服务质量缺少监管，欠缺相对应的约束机制。

对策如下：

1. 加强口碑宣传，拓宽营销渠道

滴滴打车宣传主要依靠网络传播，但是宣传还不够广泛。在互联网上，人们的沟通交流作为滴滴打车信息传播的渠道，这也是最有力的。消费者往往对企业的促销广告持质疑态度，所以他们更相信网络评论和熟人推荐。滴滴打车要着力加强与网络用户的协同合作，对企业发展提出改进建议，然后由他们在各社交平台上撰写评论和造势，提高滴滴打车的口碑。滴滴打车在提升产品服务性能的同时，也要加大产品服务广告宣传力度，让更多的乘客和出租车司机提高对滴滴打车移动营销的认识。滴滴打车可以与大众社交媒体相互合作、共享资源，例如与大众点评网、百度等网站联合，着力提高人们对滴滴打车的认知度，以赢得更多消费者的信赖。

2. 完善平台，规范管理

针对平台出现的司机服务较差、司机与乘客发生冲突等问题，滴滴打车需要建立一套完整的应对机制，以适当提高司机的准入门槛和审核机制，着力建立消费者反馈机制并积极解决消费者提出的问题，建立双方的信用档案。

首先，在运营管理方面，滴滴出行可以制定合理的运营策略，节省成本以及最大化提高订单量和订单完成率。滴滴打车可将目标分解，将制定的目标订单量分为呼叫的乘客数量、接单的司机数量、订单完成率等方面，然后进一步分析完成每一个方面滴滴打车需要做什么，通过相对应的奖励方式使司机和乘客同时获利，司机的目的就是赚钱，呼叫的乘客数量的增加能够提高司机的收入，这样能够增加接单的司机数量，从而使平台运转动力十足，乘客的订单能得到满足，订单的完成率也能大幅度提高。其次，随着入驻的司机越来越多，覆盖的消费者越来越广，产生的问题也各式各样，平台需做好各种应急状况的处理，平衡乘客与司机这两个群体。最后，从公司角度来说，完善公司制度，管理平台运营人才，构建用户体系，以及控制成本都是很重要的。

3. 技术创新，提高核心竞争力

滴滴打车要重视提高技术核心竞争力，例如当订单较多时，保证系统依然能妥善处理，避免出现瘫痪的情况。流畅的系统操作不仅能提高效率，还能提高用户的满意度。除此之外，滴滴打车可以对定位技术、导航技术、支付技术进行改进、创新，精确的定位技术可以提高司机和乘客之间的信息对称性，良好的导航技术可以向用户展示路况、目的地等情况，规划最短路线，还可以避免司机绕远路，规范司机行为。作为日常常用的软件，滴滴打车软件的设计要大方、赏心悦目、操作简单。

第十章

李宁公司的数字化营销转型之路[*]

一　引言

随着时代的不断发展，大数据、人工智能等新兴技术日趋成熟，数据驱动成了经济发展的新要素。数字化时代的到来，使得人们的购物习惯发生了极大的变化，单一的线下消费模式逐渐转变为以消费者需求为导向的线下与线上相结合的新型模式，消费结构的升级给传统企业的持续发展带来了严峻的挑战。对于企业而言，无论采取何种营销策略，其根本都是为了推动业务的增长，提高其所创造的经济价值。实践证明，若数字化转型与业务需求相辅相成，数字化营销能有效推动企业销售额的增长。作为国产运动鞋服的知名品牌，李宁公司从成立到现在已有30多年的历史，李宁公司如何通过数字化营销与销售管理促进企业增长？对于其他传统企业而言李宁公司又有哪些值得借鉴的地方？

二　李宁公司发展历程

从1990年"李宁牌"运动服被选为第11届亚运会圣火传递指定服装开始，"李宁牌"伴随着亚运会圣火传遍全国。1992—2004年，李宁品牌连续多年成为奥运会中国代表团赞助商，并成为国家级或地方级别的篮球、足球、羽毛球等专业赛事的装备提供商，专业形象深

---

[*] 本案例数据来源于网络公开数据。

入人心。2019 年，李宁公司销售收入同比增长 32.0%，达到 138.70 亿元人民币（见附录 1）。经过 30 多年的发展，李宁公司在中国体育用品行业中有着举足轻重的领先地位。

（一）黄金时代：崛起与繁荣（1990—2010 年）

20 世纪 90 年代初期，本土的体育用品市场还是一片空白。刚刚退役的知名体操运动员李宁，希望通过创立个人体育品牌以继续支持中国体育的发展。在李宁（第一任 CEO）和陈义红（第二任 CEO）的带领下，公司抓住了中国运动市场高速发展的红利，先后通过赞助亚运会及奥运会，迅速打响知名度，并率先在全国广泛建立起特许专卖营销体系，结束了中国运动员在奥运会上只能使用外国体育用品的历史。1999 年，李宁开始优化公司治理结构，并在业内率先使用 ERP 企业信息管理系统。公司快速发展，并借助线下经销体系的不断完善迅速扩张网点，2004—2010 年，公司销售收入从 18.8 亿元上升至 94.79 亿元，净利润从 1.33 亿元上升至 11.08 亿元。李宁公司走过了公司发展史上最辉煌的十年。

（二）盛极而衰：库存危机（2011—2014 年）

已成为国产体育品牌"一哥"的李宁公司，品牌策略上开始想要向国际化、年轻化转变，希望能与耐克、阿迪达斯等国际知名品牌竞争以取得更大的市场份额。为此，李宁公司在 2010 年启动了品牌重塑计划，将品牌重新定位为"时尚、酷、全球视野"，并把消费人群定位为"90 后"年轻一代；价格策略上，对不同产品线进行了 7% ~ 17.9% 不同幅度的提价。由于自身战略的冒进和对原有成长路径的依赖，公司离真正的消费群体越来越远，加上外部行业调整、管理层动荡等因素，李宁公司内部爆发严重的库存危机，公司收入下滑，净利润连续三年亏损。2011 年至 2014 年收入从 89 亿元下滑至 67 亿元，2012 年至 2014 年净利润累计亏损金额接近 28 亿元。市值也从 2010 年中期的 300 亿元下降至 2015 年初的 45 亿元，失去了国内运动品牌的霸主地位。

（三）涅槃重生：改革双管齐下（2015—2018 年）

跌落神坛的李宁公司，迎来创始人李宁的回归。2014 年底，随着原行政总裁金珍君的离职，李宁本人宣布回归公司管理一线，担任公司代理 CEO。一方面，李宁开始不断强化公司的产品力，并着力提升品牌，重启"一切皆有可能"口号；另一方面，着手补足公司在渠道管理和供应链管理方面的短板，公司开始从"传统装备提供商"转型为"互联网＋运动生活服务提供商"。2017 年，李宁 YOUNG 品牌重塑推出；2018 年开始，李宁品牌先后在纽约时装周和巴黎时装周亮相，知名度进一步提升。双管齐下的改革显示了初步的成效，2015—2018年，公司收入从 70.89 亿元上升至 105.11 亿元，净利润由 0.14 亿元上升至 7.15 亿元，李宁公司迎来了凤凰涅槃般的复苏之旅。

（四）国潮崛起：未来路在何方（2019 年至今）

1. 国潮先锋，营销新方向

2018 年东方元素在国际秀场崭露头角，国潮文化逐渐兴起，在"国潮元年"的推动下，2019 年，李宁公司作为最先着手进行改革的运动品牌先锋，尝试让"国潮"成为品牌营销中的一大利器，被授予"国潮之光"的美誉，颇受业界好评。李宁品牌在各大时装周上惊艳亮相，在向世界传递中国品牌文化内涵的同时，不断用产品品质夯实品牌基础，以"国潮"助力更多的中国品牌崛起。

2. 疫情之下，开源节流

2020 年新冠肺炎疫情全球肆虐，各国经济均受到严重影响。面对耐克、阿迪达斯、安踏等国内外头部品牌的竞争，"开源节流"无疑成为李宁公司整体运营在未来一段时间的关键词。"开源"方面，李宁公司表示将迅速强化在线销售渠道，在既有的渠道之外，依托在线平台开发新的销售渠道：①利用电子商务的灵活性和多变性进行线上直播，打出"主播带您在家做运动"的口号，直播带货起到了很好的作用，在家健身打卡成为最受消费者欢迎的互动活动之一；②打通线上、线下全渠道营销，包括强化线上渠道，动员所有集团员工利用朋友圈进行产品推广等，争取全年利润率保持在 10%～10.5% 之间。在"节流"方面，公司称将对各系统的预算费用进行重新评估调整，为市场回暖后的恢复和投入进行更充分的准备。在疫情稳定之后，李宁公司继续在业务扩充、渠道整合以及品牌提升上进行投资。

3. 积累势能，展望未来

目前，李宁公司已在品牌认知、功能科技、营销资源、渠道运营等方面充分积累势能，其中主品牌李宁围绕专业运动，在篮球、跑步、训练等核心品类打造出具有强认知度的明星产品；中国李宁成为引爆"国潮"的运动时尚爆款；李宁 YOUNG 则开辟运动童装新领地，提供增量收入。未来 3 年，李宁公司计划每年以新增 100～200 家专营店的速度发展，围绕"开高效大店"和"关亏损小店"的渠道结构优化策略，重点关注单店店效的增长，提升内部运营水平。

三 顺势而为，搭上数字化营销大势

2020 年，受新冠肺炎疫情和中美贸易摩擦等外围不利因素的影响，我国各类实体行业受到了巨大的冲击。在今年的全国两会上，政府工作报告提出了"推动制造业升级和新兴产业发展。大幅增加制造业中长期贷款。发展工业互联网，推进智能制造，全面推进'互联网＋'，打造数字经济新优势"以及"依靠改革激发市场主体活力，增强发展新动能"等内容。从中不难看出国家对于数字化产业和数字经济的重视。疫情期间，更多的人选择线上购物的方式，数字化营销模式展现出了无可比拟的优势。当下发展互联网及数字化营销是体育用品行业一次发展的契机和方向。

数字化营销是 21 世纪科技快速发展下一种新型的营销模式。所谓数字化营销，就是使用数字化技术手段来进行沟通、销售、支付等营销基本活动，是基于数字化技术的发展、借助网络通信技术和通过数字交互式媒体来实现营销目标的一种新的营销模式。与传统的营销模式相比，数字化营销通过营销形式的多样性、信息传播的广域性和快捷性，结合与客户的互动性和客户的体验性，以及营销不受时间、地点约束的特点，给消费者带来了一个全新的体验。体育用品行业是我国体育产业中发展最早、市场最为成熟的行业，是体育产业的重要组成部分之一。我国的体育用品行业从 20 世纪就开始了自主发展之路，经过几十年的不断探索与提升，本土的体育用品公司已经从最早的代加工业务，走上了今天依靠自主品牌文化、健全的产品体系和产业链模式经营的健康、快速的发展道路。当传统体育用品行业意欲实现数字化发展时，必须把数字化营销作为一个重要的方面来关注，改变原本陈旧的思想、模式和策略，实现新的营销方式。数字化营销赋予了体育用品以新的内涵，是数字经济时代体育用品行业的主要营销方式和发展趋势。总体来看，数字化营销为企业带来的机遇包括四个方面：①企业的产品或服务的成本大大降低，有利于企业建立价格竞争优势；②企业容易建立更加完善的分销系统；③企业获得海量信息，从而提供更加符合消费者需求的产品或服务；④大大提高广告等促销方式的针对性，提升促销活动的效率。

不可否认，实施数字化营销所面临的机遇和挑战是并存的。互联网的开放性和公众参与性促使企业所面临的市场环境由狭小、有形变得更为广阔、无形。市场环境的完全开放，让企业的竞争对手能够很快掌握消费者和市场的各种信息，甚至是企业内部的产品信息和营销策略，对企业的信息安全可能构成较大威胁。

四 李宁公司数字化营销转型的五个关键节点

（一）2008年：李宁公司的电子商务"元年"

2008年4月，李宁公司成立电子商务部，在淘宝网上正式推出直营品牌旗舰店和直营品牌折扣店。在此之前，淘宝等电子商务平台上有超过1000家出售李宁产品的网店，真假难辨。李宁电子商务部利用李宁公司的经销商体系收编现有网店，所有网店使用由李宁公司提供的网店专用CI和VI，由李宁公司统一制定推广主题，有效解决了当时线上销售的混乱局面。同年11月，李宁公司和IBM达成了基于平台的战略合作伙伴关系，12月李宁电子商务部正式成为上海李宁电子商务有限公司，之后全新的官网上线。自上而下的战略推动很快看到了成效，2009年李宁电子商务的销售收入是2008年的3倍多。值得一提的是，这一时期在李宁公司内部的组织架构体系中，除了负责李宁直营网店及线上代理商运营管理工作的电子商务部之外，还有一个专门负责李宁虚拟社区运营的数字营销部，这在当时体育用品行业中实属罕见。

（二）2015 年：启动品牌数字化战略

2012—2014 年三年时间内，李宁公司经营业绩有所下滑，但这一时期公司却成功实现了零售业务模式的重塑。2015 年，李宁回归的第一年，"产品体验"成为公司内部管理中不断强调的关键词，要为消费者提供更好的体验，其中一点很重要的是采取以数字化支撑、数字化变革为基础的战略规划。这一年，李宁公司在产品、服务、物流等方面都给消费者带来了"新花样"，品牌逐步焕发新生。2015 年 3 月，李宁公司宣布与小米生态链企业、小米手环开发商华米科技达成战略协议，共同打造新一代智能跑鞋；同时宣布公司进军智能运动领域，探索大数据健康领域，并逐步实行"互联网＋运动生活体验"的战略转型。同年 7 月，李宁公司与华米科技跨界合作，推出了两款智能跑鞋："烈骏"和"赤兔"。两款跑鞋都在鞋中内置了华米研发的"智芯"组件，华米"智芯"可以直接通过蓝牙 4.0 连接手机中的小米运动客户端，从而智能检测跑步着力点并及时提醒跑者，可以起到保护跑步初学者、防止跑步时脚掌损伤等作用。结合小米运动 App 的使用，李宁智能跑鞋能够为跑者提供跑步时间、速度、计步、跑步建议等功能，并通过"智芯"实现从前端跑者互动与数据传输分析到客户端呈现数据报告，帮助不同人群在短时间内全面了解和掌握自己的锻炼效果，同时用户可以将自己的数据报告进行分享交流，为下一步推进品牌社群营销打下了良好的基础。在这之后，李宁智能羽毛球拍、与极简科技合作的 Wi-core 智能足球也陆续与消费者见面。最令人关注的一项活动是基于"互联网＋"思维的"李宁韦德之道全球球鞋设计大赛"，此项活动吸引了广大球迷、篮球爱好者甚至是设计爱好者来设计球鞋，为喜欢的作品点赞、投票。通过互联网与消费者互动与交流，李宁公司更加深入了解到消费者的需求与喜好，推动李宁公司在为消费者创造专属的价值体验、打造品牌独特的核心竞争力方面进行大力革新。

李宁公司清楚地认识到，战略转型仅仅依靠完善线上售卖渠道是远远不够的。只有大力推广以线下体验和线上购买相结合的 O2O 模式，才可以更好地驱动品牌数字化转型战略。2015 年 12 月，李宁公司与京东达成合作，京东物流利用自身的大数据分析优势，帮助李宁公司进一步打通了线上、线下的销售渠道，有效缓解了门店的库存压力，促使供应链高效运营。

（三）2017年：数字化助力精准营销

2017年，李宁王府井丹耀大厦店、广州天河城百货店、天津和厦旗舰店等大型店铺全新亮相，这些店铺被陆续打造成"体育产品体验中心"，门店配有探针、摄像头、RFID（射频识别技术）手持终端机等感应设备，可用来辅助分析到店人群比例、停留时间、试穿数据等，能够帮助公司"描绘"消费者画像，并依据这些消费者信息优化产品设计和生产；让消费者在购物的同时沉浸于运动场景之中，给消费者带来全新的零售体验。此外，公司不断完善数据运营体系，利用海量数据知识内容，在线上为消费者提供更好的体验与服务，包括健身建议、赛事宣传、明星互动等，一些潜在客户在了解体育赛事或者明星动态的同时有机会浏览到李宁公司的品牌文化内容。同时基于已建立的大数据分析平台，李宁公司在内部建立更完善的CRM（客户关系管理）系统，通过精准营销实现精准引流。公司围绕消费者做了很多工作，包括对于即将上市的产品做预购、针对会员来销售等，逐步实现了不同地区的差异化营销和顾客个性化服务追踪，由此增强了李宁在客户心中的品牌好感度，进而促进消费者购买力的转化。

（四）2019年："数字化"向"数智化"转型

2019年6月，阿里云与李宁公司打造出了李宁上海世博园"数字门店"。进店前，消费者可以在附近商圈的各类电子设备上与李宁公司的门店互动，了解优惠信息。进店后，消费者首先需要完成会员信息识别，导购引导消费者使用电子货架，遇到喜欢的商品缺货的情况，则可以通过电子货架迅速下单，实现商品快递到家的服务。数字门店还常常推出各种各样的折扣活动，例如"微笑打折"就是通过数字化技术分析笑容程度来发放优惠券。消费者进店的一系列活动都将被系统记录，以便提供后续更完善的服务。离店后，李宁公司也将使用会员系统继续与消费者保持互动，提供个性化推荐和上新优惠活动信息。数字门店的创新之处在于其以进店前、进店后和离店三个时间段为区分，持续跟进消费者，进而达到提升消费者重复购买率与售后服务满意度的目的。另外，阿里云还帮助李宁搭建数据中台，用以连接市场、交易、服务等不同环节。数据中台可构建超过150项人群标签，实现线上预约、线下试穿和提货、线上购买、社交媒体分享等全场景的打通。除了数据中台，李宁公司也建设了B2B、B2C的业务中台来整合公司独立的系统资源，以便提高为消费者提供服务和体验的效率。数据中台与业务中台的相互结合，为数字化运营提供了更好的支撑，构成了企业数字化运营闭环。总体来看，李宁公司的中台可以总结为三个一体化。①会员一体化：建立全渠道会员唯一标识，对于会员的识别、追踪、服务均基于全渠道的会员体系，将客户信息、消费数据、消费积分、消费频率等各种要素展现在一个全渠道体系内。②供应一体化：将货品的采购、物流、仓储、接单、派单、配送等商品流通流程统一管理，一键查看，可以有效避免渠道间相互撞单。③渠道一体化：无论线上、线下任何一个渠道，消费信息均积累到同一会员体系内，所有渠道的消费信息都能集中显示，同时可以查看、对比各个渠道的市场详情。

2015—2019年李宁公司各个渠道收入占比发生了较大的变化，其中电子商务收入占比直线上升，在2019年达到了总收入的24%（见附录2）。不过公司主要的收入依然来源于线下，因此线下渠道的数字化变革显得尤为重要。

在由企业网举办的2019CIO大会上，李宁集团IT系统总监朱远刚透露，公司全渠道及数字化店铺超过1300家，通过全渠道给线上、线下店铺带来额外约5%的增长，会员数量增长达到1000万，活跃度持续提升。李宁公司的数据已逐渐迁往阿里的云平台上，借助中台整合、共享内部的各类资源来指导前端系统应用的执行、处理核心业务、升级IT系统、优化物流。李宁数字门店的建设与改造体现了阿里提出的零售行业数智化转型的"五步曲"——基础设施云化、前端触点数字化、核心业务在线化、运营数据化、供应链智能化，数据智能驱动李宁公司不断地进行创新与变革。

（五）2020年：特殊时期的战略调整

面对2020年初突如其来的新冠肺炎疫情，李宁公司迅速调整战略，发动全体员工共同抗疫，采取"微博话题营销＋微信社区营销＋抖音短视频营销"三管齐下的营销策略。2020年2月23日，李宁官方微博和微信公众号推出"宅出精气神""宅家行动Ⅱ"等系列营销活动，并于24日开始在微博平台联合奥运冠军傅海峰、张宁和LNG电子竞技俱乐部选手等体育界名人开展了为期一周的羽毛球体能提升、羽毛球技术提升、电竞运动员早操课等课程，鼓励消费者在家运动，坚持积极健康的生活方式，并借此在线上直播课程中展示最新鞋服产品。除此之外，李宁公司不断加大抖音平台的营销力度，一开始在该平台上只是刻板地发布秀场视频和产品广告，反响平平；后来逐渐在视频中融入戏剧情节，并营造风趣、轻松的品牌形象，吸引了用户的极大关注，短短数月，单条视频点赞数从上千到几十万，总获赞643.2万，粉丝数87.7万，并仍在持续增长中，对推动企业的品牌建设起到了积极的作用。

李宁公司公布的2020年一季度数据显示，截至2020年3月31日，李宁销售点（不包括李宁YOUNG）于整个平台的零售流水按年录得10%～20%高段下降。就渠道而言，线下渠道录得20%～30%低段下降，其中零售渠道录得30%～40%中段下降及批发渠道录得10%～20%高段下降；相比之下，电子商务虚拟店铺业务却录得10%～20%低段增长。面对新冠肺炎疫情，李宁公司的战略调整出现了初步的成效。

五　执着改变"人生"，李宁依旧"年轻"

随着数字化发展的理念不断地深入各个行业之中，数字化转型逐步成为许多企业发展到下一阶段的必经之路。当前积极发展数字经济和推动产业数字化已成为业界共识，无论是"新零售"还是"智慧零售"，都是以依托大数据与互联网技术、围绕用户体验为基础，对供应链各个环节进行重新整合。数字化和智能化的基础设施将会是零售企业发展的关键所在。自2008年李宁公司成立电子商务部以来，经过十几年的发展，李宁公司依靠"数字化＋运动体验"的新型智能模式重构企业竞争力，不断提升消费者体验。这不仅是该公司在数字化转型中营销模式的一种创新，更是企业数字化与智能化的完美结合。如前文所述，李宁的数字化转型借助大数据、云计算等数字化技术持续升级零售，形成一个追求成本效率、组成架构效率、商品经营效率、库存效率、店铺运营效率等全渠道效率的闭环；以打造用户体验为核心，设计富有科技含量的产品；充分利用互联网交流与分享的特性，对线上、线下渠道进行完整融合；凭借数字化终端收集的消费数据，判断消费者偏好并进行精准营销，这一切都为品牌挖掘更具内涵的深度价值奠定了基础。具体来看，在营销方面，李宁公司持续优化数字营销矩阵，包括官方微博、微信及抖音账号，同时借助母婴圈 KOL、运动达人、明星名人、合作伙伴等宣传渠道，实时传递品牌动态、新品上市等资讯，并与消费者保持互动，增强用户黏性。未来还将继续推进数字化门店建设和新零售尝试，利用 LBS（Location Based Service）、微店、抖音等工具和平台，实现无边界的全场景服务和销售。相信疫情过后的李宁公司将持续迸发出其新鲜的活力，甩开步子在国际化路线上奔跑，让世界了解李宁、了解中国。那些曾经如此热爱这个品牌的消费者，终究会看到转型之后的它，在新生之后散发着自身年轻的活力和独特的魅力。

六　课后讨论题

讨论问题1：数字经济时代背景下，体育用品行业分别面临哪些机遇和挑战？

讨论问题2：李宁公司是如何进行数字化营销转型的？

讨论问题3：面对突如其来的疫情，李宁公司是如何调整战略的？请结合安踏公司的资料，比较两家公司应对策略的异同点。

七　附录

附录1　李宁公司近五年财务报表数据摘要

单位：千元

项目	2019 年	2018 年	2017 年	2016 年	2015 年
经营业绩：					
营业额	13869630	10510898	8873912	8015293	7089495
经营溢利	1543209	777177	445678	385805	157069

续表

项目	2019 年	2018 年	2017 年	2016 年	2015 年
经营业绩:					
除税前溢利	1856546	850321	537524	287946	30814
权益持有人应占溢利	1499139	715263	515155	643254	14.309
息税前利润加折旧及摊销	2707649	1252222	889271	713147	393953
资产与负债:					
非流动资产总值	4008158	2341051	2210967	2130054	1413942
流动资产总值	8539316	6386254	5110382	4650440	5483516
流动负债总值	4716620	2777471	2127810	2673915	2471786
流动资产净值	3822696	3608783	2982572	1976525	3011730
资产总值	12547474	8727305	7321349	6780494	6897458
资产总值减流动负债	7830854	5949834	5193539	4106579	4425672
权益持有人应占股本及储备	7121639	5817040	5071047	3994599	3179903
重要财务指标:					
毛利率	49.1%	48.1%	47.1%	46.2%	45.0%
权益持有人应占溢利率	10.8%	6.8%	5.8%	8.0%	0.2%
息税前利润加折旧及摊销率	19.5%	11.9%	10.0%	8.9%	5.6%
每股盈利:					
－基本（分人民币）	61.94	29.63	21.47	29.03	0.66
－摊薄（分人民币）	60.13	29.19	20.87	28.95	0.66
每股股息（分人民币）	15.47	8.78	—	—	—
权益持有人应占权益回报率	23.2%	13.1%	11.4%	17.9%	0.6%
每股有形资产净值(分人民币)	299.55	254.87	219.21	182.47	162.59

续表

项目	2019 年	2018 年	2017 年	2016 年	2015 年
每股盈利:					
负债对权益比率	76.2%	50.0%	44.3%	69.7%	109.7%

资料来源：李宁有限公司 2019 年度报告，2020 年 3 月 27 日发布，2020 年 5 月 20 日访问，https：//doc. irasia. com/listco/hk/lining/annual/ar228227 – c02331. pdf。

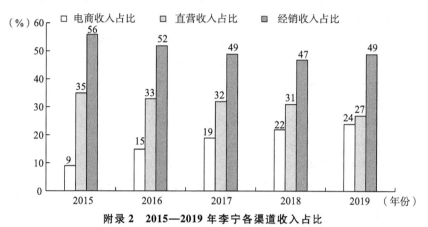

附录 2　2015—2019 年李宁各渠道收入占比

资料来源：李宁有限公司 2019 年度业绩，2020 年 3 月 27 日发布，2020 年 5 月 20 日访问，http：//ir. lining. com/tc/ir/presentations/pre200327. pdf。

注释

［1］艳滇. 体育用品行业深度报告：国货崛起，龙头瞩目 ［EB/OL］. （2020 – 02 – 09）［2020 – 05 – 12］. http：//www. 52bmw. com/extremesportrd/20200209/23432. html.

［2］李宁 2019 年净利润翻倍至约 15 亿疫情下 95% 线下门店已恢复运营. 每日经济新闻 ［EB/OL］. （2020 – 03 – 27）［2020 – 05 – 19］. http：//finance. east-money. com/a/202003271435380390. html.

［3］中国体育用品业联合会. 这三大融合方向值得关注！总理报告传递出体育制造业未来发展趋势 | 专家观点 ［EB/OL］. （2020 – 05 – 26）［2020 – 06 – 01］. http：//cn. csgf. org. cn/xhzx/hydt/4773. html.

［4］钱玉娟. 精准营销新势能 ［J］. 中国经济信息，2016 （19）：60 – 61.

［5］张英奎，王颖. 数字化营销对企业的影响及其实施条件 ［J］. 情报资料工作，

2004（S1）：189.

［6］燕尾. 从巨亏30亿到年度营收138亿的"国潮"品牌，李宁如何用数字化逆转命运？［EB/OL］.（2020－05－1）［2020－06－08］. https:∥finance. sina. cn/stock/relnews/hk/2020－04－01/detail－iimxxsth2972541. d. html? from＝wap.

［7］黄心怡. 李宁集团朱远刚：以消费者为导向，构建数字化运营决策平台［EB/OL］.（2019－06－12）［2020－06－14］. http:∥www. d1net. com/cio/interview/558430. html.

［8］猎云网. 阿里云重磅发布，新零售数智化转型'五步曲'［EB/OL］.（2019－06－25）［2020－06－14］. https:∥page. om. qq. com/page/OvZEkljOiWZd6tBkdoU6ruvA0.

［9］新浪财经. 李宁2020年一季度：延迟开店后净关299家［EB/OL］.（2020－04－20）［2020－06－15］. http:∥finance. sina. com. cn/stock/relnews/hk/2020－04－20/doc－iircuyvh8836043. shtml? qq－pf－to＝pcqq. c2c.

［10］创商网. 安踏极速转型120天：如何以有赞为突破口撬动全员零售［EB/OL］.（2020－05－26）［2020－06－01］. https:∥baijiahao. baidu. com/s? id＝1667733212455619905&wfr＝spider&for＝pc.

［11］李宁有限公司2019年度报告［EB/OL］.（2020－03－27）［2020－05－20］. https:∥doc. irasia. com/listco/hk/lining/annual/ar228227－c02331. pdf.

【教学说明】

一　案例概要

从1990年"李宁牌"运动服被选为第11届亚运会圣火传递制定服装开始，"李宁牌"伴随着亚运会圣火传遍全国。1992—2004年，李宁品牌连续多年成为奥运会中国代表团赞助商，并成为国家级或地方级别的篮球、足球、羽毛球等专业赛事的装备提供商，专业形象深入人心。经历了黄金时代后，李宁公司由盛转衰面临库存危机，之后涅槃重生顺势而为，搭上数字化营销大势，助力精准营销，并实现了"数字化"向"数智化"转型。2019年，李宁公司销售收入同比增长32.0%，达到138.70亿元人民币。2020年面对新冠肺炎疫情，李宁公司做了战略调整。经过30多年的发展，李宁公司在中国体育用品行业中有着举足轻重的领先地位。

二　在课程中的定位

本案例具有理论性、综合性、应用性的特点，可以在"管理学"

"市场营销""电子商务"等专业课程中作为案例分析讨论使用。案例针对李宁公司发展历程、营销策略变化、数字化模式下的企业发展等话题进行讨论与探究，适合对创新创业有极大兴趣的大学生人群。对行业领军企业——李宁公司进行数字化营销策略分析，进而探究该公司如何得以持续发展。除此以外，本案例还涉及客户关系管理、财务管理等其他商科类基础知识。

三　相关阅读资料

（1）艳滇，《体育用品行业深度报告：国货崛起，龙头瞩目》，未来智库，2020 年 2 月 9 日，http://www. 52bmw. com/extremesport rd/202 00209/23432. html，2020 年 5 月 12 日访问。

（2）《李宁 2019 年净利润翻倍至约 15 亿 疫情下 95% 线下门店已恢复运营》，每日经济新闻，2020 年 3 月 27 日，http://finance. east-money. com/a/202003271435380390. html，2020 年 5 月 19 日访问。

（3）《这三大融合方向值得关注！总理报告传递出体育制造业未来发展趋势 | 专家观点》，中国体育用品业联合会，2020 年 5 月 26 日，http://cn. csgf. org. cn/xhzx/hydt/4773. html，2020 年 6 月 1 日访问。

（4）钱玉娟，《精准营销新势能》，《中国经济信息》2016 年 19 期，第 60 – 61 页。

（5）张英奎、王颖，《数字化营销对企业的影响及其实施条件》，《情报资料工作》2004 年第 S1 期，第 189 页。

四　教学计划

本案例适用于 90 分钟的课堂。教学计划见表 10 – 1。

表 10 – 1　教学计划

单位：分钟

讨论问题	时间
案例内容概述、案例讨论热身等	5
讨论问题 1	20
讨论问题 2	25

续表

讨论问题	时间
讨论问题 3	20
演示、课堂总结	20

五 讨论问题分析

讨论问题 1：数字经济时代背景下，体育用品行业分别面临哪些机遇和挑战？

数字经济时代背景下，中国体育用品市场正面临前所未有的机遇。其所面对的消费群体更加年轻，他们的消费文化和消费习惯也有所不同。中国数字消费者购买力来自性别、地区的差异正在缩小，行为活动程度与收入呈正比。随着时代的推进，传统认知的价值链已经被抛弃，新零售时代的供应价值链，基于微信、微博、头条、百度等触媒和触点，具有触点递增数据持续引入、用户身份特性持续归一、新标签随着数据增量扩展、投放方式逐渐精准分化等明显优势。不同代际的消费群体会随着数字技术的迭代而加速更迭，代际的更迭则牵引着未来的消费经济。"00 后"即将进入消费市场成为消费新军，逐渐成为一股不可小觑的网购力量。从风险角度而言，在企业营销领域，数字化营销业务是动态多变且不断迭代的。伴随着业务试错的过程，信息化也要不断地调整，未来企业的运营，大都是在数字化世界里开展的，有系统支撑数字化运营流程，生产经营过程中的数据才能得到有效的沉淀及使用。

讨论问题 2：李宁公司是如何进行数字化营销转型的？

总体来看，李宁公司的数字化营销转型共分为五个不同阶段（参见本章第四大点的内容），主要围绕以下三个部分进行。

首先，李宁公司始终致力于企业内部的信息化建设，深知数据驱动实现精准营销的重要性，该公司与互联网知名企业合作，尝试通过新的触媒、触点，结合现在已经沉淀的消费者的数据，用线上触点寻找新客户群。通过洞察、发现、触达、投放、效果评估等环节的闭环，即把已有客户的画像作为参照和标准，或扩展同类客户，或增强线上运营手段，按喜好进行相应的产品匹配推荐，把广告信息通过有效渠道推送，进而增加与客户的互动黏性，促进长期良好的销售。最后对效果进行评估，即分析不同推广组合效果，并根据效果随时调整。

其次，李宁公司始终以用户体验为核心，基于用户画像洞察消费者需求，不断推出新产品，并与目标消费群体的消费需求保持一致。新产品开发方面，李宁公司深耕于新技术、新材料的研发，并依据消费者信息优化产品设计和生产，设计富有科技含量的产品，同时充分利用互联网交流与分享的特性，通过社群营销提升产品影响力。

最后，李宁公司借助大数据、云计算等数字化技术持续升级零售，形成一个追求成本效率、组成架构效率、商品经营效率、库存效率、店铺运营效率等全渠道效率的闭环。通过高效的供应链管理，提高库存周转率，不断提高自主品牌在消费者心目中的形象，并确立行业规范标准，为其数字化转型及企业可持续发展打下良好的基础。

讨论问题3：面对突如其来的疫情，李宁公司是如何调整战略的？请结合安踏公司的资料，比较两家公司应对策略的异同点。

在数字经济时代，传统企业实现数字化时，必须把数字化营销作为一个重要的方面来关注，变革原本不能满足需要的营销思想、模式和策略，实现新的营销方式。数字化营销是使用数字传播渠道来推广产品和服务的实践活动，从而以一种及时、相关、定制化和节省成本的方式与消费者进行沟通。该营销方式包含了很多互联网营销（网络营销）中的技术与实践。通过线上在线营销和体验营销的推广，以及线上、线下相结合的营销模式等，满足消费者日益提高的消费需求。总体来看，李宁公司持续优化数字营销矩阵和新零售尝试，通过赋能全链条的数字化运营，高效回应市场和消费者需求的变化，值得其他企业学习。

与此同时，另一知名体育用品品牌安踏在面对这次疫情的冲击时，也做出了相应策略调整。至2020年1月底，安踏企业各部门就及时启动了转型自救。1月28日起，以"有赞"云定制小程序为突破口，安踏集团用48小时就完成了全员零售系统的开发；10天内帮助分销商上线42个自营商城；2月1日，FILA等品牌小程序商城相继上线，并很快实现日销售额破千万。目前，安踏集团旗下已有过万名线下导购注册成为"有赞"销售员，全力进行线上促单。通过多年积累的品牌影响力，以及分销商的全力配合，加上全国销售员的全员营销（all-in），安踏集团的线上业务迅速攀升。无论是订单承载，还是运营需求，背后都需要强大的技术支撑。为此，在统筹各部门需求后，FILA 微信官方商城团队开始从场景分类、搭配推荐、智能客服到售后服务，依次对系统功能进行升级和完善，以全面支持、服务消费者。对该公司电子商务系统研发部团队来说，面临多部门高效协同及多品牌业务需求不一等问题。为了满足需求，安踏电子商务系统研发部团队采取 24 小时轮班制，遇到关键功能需要多人同时配合，统一安排在凌晨三点后非业务高峰期。经过这一轮的试水，安踏集团的数字化转型迈出了坚实的一步，基本实现了全渠道覆盖，为该公司接下来的业务全面复苏打好了坚实的基础。

相同点：面对疫情带来的严峻挑战，线下渠道严重受阻，李宁、安踏等企业迅速发动全员参与，通过发力线上作为补救措施，利用互联网拉近与消费者的距离，增加和消费者的互动，从被动营销变为主动营销，电子商务渠道成为李宁和安踏保持业绩稳定的关键点，全面推进了数字化转型战略。

不同点：李宁公司实行"单品牌、多品类、多渠道"战略，全方位提升并优化李宁式体验价值，促使消费者更多地关注李宁的动向，进一步增强产品和品牌竞争力，令公司实现稳定、可持续的成长。而安踏公司实行"单聚焦、多品牌、全渠道"战略，进行多品牌发展，旗下拥有安踏 ANTA（中国）、斐乐 FILA（意大利）、迪桑特 DESCENTE（日本）、可隆 KOLON（韩国）等多个中国及国际知名的运动品牌。在疫情期间 FILA 发展迅猛，营业收入飞速上涨，成为安踏公司发展的重要利器。此外，安踏公司还非常重视对于新消费趋势的把握和流行的设计。

表 10 – 2　李宁公司发展历程一览

阶段	年份	主要事件（性质）
崛起与繁荣阶段（1990—2010 年）	1990 年	1. 广东三水起步，开始运动服饰销售。（品牌矩阵搭建） 2. 在亚运会被选为圣火传递服装、国家代表队领奖服品牌（品牌矩阵搭建）
	1991 年	品牌开始全面经营运动鞋服（重要发展节点）
	1992 年	巴塞罗那奥运会中国代表团领奖服饰（重大营销突破）

续表

阶段	年份	主要事件（性质）
崛起与繁荣阶段（1990—2010年）	1993年	开始建立经销网络，总部迁往北京（重大发展节点）
	1996年	亚特兰大奥运会上首次作为中国体育代表团赞助商活跃在世界舞台上（重要营销突破）
	1997年	建立自营网络（重要发展节点）
	2002年	2月开始代理Kappa中国内地及澳门业务（品牌矩阵搭建）
	2008年	1.1月李宁电子商务部成立，并开始组建团队。（重要发展节点） 2.6月18日李宁品牌官方网上商城正式营业。（重要发展节点） 3.8月李宁于北京奥运会开幕式点燃主火炬（重大营销突破）
	2009年	5月收购凯胜（品牌矩阵搭建）
	2010年	1.3月李宁在淘宝推出红双喜、乐途等品牌旗舰店。（品牌矩阵搭建） 2.5月李宁被APEC电子商务工商联盟评选为"中国电子商务最具潜力投资价值金种子奖"以及中国服装电子商务峰会大奖（重要发展节点）
困境阶段（2011—2014年）	2011年	当年营收利润下滑
	2012年	这三年连续亏损，失去国内运动品牌霸主地位
	2013年	
	2014年	
复苏阶段（2015—2018年）	2015年	李宁回归担任代理行政总裁，重启"一切皆有可能"。（重要发展节点）
	2016年	1.10月获得Danskin中国内地及澳门代理权。（品牌矩阵搭建） 2.12月出售红双喜10%股份（品牌矩阵搭建）
	2017年	李宁YOUNG品牌重塑推出（品牌矩阵搭建）
	2018年	1.2月、6月纽约、巴黎时装周中国李宁产品反响空前，"国潮"在国际上掀起波澜。（重大营销突破） 2.8月"中国李宁"品牌正式开展零售（品牌矩阵搭建）
现今阶段（2019年至今）	2019年	1.李宁坐稳国内"国潮大佬"宝座，带领国内新兴消费崛起，将中华文化成功输出国外。（重大营销突破） 2.截至2019年9月30日，李宁YOUNG店铺共926家，较年初净增133家（重要发展节点）

资料来源：伍香洲，"十张图解读国产运动品牌'李宁'的涅槃重生之路"，前瞻网，2019年8月22日，https://www.qianzhan.com/analyst/detail/220/190821 – a8776edf.html，2020年5月20日访问。

第七部分

电子商务创新企业

第十一章

康为公司：让健康触手可及

——探索数字医疗新时代*

一　引言

随着医疗行业与信息技术的融合，中国医疗信息化的建设已进入全面又快速的发展期（见附录1、附录2），这一改变推动了医疗服务模式的改变，也促进了医疗卫生事业的发展。2015年3月，李克强总理在《政府工作报告》中首次提出"互联网＋"概念，以移动技术为代表的普适计算、泛在网络不断向人民生活及社会经济活动的各方面渗透，"互联网＋医疗"已成为医疗服务发展的新契机。全国各地区纷纷开始探索并建立以信息化健康档案为核心的区域医疗平台，并力求实现区域内的医疗卫生机构互联互通、信息共享、业务协同，大力推进以电子病历为核心的医院信息化建设。当前我国已步入智慧医疗时代启动期。

毋庸置疑，智慧医疗、数字医疗是医疗行业发展的大趋势，目前市面上各种数字医疗的产品层出不穷，过去几年间，大量家用血糖仪、血压计、健康手环等设备被广泛运用到相关领域的医疗数据收集。医疗数据的价值被日益挖掘出来，医院及相关的医疗行业也纷纷加入其列，开始把医疗数据"上云"（存入云存储器中），互联网技术、人工智能的

＊　本案例部分数据来自企业调研与网络公开数据。

发展为数据的收集、处理及存储插上了翅膀，不仅使得这一切成为可能，而且最大限度地使数据得到了增值。新一轮的数字化正在推动和成就新一轮的商业变革，这不仅发生在当下人们广为关注的电子商务领域，在健康医疗行业也正发生着转型升级，数字商业被广泛运用到医学领域，形成数字医疗，运用数字医疗来实现企业的盈利，这种日益加剧的数字化驱动的商业变革正催生着新一代商业生态系统的形成。

福州康为网络技术有限公司（简称"康为公司"）作为国内领先的大数据和人工智能驱动下的糖尿病适宜技术研发的高新技术企业，在业内外获得颇多赞誉，旗下的"掌控糖尿病"成为国内糖尿病领域下载量最大的 App。截至 2015 年 6 月，康为公司已完成了 A + 轮融资，公司的发展获得了合作伙伴及投资者的认可。当互联网在中国还未强势发展之时，中国的互联网基础设施建设还未完善之际，智能手机还未普及的情况下，康为公司成立的初心是什么？企业发展过程中每个阶段的转型决策依据何在？康为公司如何构造自身的核心竞争力？其商业模式又是如何创新的？

二 公司背景

康为公司成立于 2002 年，专注于糖尿病等慢病医学人工智能防治技术的研发及应用。公司"掌控糖尿病"产品和平台，获得了国家卫健委、工信部等主管单位以及国外合作伙伴的认可和推荐。康为公司开发的"掌控糖尿病"App 在许多医院都得到了临床应用，如解放军总医院、北京大学第一医院、四川大学华西医院、四川省人民医院、中日友好医院、福建医科大学附属第一医院等全国 100 多家医院。2014 年 9 月，获得了中国互联网协会"飙新·励异——寻找中国互联网创新与创造新动力"活动的"中国互联网产业创新典范"大奖。2014 年 10 月，在中国健康大会上被国家卫生计生委疾控局慢病处作为移动互联技术在慢性病中的应用"典型案例"。康为公司运用物联网、云计算等核心技术打造开放、协作的慢性病管理平台，为医疗卫生单位、健康管理机构、通信运营商等单位提供"全人全程"的主动医疗健康服务平台，是国内主要的移动健康服务解决方案提供商。

三　发展历程

数字医疗是通过打造健康档案区域医疗信息平台，利用最先进的物联网技术，实现患者与医务人员、医疗机构、医疗设备之间的互动，逐步达到信息化的过程。目前，我国的数字医疗发展主要集中在以下三个阶段：数字医疗1.0阶段，国家卫健委在发达省份相继开展的卫生信息化试点工作，而后在全国各地积极探索适合本地的数字医疗模式；数字医疗2.0阶段，在我国经济较发达的地区，由政府和卫生机构牵头，构建以社区为主导、政府统筹资金统一规划的模式或以大型医院牵头、多元化筹资共同建设的模式或以政府为主导、企业参与投资分步实施的模式等；数字医疗3.0阶段，以政府提高新农村医疗合作保障水平及加大基层医疗卫生机构的投入力度为主，进一步推动基层医疗卫生机构的信息系统建设。

（一）明确定位，夯实基础

康为公司成立初期，数字医疗的概念还未准确定义，互联网技术也还未成熟，有关数字医疗的国家政策几乎空白。与此同时，伴随着糖尿病及其并发症海啸般来袭，康为公司将视线瞄准在慢性病——糖尿病的市场，定位准确；同时康为公司凭借敏锐的嗅觉，主动定位为认知技术与解决方案提供方，将研发集中在人群画像、算法上，致力于打造糖尿病智能管理处方系统，努力成为糖尿病服务提供商。

伴随着物联网、云计算等技术的发展，初步完成糖尿病智能管理处方系统，充分融合大数据、AI、物联网，完成了基于大数据的智能处方管理系统。在数字医疗2.0阶段，康为公司最初选择与福建医科大学附属第一医院的内分泌科进行合作，使得糖尿病智能管理处方系统实现了落地应用。系统设计过程中有8位计算机专家、19位医生及护理专家参与，涉及计算机视觉、自然语言处理、机器学习、知识图谱等相关人工智能技术。系统的建设和应用，将教育管理流程标准化、电子化，支持医护人员开设糖尿病教育管理门诊，医护人员使用系统为患者提供首诊评估、个性化自我管理处方、管理团队跟踪随访以及居家全程智能跟踪管理服务，帮助科室提高教育管理效率和规范性，实现院内外糖尿病管理一体化。目前，项目已在解放军总医院、福建医科大学附属第一医院和江苏南京、湖北宜昌等百个医疗机构、区域和药企落地。

（二）持续创新，打造多病种平台

2013 年 11 月，康为公司发布了"掌控糖尿病"App，2015 年更新了该应用程序，目前其主要功能集中在：①血糖录入与历史数值；②糖尿病相关知识与资讯；③饮食、运动及用药；④远程咨询；⑤在线商店；⑥外接设备；⑦提醒与警示。凭借这个 App，康为公司于 2015 年通过了中国疾病预防控制中心有效性评估的移动医疗应用，并被认定为福州市数字医疗健康行业技术创新中心。2018 年，"掌控糖尿病"被中国科学院海西创新研究院引进，其与中国科学院海西创新研究院共建了中国科学院海西创新研究院康为医学人工智能联合研发中心，持续创新的掌控糖尿病平台目前已经成为我国用户规模最大、服务医院最多、最贴近临床需求的糖尿病智能管理平台。"掌控糖尿病"现已在江苏南京、湖北宜昌以及解放军总医院、福建医科大学附属第一医院、腾讯公司等多个区域、医院和企业应用（见附录 3）。

康为公司持续创新，不断增强研发能力，现有专利和软件著作权50 多项，取得了我国糖尿病教育管理第一本医疗器械注册证和生产许可证。除此之外，康为公司还积极吸收国内外一流医学院所的科研创新能力，开展了实质性合作，先后承担了科技部"十二五"国家科技支撑计划、国家重点研发计划、欧盟 2020 地平线计划等国家级项目 4项，省、市级项目 7 项。

（三）扎根国内，开拓海外

康为公司凭借优秀的研发能力现已成为中国医师协会、中华医学会糖尿病学分会、中国微循环学会以及腾讯、礼来、强生和诺和诺德公司的重要服务平台，其作为典型案例入选了国家卫健委统计信息中心"医疗健康人工智能应用落地真实案例"，并被联合国项目事务署作为"人工智能在慢性病管理中的典型案例"。

国内遍地开花，国外纷纷伸出橄榄枝。其中较为重要的当属绿星计划，该计划是基于中荷国际科技合作项目"掌控糖尿病"平台，针对糖尿病患者推出的一项糖尿病管理服务，遵循慢性病管理的"监测—评估—干预"闭环理念，帮助患者控制血糖、降低并发症风险和医疗费用支出。绿星计划包括患者自我管理工具和医生管理工具（App），以及移动智能血糖仪等三部分，基于中国糖尿病防治指南提供标准流程，可以实时动态监控血糖变化情况，做到早期发现、筛查和主动干预，能够自动生成规范的临床决策支持，支持医生编制患者个人目标管理计划及推荐行动和任务，实现自动分级提醒等功能。

康为公司作为中荷卫生合作备忘录 E-Health 和联合国项目事务署数字医疗在慢性病防控中的重点案例，首个通过中国疾病预防控制中心有效性评估的移动医疗应用和中华医学会糖尿病学分会教育与管理学组专家评审，且管理处方被评价为符合指南、技术先进、管理有效、符合标准、国内领先的一项有效适宜技术。

四　挑战与机遇

（一）我国糖尿病平台系统存在的主要问题

首先，我国大部分糖尿病平台系统开发初期的目标是获取流量与客户，因此市场上的糖尿病平台、App 等同质化现象比较严重，无法有效地满足糖尿病患者的需求，最终将影响糖尿病患者的使用意愿。目前大部分的糖尿病管理 App 只记录血糖含量的情况，忽视了糖尿病并发症相关的数据记录；部分糖尿病管理 App 虽有提供糖尿病潜在的风险自测评服务，但自测题目过于简单，很难准确反映出疾病的风险；市面上糖尿病管理 App 在健康教育管理方面的知识推送较少，更新不及时，大部分知识都源于网络且缺少相对专业的原创内容。此外，有些糖尿病管理 App 还存在广告推送过多、界面设计不友好与不方便的问题，大大影响了用户使用的黏性。

其次，在国内目前的糖尿病诊疗方案中，患者的检查评估、入院治疗、出院康复都需要医院或社区的参与，而大多数的糖尿病管理 App 还无法集成糖尿病患者从线上的健康管理、就医的预约挂号到院内的诊疗与线下的随访全程服务。这样容易造成糖尿病日常病情的监测获得的数据得不到有效的利用，且未能达到很好地利用移动互联网技术延伸医疗服务的目的，更不能辅助医护人员提高患者的依从性和临床研究。究其原因，主要是我国绝大部分糖尿病管理 App 未能实现与医疗体系线上、线下整合。

最后，移动医疗 App 和其他类型的 App 不同，医疗行业是具有一定公益性质的行业，向用户收费会造成一定的社会风险和舆论风险，同时广大用户还未习惯通过 App 的自我监测，比起"隔空"诊疗，用户更愿意去医院购买医疗服务，从而导致缺乏稳定的付费对象。我国糖尿病管理 App 在开发初期，为占领市场投入了大量资金，单靠咨询费、增值服务、商城消费，可持续的盈利难度较大。

为此，糖尿病管理 App 产品公司只有从实际需求出发，不断完善其自身的功能设计，并在开发应用与运营应用的各个阶段充分了解糖尿病患者的实际需求，不断改进与创新，才能在目前功能雷同的各类糖尿病管理 App 中建立特色。同时还要突出健康管理的重点内容，注重对不同阶段糖尿病管理的功能设计，并始终贯穿服务提供的科学性原则，从而加强用户使用糖尿病管理 App 的黏性与信任感。

此外，糖尿病管理 App 产品公司还应进一步加强与医疗服务机构线上、线下的合作，政府管理部门也可作为参与者的角色主动参与糖尿病管理 App 的服务、管理与运营之中，并给予适当的政策扶持，推动移动医疗 App 纳入健康大数据的采集、分析和挖掘中，推进精准医学与信息共享平台的发展，并充分发挥糖尿病管理 App 的价值，加快糖尿病管理 App 与医疗体系的衔接。

（二）把握时代机遇

随着 5G 正式商用的到来以及与大数据、互联网＋、人工智能、区块链等前沿技术的充分整合和运用，5G 医疗健康越来越呈现出强大的影响力和生命力，对深化医药卫生体制改革、加快"健康中国"建设和推动医疗健康产业发展，起到重要的支撑作用。随着医疗体制改革的不断深入，利用现代医疗信息化手段，优化就医流程，让广大患者有序、轻松就医已成为医院提高服务水平的迫切需求。

康为公司基于糖尿病管理处方的慢性病干预治疗手段形成的"掌控糖尿病"App，即形成糖尿病的"数字药"，"数字药"是为了提高医疗效果而同任何软件、硬件、分子结合的产品。"数字药"与传统的药片的药物形式不同。软件和药物结合的治疗方式被称为"数字疗法",在数字疗法中应用软件也将成为一种药物形式,与传统的药物相结合,带来更高效、普及度更高的治疗方式。

康为公司"掌控糖尿病"App 以糖尿病指南和专家共识为依据,建立标准化的教育内容体系、符合临床需求的规范化教育管理流程;为患者提供基于数据的个性化糖尿病管理处方内容以及全程智能化服务支持,同时还提供多种患者管理、沟通方式,实现医患宜时沟通;提供患者居家智能化跟踪管理服务,使患者管理数据可跟踪,效果可评估。打通院内—居家的教育管理闭环。患者体征实时监测、院内人员安全管理、医疗设备全生命周期管理是智慧医院建设中的共同诉求,这些可提升医院管理效率和患者就医体验。

五 课后讨论题

讨论问题1:数字医疗与传统医疗的区别是什么?请理解并运用 PEST 模型,分析康为公司业务的优势。

讨论问题2:康为公司在发展过程中的商务认知模式是什么?数字医疗的相关政策对康为公司有哪些启发?

讨论问题3:数字医疗未来的趋势是什么?

六 附录

附录1 2015—2019 年中国医疗信息化行业市场规模

单位:亿元

年份	医疗信息化市场规模
2015	318.00
2016	381.00
2017	442.27
2018	491.80
2019	580

资料来源:前瞻经济学人 https://www.qianzhan.com/analyst/detail/220/200430-25480bd3.html。

附录 2 2021—2025 年我国医疗信息化规模预测

单位：亿元

年份	医疗信息化市场规模
2021	850
2022	1020
2023	1223
2024	1468
2025	1762

资料来源：中国产业信息网 http://www.chyxx.com/industry/201807/658345.html。

康为公司合作伙伴

CDC、VitalHealth、university of groningen、CHINA TELECOM（中国电信）、China unicom（中国联通）、Tencent（腾讯）、FunTalk（乐语）

附录 3 康为公司合作伙伴

资料来源：康为公司。

附录 4 康为公司协作型健康管理平台

专家分析决策系统	云分析、询证指南、纵向跟踪、事件/提醒跟踪
医生支持系统（临床）	临床决策支持、临床分析及趋势、EMR/HER 综合运用、患者分层人口管理
协作健康管理系统（激励）	家庭协作管理、社区协作管理、群体健康教育、小区提醒
自我管理系统（患者赋权）	健康监测、疾病风险个性化任务、健康教育

资料来源：康为公司。

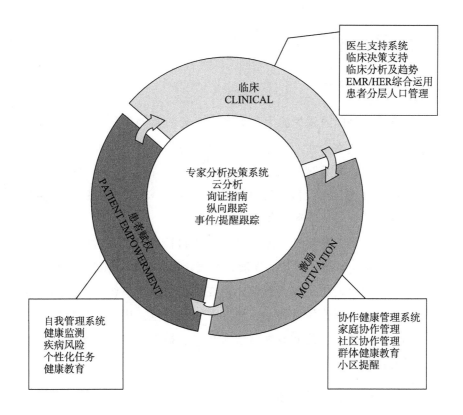

附录5　康为公司协作型健康管理平台示意图

注释

[1] 陆雅珍，聂良刚，蓝耿. 互联网＋背景下智慧医疗应用现状初探［J］. 网络安全技术与应用，2019（12）：121－122.

[2] 赵洁. 智慧医疗的应用与建设策略［J］. 电子技术与软件工程，2019（22）：256－257.

[3] 林悦. "互联网＋智慧医疗"现状及发展展望［J］. 中国医疗器械信息，2019，25（18）：15－16.

[4] 廉泽花，钱爱兵. 智慧医疗发展现状及趋势研究文献综述［J］. 中国全科医学，2019，22（3）：366－370.

[5] 王跃芬，李铁. 智慧医疗的应用特点与发展趋势［J］. 中医药管理杂志，2018，26（1）：190－191.

【教学说明】

一　案例概要

康为公司是国内领先的大数据和人工智能驱动下的糖尿病适宜技术研发的高新技术企业，公司以"让健康触手可及"为使命，打造开放、协作的慢性病管理平台。近年来，公司先后参与了一系列国家、省级和国际科技合作项目。公司的发展，特别是在智慧医疗技术探究方面，获得了合作伙伴和投资者的认可。

数字医疗是信息技术与医疗健康服务和管理的深入融合，并在国家的大力支持下取得了较快的发展，对医疗服务模式、卫生管理方式、居民健康管理等产生了深刻影响，但在医疗数据、系统安全、建设保障、资源共享、评价体系等方面仍存在一些问题。因此，智慧医疗在未来的发展道路上仍需政府加强宏观指导、扩大信息共享范围，以更好地满足患者的需求。

二　在课程中的定位

本案例是教学性的综合案例，可用于 60 分钟的课堂讨论，适用于全日制工商管理类、电子商务类、医疗科学与技术类本科生、研究生的"电子商务概论""智慧医疗建设""商业模式创新与创业"课程，以及"互联网＋医疗""网络安全技术"等方面的授课单元。

本案例主要介绍以康为公司为代表的智慧医疗企业，根据外部宏观环境与市场变化，随着智慧医疗的兴起与发展，分析智慧医疗的发展历程、行业竞争力及未来发展前景。

三　相关阅读资料

(1) 陆雅珍、聂良刚、蓝耿，《互联网＋背景下智慧医疗应用现状初探》，《网络安全技术与应用》2019 年第 12 期，第 121–122 页。

(2) 赵洁，《智慧医疗的应用与建设策略》，《电子技术与软件工程》2019 年第 22 期，第 256–257 页。

（3）林悦，《"互联网＋智慧医疗"现状及发展展望》，《中国医疗器械信息》2019 年第 25 卷第 18 期，第 15 - 16 页。

（4）糜泽花、钱爱兵，《智慧医疗发展现状及趋势研究文献综述》，《中国全科医学》2019 年第 22 卷第 3 期，第 366 - 370 页。

（5）王跃芬，李铁，《智慧医疗的应用特点与发展趋势》，《中医药管理杂志》2018 年第 26 卷第 1 期，第 190 - 191 页。

（6）王茜，《认知商务的商业模式分析》，华南理工大学硕士学位论文，2019.

（7）袁勇、王飞跃，《区块链技术发展现状与展望》，《自动化学报》2016 年第 42 卷第 4 期，第 481 - 494 页。

（8）《2014 中国健康大会召开智慧医疗成焦点》，《中国数字医学》2014 年第 9 卷第 11 期，第 56 页。

四　教学计划

本案例适用于 60 分钟的课堂，教学计划见表 11 - 1。

表 11 - 1　教学计划

单位：分钟

讨论问题	时间
案例内容概述、案例讨论热身等	5
讨论问题 1	15
讨论问题 2	15
讨论问题 3	10
分析框架或教授总结	15

五　讨论问题

讨论问题 1：数字医疗与传统医疗的区别是什么？请理解并运用 PEST 模型，分析康为公司业务的优势。

（1）数字医疗与传统医疗的区别是什么？

在传统医疗体系中，就医问诊都需前往医院挂号、排号，与医生面对面问诊，病历单也是人工录入，开处方，用药等，流程复杂、烦琐，对人力造成了极大的浪费。

而在数字医疗体系中，实现智慧医疗的关键是物联网技术和云计算技术，这两大技术的连接点是海量的医疗数据，或称为"医疗大数据"。医疗物联网中数据规模庞大，增长速度很快，传统的数据库技术难以有效对其进行管理和处理。数字医疗以较低成本实现高效和可扩展的医疗大数据存储与处理，并通过互联网为用户提供方便、快捷的医疗服务。

数字医疗强调数据的采集和利用，不受时间和地点的约束。虽然现有的电子病历系统能够以数字化方式保存患者在医院的检查与就诊记录，但这些数据有限。智慧医疗利用物联网技术随时随地采集各种人体生命体征数据并自动保存，比人工录入电子病历的数据量高出数个数量级。

而数据的深度利用，即使用数据挖掘和机器学习等技术，可以从数据中发现隐藏的知识。例如，患者的血氧饱和度变化周期、心率异常检测、生命体征关联变化模式等，由于涉及的数据种类繁多且规模庞大，这些知识难以凭借医生的经验以人工方式获得，而应用大规模数据处理技术，能够分析这些数据，帮助医生诊疗疑难杂症。

（2）请理解并运用 PEST 模型，分析康为公司业务的优势。

P：相关政策日益完善，智慧医疗发展大势所趋。

①行业规范和评价指标体系推动智慧医疗有序建设。

2018 年 4 月，国家卫健委在其制定发布的《全国医院信息化建设标准与规范（试行）》中，对智慧医院建设中的核心技术——大数据、云计算、人工智能和物联网的建设要求作出明确规定。2019 年 3 月，国家卫健委医政医管局制定、颁布了《医院智慧服务分级评估标准体系（试行）》，通过建立科学的智慧服务的评估、改进体系，对医院智慧服务进行分级管理，正式将智慧医疗的建设与发展纳入医院评价体系。

②"互联网 +"助力智慧医院蓬勃发展。

2017 年 12 月，国家卫计委和国家中医药管理局在《进一步改善医疗服务行动计划（2018—2020 年）》中明确提出，要围绕"互联网 +"建设智慧医院。2018 年 4 月国务院办公厅颁布了《国务院办公厅关于促进"互联网 + 医疗健康"发展的意见》，并在同年 9 月进一步制定了

《互联网诊疗管理办法（试行）》《互联网医院管理办法（试行）》《远程医疗服务管理规范（试行）》，为我国智慧医疗的蓬勃发展创造了优越的政策环境。

E：国民经济稳步发展，加快医疗服务提供和管理方式转型。

①经济稳步发展，卫生服务需求不断扩大。

2018 年我国卫生机构总诊疗人次 84.2 亿人次，出院总人数 2.6 亿人，比上年分别增长 2.9% 和 7.0%。医疗保健的消费需求不断扩大，智慧医疗的发展前景广阔。

②卫生费用不断上涨，精细化管理控费提质。

2017 年，我国卫生总费用为 5259.28 亿元，占全国 GDP 的 6.36%。卫生费用的不断上涨，给国家财政和医疗卫生领域带来巨大的压力，使医院努力完成持续改进卫生服务质量和控制医疗费用的双重任务更加艰巨。医疗保障体系日益完善，医疗保障水平逐步提高，国民健康水平的提高离不开全民健康覆盖的发展。医疗保障体系作为疾病风险分担的重要手段，影响着居民对卫生服务的需求与利用，进而影响着国民健康的总体水平。

S：人口老龄化与健康意识提高，智慧医疗需求大。

①人口老龄化趋势加强，智慧养老前景广阔。

随着我国老龄化的程度不断加深，老年人口的健康和养老成为我国亟须解决的问题。与其他年龄段的人口相比，老年人口的两周患病率和慢性病患病率高、病因不明确、病程长、恢复慢，且常同时患有多种疾病，对医疗服务呈现需求高、多样化、全方位和长期性的特点。

②人们健康意识增强，自我健康管理发展迅速。

随着我国经济的发展，国民受教育水平的提高，医疗卫生服务的范围正不断地从院内向院外、从治疗向预防、从生理向心理、从技术向社会扩展。

T：新兴技术飞速发展，为智慧医疗建设提供良好支撑。

①互联网、大数据、云计算技术正不断改变着人们的就医方式。

随着互联网时代的到来，我国互联网用户正以越来越快的速度攀升。以手机为中心的智能设备和网络服务正深刻改变着人们的寻医就医方式。

互联网平台或移动 App 的网上预约挂号和就诊、缴费系统大大减少了患者的候诊和等待结算的时间；区域患者"一卡通"和患者身份化识别简化了就诊流程；医疗区域公共信息展示平台和移动 App 信息查询平台，为患者提供及时、准确的就医、费用信息；依托互联网的远程医疗打破了地域、区域发展水平的界限，为患者提供更加公平、高质量的医疗服务。

②新兴技术在医疗领域的应用日益成熟。

随着无线通信技术的飞速发展，人工智能技术（AI）在个人健康风险识别和疾病预测、病理放射影像智能识别和辅助诊断、机器人辅助参与精细化手术、辅助康复训练以及药物的研发和临床试验中都发挥着重要作用。此外，语音识别、虚拟/增强现实（VR/AR）、生物 3D 打印技术、区块链（Block Chain）等新兴技术在医疗临床服务、康复训练、疼痛管理、医学培训和医疗数据安全管理等医疗领域的应用，使智慧医院智慧服务的内容更加全面而完善。

康为公司业务的优势如下：

在智慧医疗的空白期，康为公司大力发展物联网、云计算等技术；与医院、药企、保险行业达成合作，利用"大数据 + AI + 物联网"等先进技术，以"慢性病防控"为重点，秉承"技术创新引领慢性病服务、市场拓展驱动慢性病管理"发展理念，以"人工智能改变慢性防治"为目标，专注慢性病智能化管理与防控的研究。创新疾病监测、预警、管理和干预一体化的居民健康管理新模式，为"掌控糖尿病""数字药"的研发打下坚实的基础。

康为公司是中荷卫生合作备忘录 E-Health 和联合国项目事务署数字医疗在慢性病防控中的重点案例，首个通过中国疾病预防控制中心有效性评估的移动医疗应用和中华医学会糖尿病学分会教育与管理学组专家评审，且管理处方被评价为符合指南、技术先进、管理有效、符合标准、国内领先的一项有效适宜技术。

讨论问题 2：康为公司在发展过程中的商务认知模式是什么？数字医疗的相关政策对康为公司有哪些启发？

（1）康为公司在发展过程中的商务认知模式是什么？

从图 11 – 1 可以看出，认知商务的应用建立在四个相互关联、层层递进的层次和两大支柱之上。

图 11 - 1　认知商务的运作体系框架

①五个体系层次可以看作认知商务运作体系的内部框架，代表着认知商务的各级技术及应用层次，从最基础的技术层到应用层依次为基础设施层、基础数据层、数据处理层、知识层和认知商务应用层。

②两大支柱可以看作认知商务运作体系的外部框架，主要包括国家的公共政策、法律规范及各种技术标准和网络安全问题等，是实现认知商务发展及应用的重要保障。在认知商务运作体系的内外部框架作用下，可以进一步实现认知商务的应用，包括在医疗领域、教育领域等多个领域的应用。

由表 11 - 2 可知，认知商务产业链中游是认知技术与解决方案提供方，也是认知商务产业链的核心。认知技术与解决方案提供方能够熟练掌握并运用认知技术，根据有认知商务应用需求企业的具体需求，提供解决方案。

表 11 - 2　认知商务产业链结构

产业链构成	构成主体	具体构成	
上游	服务提供商	互联网服务提供商	数据服务提供商
中游		认知技术与解决方案提供方	
下游		认知商务应用企业	

康为公司成立初期，智慧医疗的概念还未准确定义，互联网技术也还未成熟，有关智慧医疗的国家政策几乎空白。在此背景下，康为公司定位为认知技术与解决方案提供方，成为服务提供商，并瞄准慢性病——糖尿病的市场大力开发。在智慧医疗的空白期，康为公司大力发展物联网、云计算等技术；与医院、药企、保险行业达成合作，利用"大数据 + AI + 物联网"等核心技术打造开放、协作的慢性病管理平台，为医疗卫生单位、健康管理机构、通信运营商等单位提供"全人全程"的主动医疗健康服务平台，是国内主要的移动健康服务解决方案提供商。

（2）数字医疗的相关政策对康为公司有哪些启发？

数字医疗是智慧城市战略规划中一项重要的民生领域应用，也是民生经济带动下的产业升级和经济增长点，其建设应用是大势所趋。近几年，国家政府各部门积极推动政策，推动智慧医疗的发展。

未来几年将是中国智慧医疗建设飞速发展的时期，在新医改方案的指导下，政府将加大当地智慧医疗建设方面的投入力度，将有更多的医疗机构参与信息化建设，一些信息化建设较好的医疗机构也将致力于建设更为先进的医院管理系统，提升自身竞争力，给广大居民带来更好的医疗体验。智慧医疗相关政策梳理见表 11 - 3。

数字医疗的相关政策对康为公司的启发：

表 11 - 3　智慧医疗相关政策梳理

时间	部门	政策名称	主要内容
2015 年 7 月	国务院	《国务院关于积极推进"互联网 +"行动的指导意见》	要求大力发展以互联网为载体、线上线下互动的新兴消费，加快发展基于互联网的医疗、健康、养老等新兴服务

续表

时间	部门	政策名称	主要内容
2016 年 5 月	国家发改委、科技部、工信部、中央网信办	《"互联网＋"人工智能三年行动实施方案》	到 2018 年，打造人工智能基础资源与创新平台，人工智能产业体系、创新服务体系、标准化体系基本建立，基础核心技术有所突破，总体技术和产业发展与国际同步，应用及系统级技术局部领先
2016 年 6 月	国务院办公厅	《国务院办公厅关于促进和规范健康医疗大数据应用发展的指导意见》	到 2020 年，建成国家医疗卫生信息分级开放应用平台，实现与人口、法人、空间地理等基础数据资源跨部门、跨区域共享，医疗、医药、医保和健康各相关领域数据融合应用取得明显成效
2016 年 10 月	中共中央、国务院	《"健康中国 2030"规划纲要》	到 2020 年，建立覆盖城乡居民的中国特色基本医疗卫生制度，健康素养水平持续提高，健康服务体系完善、高效，人人享有基本医疗卫生服务和基本体育健身服务，基本形成内涵丰富、结构合理的健康产业体系，主要健康指标居于中高收入国家前列
2017 年 5 月	国家卫计委	《关于征求互联网诊疗管理方法（试行)(征求意见稿)》、《关于推进互联网医疗服务发展的意见（征求意见稿)意见的函》	从互联网诊疗活动准入的要求、医疗机构执业规则、互联网诊疗活动监管以及相关法律责任明细 4 个方面，提出了具体的要求，互联网＋医疗有法可依
2017 年 7 月	国务院	《新一代人工智能发展规划》	推广应用人工智能治疗新模式、新手段，建立快速、精准的智能医疗体系。探索智慧医院建设，开发人机协同的手术机器人、智能诊疗助手，研发柔性可穿戴、生物兼容的生理监测系统，研发人机协同临床智能诊疗方案，实现智能影像识别、病理分型和智能多学科会诊
2017 年 12 月	工信部	《促进新一代人工智能产业发展三年行动计划（2018—2020 年)》	推动医学影像数据采集标准化与规范化，支持脑、肺、眼、骨、心脑血管、乳腺等典型疾病领域的医学影像辅助诊断技术研发，加快医疗影像辅助诊断系统的产品化及临床辅助应用，并推动手术机器人在临床医疗中的应用

续表

时间	部门	政策名称	主要内容
2018 年 3 月	国务院	《政府工作报告》	人工智能连续两年被列入政府工作报告：加强新一代人工智能研发应用；在医疗、养老、教育、文化、体育等多领域推进"互联网＋"；发展智能产业，拓展智能生活
2018 年 4 月	国务院办公厅	《关于促进"互联网＋医疗健康"的发展意见》	健全"互联网＋医疗健康"服务体系，完善"互联网＋医疗健康"支撑体系，加强行业监管和安全保障
2018 年 6 月	国家卫健委、财政部、国家中医药管理局	《关于做好 2018 年国家基本公共卫生服务项目工作的通知》	稳妥推进基层高血压医防融合试点、积极开展基层糖尿病医防融合管理工作、推动电子健康档案向个人开放等 3 项工作将为年度重点工作
2018 年 8 月	国务院办公厅	《深化医药卫生体制改革 2018 年下半年重点工作任务》	有序推进分级诊疗制度建设，建立健全现代医院管理制度，加快完善全民医保制度，建立优质、高效的医疗卫生服务体系等
2018 年 8 月	卫健委医政医管局	《关于进一步推进以电子病历为核心的医疗机构信息化建设工作的通知》	建立健全电子病历信息化建设工作机制，不断加强电子病历信息化建设，充分发挥电子病历信息化作用，加强电子病历信息化水平评价
2018 年 9 月	国家卫健委	《国家健康医疗大数据标准、安全和服务管理办法（试行）》	加强健康医疗大数据服务管理，促进"互联网＋医疗健康"发展，充分发挥健康医疗大数据作为国家重要基础性战略资源的作用
2018 年 9 月	国家卫健委、国家中医药管理局	《互联网诊疗管理办法（试行）》《互联网医院管理办法（试行）》《远程医疗服务管理规范（试行）》	进一步规范互联网诊疗行为，发挥远程医疗服务积极作用，提高医疗服务效率，保证医疗质量和医疗安全

①提高医院及医疗人员的工作效率，减少工作中的差错，还可以通过远程医疗、远程会诊等方式来解决医疗资源区域分配不均等问题。

②可穿戴设备或植入式传感器记录的患者健康数据，通过互联网从设备端传送到 PC 端或移动端（App），最后上传到云端存储。这样虽然方便了数据的存储和调用，但也增加了数据泄露的风险。智慧医

疗中电子健康病历系统（HER Systems）欠缺交互操作性，目前可行的是区块链技术，正成为新兴热点，该技术和 TPC/IP、HTTP、SMTP 协议一样，也是一种互联网安全协议。

③智慧医疗建立在大数据、人工智能、区块链、云计算、物联网、4G 通信等基础上，主要应用细分领域有病历/文献分析、辅助决策、医学影像、智能医疗器械、生物组学疾病筛查和预测、药物发现、健康管理。充分利用了大数据、物联网、人工智能以及云计算的理念和技术，建立数据支撑的个体化智能辨证论治体系和系统，重构诊疗过程并改变服务业态。

④建立智能诊疗系统，远程准确采集患者诊断信息，综合积累的医案和文献提供辅助决策，结构化记录电子病历，智能随访，辅助医生优化诊疗路径，为每一个医生打造智慧助手，提高诊疗水平，并且包括药物治疗结果反馈等。

讨论问题 3：数字医疗未来的趋势是什么？

分级医疗和多点执业是互联网医疗健康的重要催化剂，促进医疗资源市场化下沉。个性化和综合化健康管理服务是未来垂直细分领域的发展方向。比如平安好医生的愿景是为每个家庭提供一位家庭医生。

大数据将在互联网医疗健康领域发挥重要作用。在互联网医疗健康领域精准分流、医保控费、健康险营销、慢性病管理等方面得到应用。

人工智能（AI）、机器人技术、认知技术和精准医疗可以使临床医生的许多非临床事务自动化，预计未来 2～3 年可实现 10%～15% 的生产率提升，行医过程更高效。特别是在影像诊断、药物发现、肿瘤诊治、风险分析应用等方面。

数字化患者体验。在消费者预期上升的推动下，中国 20% 的医疗服务机构将在 2021 年前把优化数字化患者体验（PX）作为最优先的三大战略重点之一。

移动医疗设备商用。随着新一代的医疗设备出现，尤其是以运动、心律、睡眠等检测为主的各类医疗设备。例如，到 2022 年，20%～30% 的紧急护理机构将部署基于智能手表的应用程序，从而将医生的工作效率提高 50% 以上。

5G 技术广泛应用。5G 技术将广泛运用在手术直播、AR 远程医疗、院前急救、远程手术等方面，为医疗行业从业者及患者带来更好的医疗服务体验。"智慧医疗"以数据为驱动，提高患者就医体验和医疗效用。同时，还需要聚焦目前医疗资源不均衡和浪费并存的现象，通过数字化的方式优化资源配置，实现整体效率提升。

| 第十二章 |

梅千寻：大学生创业，助力精准扶贫[*]

一 引言

"藏在深闺人未识，撩开面纱惊八闽。"这是习近平总书记在福州工作期间对永泰县的评价。梅千寻团队致力于用小小青梅撩开永泰面纱。梅千寻项目负责人陈榕，2011年走出永泰大山来闽江学院求学。习近平总书记曾经在师生座谈会上讲道："大学生要有紧迫感，树立竞争意识，发扬创业精神，积极探索，勇于创新，敢创新路，敢创新业。"这给了他极大的鼓舞，也让他走上了创业之路，立志带领乡亲们脱贫致富。

福建省是青梅的主要产地，在福建的众多地方都盛产青梅，并且福建的气候条件以及土壤状况都极其适合青梅生长。福建省是沿海地区，属亚热带海洋性季风气候，雨量充沛，光照充足，年平均气温17～21℃，平均降雨量1400～2000mm，是中国雨量最丰富的省份之一，气候条件优越，适宜人类聚居以及多种作物生长。果林种植面积广，有着种植青梅的天然环境优势。2016年福建省永泰县青梅种植面积5.2万亩，年产青梅2.5万吨，是全国第二大产梅县，且青梅单价不高。由此可见，青梅在福建省有着广阔的市场。随着福建省经济结构日益多样化，青梅种植产业应运而生。但是因为青梅的成熟周期过长，比起其他省份，福建省仍存在劣势。

---

    [*] 本案例部分数据来自企业调研与网络公开数据。

梅千寻模式在永泰的先行先试取得了巨大的成功，旨在解决青梅的成熟采摘以达到最大经济收益的梅千寻技术也让福建省的青梅产业到达一个新的台阶。

福州梅千寻农业发展有限责任公司（简称"梅千寻公司"）成立于2018年5月21日，拥有解决永泰青梅苦涩难题的技术，并以2.75元/斤高于市价的价格向永泰贫困农户收购青梅，收购总额达220万元。实现精准扶贫，助力乡村振兴。于2018年7月1日与永辉超市签订供零合同。梅千寻公司致力于改善永泰青梅产业现状，力图用青梅加工产业带动农户脱贫，并用合理的规划产业布局立志带领福建省青梅种植达到新高度。

二　梅千寻创业之路

（一）名字由来

梅花是中华传统文化中圣洁、高尚的象征，其傲霜斗雪、独放幽香的高洁品质和报春早的习性是历代文人志士吟咏的核心。在中国传统文化中，梅甘于寂寞，清新脱俗，淡泊名利，无私奉献。梅千寻团队继承梅花的传统美德，经过上千次实验，最终解决永泰县青梅苦涩问题，化苦为甜，梅味千寻，因此得名"梅千寻"。梅千寻的形象设计为半青少女。

（二）扶贫创业之路

永泰县是全国第二大产梅县，却也是福州市唯一的贫困县。丰富的青梅资源与落后的经济状况形成强烈反差。永泰青梅味苦酸涩，滞销严重。每到青梅收获季节，少有人问津。果农只能眼看着满树苦梅烂在树上。青梅苦酸，果农更是心酸。

陈榕，闽江学院海峡学院2011级工商管理专业的学生，是从永泰大山里走出来的孩子，从小目睹家乡父老乡亲的贫苦。在闽江学院求学时，他参观校史馆听习近平总书记说过："大学生要有紧迫感，树立竞争意识，发扬创业精神，积极探索，勇于创新，敢创新路，敢创新业。"这给了他极大的启发，让他走上了创业之路，立志带领乡亲们脱贫致富。2012年陈榕成立梅千寻团队，2013年赴台湾学习，2014年带领梅千寻团队回乡出任的总经理。2015 年和 2016 年，连续两年参加福建省级扶贫开发工作重点县科技人才培训，请教百位专家学者，千次实验，厚积薄发，终于攻克了困扰乡亲们千百年的青梅苦涩难题。2018 年正式成立梅千寻公司，开始扶贫新征程。

在公司运营模式方面（见附录 1），首先，梅千寻对接农户，对于建档立卡贫困户，提高青梅收购价格；其次，成立并管理两家农村合作社，保证了青梅的收购源，让农民吃下定心丸，使种植有保障；同时，与周边市场合作，目前，已经与永泰县 80% 的土特产门店达成独家战略合作协议，并与永辉超市签订了供零合同。公司还积极开拓线上销售渠道，借助电子商务，加大精准扶贫力度，造福果农，力图形成脱贫致富良性运营模式。在鏖战深度贫困的路上，梅千寻力图用一颗颗小小青梅，滋润贫苦人。

三　梅千寻的 O2O 模式

（一）线下渠道

陈榕进而思考，如何吸引更多的消费者？他认识到产品真正的核心是企业的服务以及客户的体验和对企业的认知。

2018 年与永泰县盛兴食品有限公司进行业务分割，成立梅千寻公司后，梅千寻重点打造线下渠道，并注重稳扎稳打。梅千寻坚持把每个产品专柜的产品、服务统一标准，减少管理方面的问题。"我们希望专柜不仅仅是交易的场所，更是品牌品质呈现和提升客户感受的地方。"陈榕说。

1. 进行商业活动

在正式成立梅千寻公司之前，陈榕和他的团队就以梅千寻团队的名义借助创始人家族企业进行商业活动（代营永泰县盛兴食品有限公司），因业绩突出，获得"龙头企业""农产品加工示范企业"等称号。与此同时，梅千寻团队用青梅业带动永泰县经济发展，在 2015 年间共带动 221 户农民增收，共计 39 万元。在 2016 年期间共带动 612 户农民增收，共计 115 万元，带动青梅种植面积 780 亩。在 2017 年期间共带动 1260 户农民增收，共计 252 万元，带动青梅种植面积 1920 亩。

2. 建立农村合作社

农村合作社，产生于 20 世纪 50 年代初，是为实行社会主义公有制改造，在自然乡村范围内，将农民各自所有的生产资料（土地、较大型农具、耕畜）投入集体所有，由农民进行集体劳动，各尽所能，按劳分配的农业社会主义经济组织。为了确保能准确地开展扶贫工程，陈榕决定与当地果农合作成立农村合作社。

陈榕成立了两家农村合作社，对永泰县贫困乡中出示贫困证明的农户提高收购价格，向永泰贫困农户收购青梅，收购总额达 220 万元。

3. 设立产品专柜

梅千寻团队不断努力，在 2018 年 7 月 2 日，与永泰县 22 家土特产门店签订协议，在店内设立梅千寻产品专柜。梅千寻与永泰县盛兴食品有限公司、藤山门店开展合作。永泰县盛兴食品有限公司直接将收购的青梅进行冷藏，并快速运输至工厂进行第一手加工，依靠藤山门店的强大市场占有率进行销售，店面内设立梅千寻专柜，并开展"梅千寻"品牌的推广。

陈榕总结出梅千寻专柜的选址有几大原则。首先是当地的消费人口，即用户基数大，游客出现比较多的地方，比如火车站、动车站、景区商场等地方。其次是看这个地方的网络热度，即当地居民的网络行为，例如通过搜索网站检索"青梅"的频率和程度，网络程度高的地方可以减少用户培育成本。最后是看这个地方对梅千寻的商业模式的认可度。梅千寻不仅是在售卖商品，还是在售卖品质与服务。

梅千寻对于专柜人员的选择更侧重于该专柜人员是否具备服务意识，而非仅仅看销售能力和工作经验。

4. 与永辉超市签订供零合同

2018 年 7 月 1 日，梅千寻公司与中国企业 500 强之一，被国家七部委誉为中国"农改超"开创者，被百姓誉为"民生超市、百姓永辉"，国务院授予"全国就业先进企业"，获"全国五一劳动奖状"，国家级"流通"及"农业产业化"双龙头企业，A 股上市企业——永辉超市签订供零合同，实现垂直青梅供应链，打通了终端消费渠道，为永辉超市 2019 年提供青梅产品，确保了对青梅的收购量。让果农吃上"定心丸"，切实保障果农的经济利益。

（二）线上渠道

因为线下渠道发展困难，销售额有限，限制了扶贫力度的加大，再者，"互联网＋"已经是现在新经济的基本特征，数字经济是未来中国经济与世界经济对接的窗口，所以梅千寻创办人陈榕不得不考虑扩展线上渠道。

梅千寻结合多渠道进行商业宣传，选择成本相对较低且高效的线上宣传方式，第一步便是整合线上资源，借鉴江小白、宋小蜜等商业宣传模式，将线上运营聚焦于官网，线上渠道聚焦于微信小程序、朋友圈、微博、论坛等平台，进行品牌文化销售与推广。

1. 官网渠道

梅千寻对官网进行了修改，对官网的功能定位以产品和品牌形象展示和引流为主。例如，青梅醋的详情页中配有精美的图片和青梅醋的介绍、价格、梅千寻的品牌背书、如何购买、店面地址等信息。修改后的界面更加简单、清晰，也更接地气。

2. 微信小程序

与官网相比，微信小程序的客单值更低，推广费用也更高。微信小程序的主要功能定位是特定产品销售，在这个渠道上，梅千寻主推价格不高的产品以吸引更多的消费群体。

3. 其他线上渠道

梅千寻的目标群体是都市女性群体、注重养生的老年群体等。客户的年龄跨度大，线上的推广方式也多样化。例如，抖音、小红书的兴起，"90后"对微博的热衷，梅千寻都会给予关注并试探性投入推广。

（三）推广活动

1. 支持社会公益

2016年尼伯特台风来袭，永泰县受灾群众达9.13万人，道路中断、车辆通行受阻，塌方地段不计其数。梅千寻团队心系灾民，不顾自身安危，深入灾情最严重的地区慰问父老乡亲，为他们带去食物和净水；梅千寻团队每年定期慰问赤锡乡中心小学教师，感激他们为永泰农村学子的教育添砖加瓦，并且给中心小学的学生捐赠登山鞋，累计捐赠1600双。

梅千寻在做公益的同时，也表达了对家乡的关怀，无形中也宣传了产品形象。

2. 输出品牌文化

梅千寻通过加强线上新媒体与线下旅游区的口碑传播，进行梅千寻的品牌文化输出，品牌精准定位，产品市场细分，将梅千寻打造成永泰乃至福建的地区标志与文化品牌。创立梅千寻特色品牌形象，引入"半青少女"的文化概念，给消费者带来一种热爱生活的美好情怀。

3. 联系实体店，设立专柜

与占据永泰县80%市场的22家土特产门店签订协议，在店内设立梅千寻产品专柜，专柜一般设在人流量最大的地点，有利于"梅千寻"品牌的推广。

4. 指引类广告投放

梅千寻的广告投放以指引类投放为主。指引类投放是指在朋友圈、微博、论坛等平台发布产品宣传。这些成本不高的广告投放方式起到了很好的传播效果，最关键的是让利给消费者，让消费者以实惠的价格买到了满意的产品。

5. 构建渠道建设

梅千寻深入打造"互联网＋"扶贫新模式。以"创新转型、服务支撑"为原则，创建梅千寻农产品线上销售平台，通过线下组建的各个销售链与农户和工厂无缝对接。将"互联网＋"与传统青梅产业高度融合，渗透到新型的青梅产业链的各个环节，包括种植、深加工、营销推广、快递物流、旅游服务等各个渠道。在天猫、淘宝、小红书、下厨房等多家互联网平台以及线下门店构建起较完整的营销体系，实现线上、线下同品同质同价，线上弥补线下市场的不足，同时为线上零售增加实地购买场景和面对面决策的机会。梅千寻也将继续完善官网，针对顾客的不同需求，改进产品，并在官网上一一呈现。微信小程序这一购买渠道，也将继续改进，持续上新。

6. 项目成果交易会

中国·海峡项目成果交易会是很多创业者特殊的线下销售渠道，

亦是企业树立品牌、扩大影响力的重要宣传地，2019 年 6 月 18 日，第十七届中国·海峡项目成果交易会在福州海峡国际会展中心拉开大幕。梅千寻代表闽江学院参加了这一次的交易会。陈榕认为，中国的青梅市场非常大，此次交易会最吸引人的是海量商家选择和交易会促销价格，对于创业者来说，也是一个集中接触目标客群的重要渠道。并且希望能够在接下来的每年都能参加成果交易会，让更多顾客通过成果交易会认识梅千寻并购买其产品。而成果交易会大规模的客流也让梅千寻的销售更为可观。

7. 协同返乡创业

通过龙头企业带动、青梅文化拉动、品牌营销推动，青梅产品种植、加工、销售和农户就业问题得到解决。同时，骨干企业与高等院校、科研机构、地方政府及各个农村合作社联合，建立产、学、研相结合的技术创新和产品研发体系，加快产品多元化开发，提高青梅产品附加值。提升青梅栽培和加工技术，积极开展多方面的联合攻关，为返乡青年开垦新的种植区及旅游区域提供创业指导和技术扶持。

8. 赞助高校活动

2018 年 10 月，闽江学院迎来了建校 60 周年，梅千寻在闽江学院海峡学院海峡楼大厅摆出了青口脆梅供学生、教师以及校友们品尝。值得一提的是，闽江学院的校庆，也会邀请企业高管、台湾教师等人士来参与。此活动不仅是将青口脆梅当作礼品分享给教师、同学、企业家以及校友们，也是对梅千寻的一种宣传、推广。

四 精准扶贫

(一) 青梅去苦涩技术

福建省永泰县气候温和，有着种植青梅的天然优势，是全国第二大产梅县。永泰县青梅树无须细心打理便可结果，适合劳动力不足的山区种植。永泰青梅还有其品种优势，产量高且成熟期早于全国，果大、肉厚、质脆。然而永泰青梅苦涩，酸度高。经相关部门鉴定，永泰青梅平均酸度可达 6 ~ 8（广东青梅酸度 3 ~ 4、浙江青梅酸度 3 ~ 5）。青梅苦涩导致青梅收购单价不高，永泰青梅价格为全国平均青梅价格的 60% 以下。永泰县的青梅平均每斤收购价为 1.8 元，而江苏无锡市的青梅平均每斤收购价为 4.5 元。永泰县果农收入低，依靠种植青梅的微薄收入养家糊口。因此要想帮助果农脱贫，首先就要攻破青梅苦涩这个难关。

梅千寻团队在收购、初加工、深加工上环环相扣，通过上千次实验，研发出的青口脆梅解决了永泰青梅苦涩的难题。

（二）电子商务扶贫

电子商务扶贫的宗旨是为贫困家庭带来收益。梅千寻充分利用电子商务的优势，结合特色的产业发展电子商务扶贫。改善贫困户的生产模式，带动地方经济发展，增加了贫困户就业的机会。梅千寻在当地成立了两家农村合作社，并与龙头企业盛兴食品有限公司和连锁超市"永辉超市"开展了合作。这就涉及了现在非常流行的两种扶贫模式："贫困户＋合作社＋电子商务"模式和"贫困户＋龙头企业＋电子商务"模式。

"贫困户＋合作社＋电子商务"模式使贫困户加入合作社，提高整体组织效率，解决散户进入市场的弊端。通过成立农村合作社，以供零合同带动农户，农户吃下"定心丸"，种植有保障。合作社对贫困户、产品进行有效整合，确保产品的质量，有利于特色品牌的建设，也有利于产品的推广，不断调高产品的附加值，让贫困户更受益。

"贫困户＋龙头企业＋电子商务"模式是指梅千寻通过与当地的龙头企业合作，带动贫困户脱贫。梅千寻与永泰当地的龙头企业盛兴食品有限公司达成协议，对出示贫困证明的农户，上调收购价，保障了贫困户的收益，实现精准扶贫，助力永泰果农致富奔小康。同时，政府给予龙头企业的扶贫政策与资金支持也能留住龙头企业，保障了地方经济的发展。

（三）梅千寻精准扶贫特色

梅千寻的精准扶贫之路有五个特点：一是了解永泰青梅产业现状，确定扶贫目标，不断进行产品研发，致力解决青梅苦涩问题。二是成立合作社，有效整合当地果农，尤其为当地贫困果农创造就业机会，增加收入。三是扩大销售渠道，线上、线下结合，利用互联网加大精准扶贫力度。四是打造一体化的青梅产业链，增加青梅附加值，深化青梅产业综合配套设施建设，形成可循环青梅产业发展模式。五是注重长效机制的建设，跟踪贫困户的生活，定期反馈交流，注重乡村产业的发展，跟紧乡村振兴的步伐，做到发展有亮点、产业有支撑、贫困户有联系、扶贫成效有提升。

（四）梅千寻扶贫案例

刘国栋一家，居住在永泰县赤锡乡古禄村，拥有 10 亩梅林地，2015年为梅千寻团队帮扶对象，当年销售青梅总收入为 25879 元，比普通梅农增收 14011.5 元；2017 年销售青梅总收入上升为 32169.5 元，比普通梅农增收 16535 元。三年间青梅总收入达 87047 元，比普通农户共增收44958 元。"感谢梅千寻，让我的果子有渠道可去，收入有保障。"刘国栋说。

五 创业建议

梅千寻作为大学生创业项目，创业者陈榕也为大学生创业提出了几点建议：

（1）充分了解自身创业优势，决定创业的方向。每个人的家庭环境、个人性格、专业技能都是不同的，古兵法云："知己知彼，百战不殆。"了解自身的优势，才是创业的第一步。有家业基础的可考虑选择资本驱动的创业形式，吸取长辈创业的经验、教训，借助家业背景，搭建自己的平台，实现创业。技术能力突出的可选择技术驱动的创业形式，前期可采用工作室、微型公司的形式实现早期的资本累积，运用技术的优势，在了解市场的前提下，推出可以抓住市场痛点的产品，寻找时代的风口，借机壮大自己。

（2）把握市场风口，但不盲从跟风。把握市场风口是老生常谈，却不失其正确性。市场风口带来的低门槛高红利的创业机会是相关企业由无到有、由弱到强的机会，互联网时代我国诞生了以 BAT 为代表的互联网公司，这鼓舞了一代又一代的创业者。但我们同样要记住马云的话："风过去了，摔死的都是猪。"近年来，短视频自媒体行业的红火吸引了更多资本的注入，但有人挣钱就有人赔钱，互利共赢可能是两方、三方、多方，但不可能是所有人。盲目地跟风注资，却没有合理的市场考察调研，就很有可能是竹篮打水。

（3）忍耐克己，百折不屈。创业的过程是艰难曲折的，在家庭条件允许的情况下一定不能轻言放弃，偶尔的赤字和亏损不能击垮一名合格的创业者。每一个创业者都要有强大的内心才能支撑起他的团队，"雄关漫道真如铁，而今迈步从头越"，每一名创业者都要有"大不了从头再来"的决心跟毅力。面对困难，创业者的意志必须坚定。不能轻言放弃。意志没有了，人就彻底垮了。创业是对创业者意志品质的巨大考验。在创业的路上，笑到最后的人，往往都是意志坚定的人。这种意志来自对事业坚定的信念，也来自在应对各种困难中积累起来的自信。

（4）把握国家政策，精准扶贫，返乡创业。陈榕认为要想创业成功，在有热情的同时，也要对困难有清醒的认识。扎根贫困地区创业会面临一些问题：首先是宽带速度较慢，而电子商务扶贫主要靠的就是互联网；其次是交通问题，电子商务扶贫对交通运输也有要求，高额的物流成本将会影响果农们的利润，并且农产品最重要的就是新鲜。交通不发达，也会造成一定影响。最后，电子商务扶贫需要运营、维护、财务等方面的人才，而愿意扎根于大山发展的人才很少，这也影响了电子商务扶贫的发展。这就需要创业者充分把握国家政策，利用好国家相关的扶持措施。国家关于电子商务扶贫出台了一系列政策文件，如《关于促进农村电子商务加快发展的指导意见》《网络扶贫行动计划》《关于促进电商精准扶贫的指导意见》《"十三五"脱贫攻坚规划》等。不仅如此，各地方政府对电子商务扶贫的力度也在加大，例如电子商务知识培训、人才回笼政策、交通基础设施建设、税收优惠等。因此，陈榕建议，可以把工厂建在家乡，有利于利用当地的各项资源，获得更多的政策支持。

（5）掌握电子商务技术，塑造品牌。我国农产品电子商务已进入快速发展的新阶段，众多电子商务企业和卖家纷纷加入，越来越多外出务工的农民返乡创业，越来越多投身于农业的新青年忙碌在田间地头等，诸多新变化都在表明，农产品电子商务的发展已开始呈现出星星之火将欲燎原之势。想要从其中脱颖而出，不仅要在生产上保证产品质量过硬，还要注重打造品牌的美誉度和知名度，以品牌带动更多的产品销售。

六 课后讨论题

讨论问题1：梅千寻运营中存在的优势以及困难是什么？该如何改进？

讨论问题2：梅千寻面临竞争是否应该树立品牌文化？应该如何树立？

讨论问题3：梅千寻应如何通过电子商务加大精准扶贫力度？

七 附录

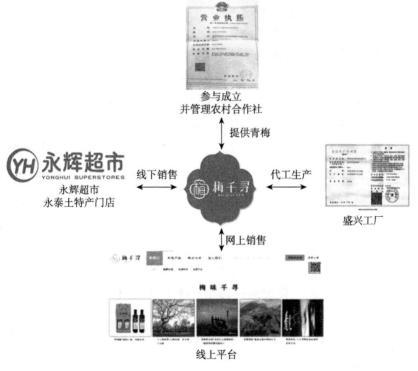

附录1 梅千寻运营模式

资料来源：梅千寻公司。

【教学说明】

一 案例概要

梅千寻公司自成立以来，努力实现精准扶贫，助力乡村振兴，但也遇到了许多困难与挑战，例如整个青梅市场的低迷、种植青梅的收入利润微薄、青梅苦涩的难关等。梅千寻公司不畏艰难，砥砺前行，与永辉超市签订供零合同。由于永泰县青梅产业销售渠道狭窄，所以梅千寻将深入打造"互联网＋"扶贫新模式。并且面对国内竞争对手繁多这个困难，梅千寻公司致力输出品牌文化，精准定位，打造地区标志。

梅千寻公司致力改善永泰青梅产业现状，力图用青梅加工产业带动农户脱贫，并用合理的规划产业布局立志带领福建省青梅种植达到新高度。打造线上销售平台，构建完善的"产制销"扶贫渠道网。以扶贫作为自己的责任，带领永泰种植青梅的农民走向更加光明的明天。以"创新转型、服务支撑"为原则，创建梅千寻农产品线上销售平台，通过线下组建的各个销售链与农户和工厂无缝对接。将"互联网＋"与传统青梅产业高度融合，渗透到新型的青梅产业链的各个环节，包括种植、深加工、营销推广、快递物流、旅游服务等各个渠道。

二 在课程中的定位

本案例可以用在电子商务案例分析课程当中，针对有关"'互联网＋'扶贫新模式"话题进行讨论；梅千寻公司在致力改善永泰青梅产业现状的同时，投身公益事业。利用互联网电子商务平台打造"互联网＋"扶贫新模式，创建梅千寻农产品线上销售平台。适合电子商务专业学生人群。

三 相关阅读资料

(1) 陈丽萍、张恒，《电子商务于精准扶贫的作用机制研究》，《现代商贸工业》2018 年第 39 卷第 3 期，第 143 – 144 页。

（2）周裕森，《农村电子商务发展现状与对策研究》，湖北工业大学硕士学位论文，2016。

（3）耿营营、刘宏，《农村电商精准扶贫对策研究——以辽宁大连为例》，《电子商务》2020 年第 1 期，第 13 - 15 页。

（4）衡思昱、徐元善，《乡村振兴战略背景下农村电商扶贫问题研究》，《电子商务》2020 年第 2 期，第 7 - 8 页。

四　教学计划

本案例适用于 90 分钟的课堂。教学计划如表 12 - 1 所示。

表 12 - 1　教学计划

讨论问题	时间/分钟
案例内容概述、案例讨论热身等	15
讨论问题 1	20
讨论问题 2	20
讨论问题 3	20
分析框架或教授总结	15

五　讨论问题分析

讨论问题 1：梅千寻运营中存在的优势以及困难是什么？该如何改进？

（1）梅千寻运营中存在的优势以及困难是什么？

①优势。

a. 梅千寻运营模式为 O2O 模式。

O2O 是"线上线下"的缩写形式，又称"O2O 营销模式"。在线订购，离线体验、消费是其主要特点。同时，通过信息推送的形式，可以在原有生态系统的帮助下，对客户进行整合营销，提高客户黏性。此外，对该模式的场景进行了重新构建：用户体验的基础是场景，促进虚拟体验和真实体验的结合，使场景成为驱动用户的关键。区别其他零售及 O2O 电子商务传统模式，梅千寻给我们带来了 O2O 零售行业的新革命。目前，梅千寻整合了门店、电子商务、第三方平台和移动端四大渠道，构建了以消费者为中心的业务生态体系。在这个生态体系中，无论是线上还是线下，抑或移动端用户，均可从最便利的渠道以最快的速度享受到梅千寻的产品与服务，这种创新型营销生态体系值得行业借鉴、学习。

b. 梅千寻采用互联网电子商务平台打造"互联网＋"扶贫新模式。

与盛兴食品有限公司达成协议，对出示贫困证明的农户，上调收购价，实现精准扶贫，助力永泰果农致富奔小康。一是确定扶贫目标，与当地农产品、土特产门店进行项目对接，共同助力精准扶贫、服务乡村振兴。二是了解永泰青梅产业现状，不断进行科技研发，致力解决青梅苦涩问题。不断进行产品研发，力图延长青梅产业链，增加青梅附加值，为永泰农民创造就业机会。三是打造一体化的青梅产业链，深化青梅产业综合配套设施建设，形成可循环青梅产业发展模式。注重长效机制的建设，跟踪贫困户的生活，定期反馈交流，注重乡村产业的发展，跟紧乡村振兴的步伐，做到发展有亮点、产业有支撑、贫困户有联系、扶贫成效有提升。在紧扣扶贫路线的同时，梅千寻也在做公益，不仅尽到了企业的社会责任，还表达了对家乡的关怀，无形中宣传了产品形象。

②困难。

a. 目前运输商品控制水平要求高。

市场需求量最大的代表性梅类食品分别是青口脆梅以及青梅醋。易腐、易脆是这些产品的主要特点，其新鲜度直接决定了农产品的销售价值。由于青梅类产品在市场上销售时间集中，如果放置时间较长，仓储和后期销售的成本会明显增加，损失也远高于其他产品。因此，线上平台渠道供应链和物流设备（采购、仓储和配送）将成为其管理和控制中的一个重要问题。

b. 生鲜食品行业购物体验至关重要。

虽然 O2O 模式是线下消费，但消费者可能需要到离自己地区很远的永泰县线下门店进行消费，这与传统社区周边农贸市场或超市的直购体验有很大不同。此外，上门服务、产品标准化和服务专业化都直接影响顾客的购物体验。

（2）该如何改进？

①渠道建设：打造线上销售平台，构建完善的"产制销"扶贫渠道网。

梅千寻在 2020 年针对异地游客进行第一手加工，依靠互联网，例如在天猫开设梅千寻旗舰店，满足游客多次购买的需求，跳出青梅产品销售的地域限制。

由于永泰县青梅产业销售渠道狭窄，所以梅千寻将深入打造"互联网＋"扶贫新模式。以"创新转型、服务支撑"为原则，创建梅千寻农产品线上销售平台，通过线下组建的各个销售链与农户和工厂无缝对接。将"互联网＋"与传统青梅产业高度融合，渗透到新型的青梅产业链的各个环节，包括种植、深加工、营销推广、快递物流、旅游服务等各个渠道。在天猫、淘宝、小红书、下厨房等多家互联网平台以及线下门店构建起较完整的营销体系，实现线上、线下同品同质同价，线上弥补线下市场的不足，同时为线上零售增加实地购买场景和面对面决策的机会。

同时，梅千寻也将继续完善官网，顾客的不同需求都会在官网上一一呈现。微信小程序这一购买渠道，也将继续改进，持续上新。

②市场纵深：扩大合作，实现市场共赢，夯实企业持续扶贫的硬实力。

与永泰县盛兴食品有限公司、藤山门店开展合作。永泰县盛兴食品有限公司直接将收购的青梅进行冷藏，并快速运输至工厂进行第一手加工，并在店内设立梅千寻专柜，以此开展"梅千寻"品牌的推广。

加大对永泰县贫困乡中的贫困户的扶贫力度，帮助成立农村合作社，以供零合同带动农户，让农民种植放心、有保障。打造一体化的青梅产业链，深化青梅产品综合配套设施建设，形成可循环青梅产业发展模式。注重长效机制的建设，跟踪贫困户的生活，定期反馈交流，注重乡村产业的发展，跟紧乡村振兴的步伐，做到发展有亮点、产业有支撑、贫困户有联系、扶贫成效有提升。

梅千寻计划在五年之内，与各大购物广场、大型超市签订经销协议，纵深挖掘线下市场。在天猫线上销售平台开设旗舰店，拓宽线上市场。建立全国主要大中城市的销售网络，网点遍及沃尔玛、家乐福、永辉、山姆等国内各大中型卖场。打造品牌效应，凭借独特的销售方式和口感受到广大消费者青睐。

讨论问题 2：梅千寻面临竞争是否应该树立品牌文化？应该如何树立？

（1）梅千寻面临竞争是否应该树立品牌文化？

梅千寻面临竞争，应该树立品牌文化，精准定位，打造地区标志。

（2）应该如何树立？

通过加强线上新媒体与线下旅游区的口碑传播，进行梅千寻的品牌文化输出，品牌精准定位，产品市场细分，将梅千寻打造成永泰乃至福建的地区标志与文化品牌。一如凤梨酥之于台湾、火锅之于重庆，使游客来到福建就会想到永泰的青梅。

积极引进青梅新品种，包括各种加工梅、观花梅、鲜果梅品种，建立青梅新品种资源库。为永泰果农提供优良种苗，并向全产区辐射。逐年增加青梅收购量，最终达到全县青梅 2.5 万吨收购，实现农户约 2 亿元的增收。举行青梅产业推介会，加强招商引资，推动产业转型升级。持续研发新产品，使青梅产品单一的局面得以改变，青梅系列产品口感大大提升，同时创建区域公共品牌，使其获得地理标志证明商标认定。优化产品供应链，为接下来研发新品以及新增产品线提供硬件支持。

在品牌建设方面，亦可以采用如今风靡的新媒体运营方式，开通微博、抖音等账号，制作有创意的小视频。通过青梅农作物专业知识的内容输出，获得真人粉丝，通过微博累积人气。通过社交网络的放大效应，建立品牌变得更容易，通过"微博＋短视频＋电子商务"的组合，比如以短视频在微博上输出内容，为线上店铺引流。

讨论问题 3：梅千寻应如何通过电子商务加大精准扶贫力度？

就目前电子商务大环境来看，我国农产品电子商务已进入快速发展的新阶段。从发展势头来看，众多电子商务企业和卖家纷纷加入，越来越多外出务工的农民返乡创业，越来越多投身于农业的新青年忙碌在田间地头等，诸多新变化都在表明，农产品电子商务的发展已开始呈现出星星之火将欲燎原之势。想要从其中脱颖而出，不仅要在生产上保证产品质量过硬，还要注重打造品牌的美誉度和知名度，以品牌带动更多的产品销售。梅千寻将通过加强线上新媒体整合营销传播与线下旅游区的口碑传播，进行梅千寻的品牌文化输出，品牌精准定位，产品市场细分，将梅千寻打造成为永泰乃至福建的地区标志与文化品牌。

永泰县青梅产业传统销售渠道狭窄，扶贫力度受到限制。梅千寻将深入打造"互联网＋"扶贫新模式。以"创新转型、服务支撑"为原则，创建梅千寻农产品线上销售平台，通过线下组建的各个销售链与农户和工厂无缝对接。将"互联网＋"与传统青梅产业高度融合，渗透到新型的青梅产业链的各个环节，包括种植、深加工、营销推广、快递物流、旅游服务等各个渠道。在天猫、淘宝、小红书、下厨房等多家互联网平台以及线下门店构建起较完整的营销体系，实现线上、线下同品同质同价，线上弥补线下市场的不足，线下为线上零售增加实地购买场景和面对面决策的机会。同时，梅千寻也将持续完善官网和微信小程序等线上购买渠道，持续上新，并加大推广力度。

梅千寻应充分利用电子商务的优势，结合特色的产业发展电子商务扶贫。改善贫困户的生产模式，带动地方经济发展，增加贫困户就业的机会。梅千寻应深化"贫困户＋合作社＋电子商务"和"贫困户＋龙头企业＋电子商务"两种电子商务扶贫模式。"贫困户＋合作社＋电子商务"模式使贫困户加入合作社，提高整体组织效率，解决散户进入市场的弊端。通过成立农村合作社，以供零合同带动农户，农户吃下"定心丸"，种植有保障。农村合作社对贫困户、产品进行有效整合，确保产品的质量，有利于特色品牌的建设，也有利于产品的推广，不断调高产品的附加值，让贫困户更受益。"贫困户＋龙头企业＋电子商务"模式是指梅千寻通过与当地的龙头企业合作，带动贫困户脱贫。梅千寻与永泰当地的龙头企业盛兴食品有限公司达成协议，对出示贫困证明的农户，上调收购价，保障贫困户的收益，实现精准扶贫，助力永泰果农致富奔小康。同时，政府给予龙头企业的扶贫政策与资金支持也能留住龙头企业，保障地方经济的发展。

此外，要把握国家政策，精准扶贫。国家关于电子商务扶贫出台了一系列政策文件，如《关于促进农村电子商务加快发展的指导意见》《网络扶贫行动计划》《关于促进电商精准扶贫的指导意见》《"十三五"脱贫攻坚规划》等。不仅如此，各地方政府对电子商务扶贫的力度也在加大，例如电子商务知识培训、人才回笼政策、交通基础设施建设、税收优惠等。因此，梅千寻要利用好国家相关政策，同时也要充分利用当地的各项资源，获得更多的政策支持。

图书在版编目（CIP）数据

电子商务案例分析／王莹编. -- 北京：社会科学
文献出版社，2021.10（2024.2 重印）
ISBN 978 - 7 - 5201 - 8302 - 4

Ⅰ.①电⋯ Ⅱ.①王⋯ Ⅲ.①电子商务 - 案例 Ⅳ.
①F713.36

中国版本图书馆 CIP 数据核字（2021）第 079611 号

电子商务案例分析

编　　者／王　莹

出 版 人／冀祥德
责任编辑／崔晓璇　关晶焱
责任印制／王京美

出　　版／社会科学文献出版社·政法传媒分社（010）59367156
　　　　　地址：北京市北三环中路甲29号院华龙大厦　邮编：100029
　　　　　网址：www.ssap.com.cn
发　　行／社会科学文献出版社（010）59367028
印　　装／北京九州迅驰传媒文化有限公司

规　　格／开本：787mm×1092mm　1/16
　　　　　印张：18.25　字数：258千字
版　　次／2021年10月第1版　2024年2月第3次印刷
书　　号／ISBN 978 - 7 - 5201 - 8302 - 4
定　　价／98.00元

读者服务电话：4008918866